JEAN-PIERRE BRISSET

LA

SCIENCE DE DIEU

OU LA

CRÉATION DE L'HOMME

« Prends ce livre et le dévore ; il te causera de l'amertume au ventre ; mais dans ta bouche il sera doux comme du miel » (*Apoc.*, x, 9).

PARIS
CHAMUEL, ÉDITEUR
5, RUE DE SAVOIE, 5

1900

DU MÊME AUTEUR

ET

A LA MÊME LIBRAIRIE

La Grammaire Logique. In-12. 178 pages. Classement des mots d'après des principes mathématiques. Le latin est artificiel. La parole remonte à l'origine du monde avant que l'homme fût créé. Prix **2 50**

Le Mystère de Dieu. C'est en partie l'ébauche du présent ouvrage . . . . **5 »**

AVERTISSEMENT

Le présent ouvrage ne peut entièrement être traduit, mais chaque langue peut être analysée suivant la Grande Loi et les moyens donnés en ce volume. Le résultat sera le même : La création de l'homme, aussi bien de l'homme animal que de l'homme esprit.

L'auteur appelle à l'étude de ces magnificences de Dieu, tous les hommes de bonne volonté : il ne se réserve aucun droit sur les traductions et adaptations en langue étrangère. Les journaux et publications diverses, en toute langue, sont autorisés à faire des emprunts partiels à notre œuvre à l'effet d'en affirmer les vérités ou d'en combattre les erreurs ; ou encore d'en démontrer, si possible, le manque de logique scientifique.

Nous ne nous réservons d'en appeler à la protection des lois que contre les contrefacteurs de nos ouvrages.

Nous donnons gratuitement ce que nous avons reçu gratuitement et même au delà.

Le présent ouvrage est la continuation de l'ouverture du livre scellé de sept sceaux, dans la bouche de tout homme sur toute la terre, avant que l'homme fût créé. C'est le livre du chapitre v de l'Apocalypse, c'est le petit livre ouvert que tient l'ange du chapitre x. C'est l'arbre de vie du chapitre iii de la Genèse et le livre de vie du chapitre xx de l'Apocalypse. C'est la science que Dieu, le Père de Notre-Seigneur Jésus-Christ, s'était réservée et qu'il révèle à son fils unique : l'homme.

PREMIÈRE PARTIE

L'ESPRIT CRÉATEUR

Y a-t-il une puissance intelligente, vivante, ayant une volonté propre, invariable, une autorité et un pouvoir réels et de tous les instants sur les individus, sur les familles et sur les peuples ? — On peut hardiment affirmer qu'il n'est point de question plus importante, ni qui mérite à un même degré d'occuper l'esprit de l'homme intelligent.

Or, à cette question nous pouvons répondre avec une conviction et une certitude absolues : Oui, cette puissance existe; oui, il y a un Dieu ou un esprit créateur, élevé au-dessus de toutes les intelligences humaines et dont le pouvoir s'étend à tous les astres et à tout ce qui vit d'une vie propre ou générale.

Cet esprit, ce Dieu, a son trône en chaque homme, trône souvent abandonné; car combien peu nombreux sont ceux qui, ennemis du mensonge et de la haine stupide, ont un cœur digne du séjour de l'esprit de vérité, d'amour et de justice !

Ce Dieu s'est réservé un jour pour se faire connaître aux hommes et ce jour est venu. C'est en vain qu'on voudra le combattre : il est le maître; nul ne peut s'élever contre lui sans s'élever contre soi-même; car le vrai

Dieu, c'est l'esprit de l'homme. Le vrai Dieu, c'est l'esprit créateur de l'animal humain, mais surtout le créateur de la Parole humaine qui est le Fils unique de l'Esprit et lui est semblable; car la parole est un être intelligent, spirituel et invisible. Il faut être aveuglé pour ne pas le voir.

Pour se faire connaître scientifiquement aux humains au jour voulu, l'Esprit créateur a caché à l'homme son origine. Il la lui a fait oublier, car il fut un temps où, sur toute la terre, les hommes voyaient de leur yeux de chair, les êtres qui les avaient précédés sur le globe et dont ils étaient issus. Ils voyaient leurs pères et ces pères, c'étaient les diables et les dieux.

Ces premiers êtres étaient des animaux inférieurs à l'homme, leur enfant qui rougissait d'eux; il arriva à leur faire la guerre et à les détruire entièrement et cela était aussi selon la volonté de l'Esprit invisible qui présidait à cette création et en garda seul les titres et les documents inaltérables écrits par lui dans la bouche de chaque homme sur toute la terre.

Le vrai Dieu est donc l'esprit de l'homme; mais cet Esprit est infiniment plus grand que l'esprit de toute l'humanité. L'homme ne connaît point la force qui l'anime, il ne connaît pas Dieu : nul ne se connaît soi-même. Quand l'homme se connaîtra lui-même, il ne dira plus : Il n'y a pas de Dieu; mais bien : Je suis le Fils unique de Dieu. Mon père est en moi, je suis en mon père. Qui m'a vu a vu mon père (Jean, xiv, 9, 10). C'est moi l'héritier de la terre.

Nous aurons fait la preuve péremptoire de ce qui précède, quand nous aurons démontré la création de l'homme avec des matériaux que nous allons prendre dans ta bouche, lecteur, où Dieu les avait placés avant que l'homme fût créé. En effet, celui qui démontrera à l'homme sa création avec une évidence absolue, sera bien le créateur même de l'homme et ce sera l'Esprit et la

Parole qui vont faire cette démonstration. Nous n'emploierons point des matériaux inertes, c'est la parole vivante qui parlera et c'est l'esprit qui jugera.

LA PAROLE

La méthode qui va nous servir à démontrer à l'homme sa formation a déjà été exposée dans : *Le Mystère de Dieu est accompli*. Cet ouvrage, réservé aux purs et aux élus, est, en même temps, un objet d'études un peu abstraites, sommaires et difficiles pour les intelligences ordinaires. Les esprits stupides n'y voient même que l'ordure, comme le pourceau ne cherche que l'infection au milieu des fleurs. Dans cet ouvrage nous avons prouvé que la parole humaine était ce livre scellé de sept sceaux dont parle l'Apocalypse et que le jour de l'explication des Livres Saints était arrivé.

Dans l'œuvre présente, plus spécialisée à la création de l'homme, nous introduirons également les documents bibliques, car l'Évangile reste le premier livre de notre Maître : le Seigneur Jésus, qui était la Parole de toute éternité.

La parole ? — ce sont les mots qui sortent de notre bouche, font connaître nos pensées ou servent à les dissimuler : c'est le langage humain. Ce langage est celui des êtres qui ont précédé l'homme sur la terre, le parler des ancêtres. Ce fut la parole de nos dieux, c'est la Parole de Dieu et la parole de l'homme. Elle était au commencement, elle était avant l'homme et seule elle peut dire comment l'homme a été créé.

Il y eut toujours de nombreux dialectes ou patois, mais dans le principe le langage était limité à un nombre d'actes restreints, à des actes animaux et, sur toute la terre, il n'y avait, en quelque sorte, qu'une seule langue. On arrivait promptement à s'entendre, comme encore les hommes intelligents les moins instruits, seront les premiers à comprendre les étrangers s'occupant des mêmes travaux manuels qu'eux.

Quand l'Esprit qui avait créé les hommes voulut leur cacher leur origine, pour sa gloire future et pour leur instruction, il les livra aux savants, aux mages et aux prêtres et ces brigands inventèrent, pour dominer les peuples, des argots, des langues artificielles impossibles à parler et difficiles à comprendre. Les peuples brutaux, sanguinaires et ignobles, méritaient bien d'ailleurs de tels maîtres qui leur mettaient la lumière sous le boisseau. Pour les punir à leur tour et les enfoncer dans leurs ordures, l'Éternel a permis que ces aveugles aient plus tard pris leurs charabias pour des langues primitives dont les langues modernes auraient été formées. Ils en ont fait de nombreuses démonstrations, mais il serait toutefois bien plus facile encore de prouver que la première langue, dont toutes les autres seraient sorties, est le Volapuck, un des derniers argots inventés et déjà oublié, car le temps de ces sottises est passé.

L'origine de chaque langue est dans cette langue même. L'origine de tout dialecte ou patois est dans ce patois et non ailleurs. Ce sont les patois qui ont formé les langues parlées avec leurs meilleurs éléments ; ils sont plus anciens que toutes les langues mortes et tous persistent à vivre, chacun dans son endroit, sa province ou contrée : ils demeurent éternellement. Ils ont été formés par les ancêtres.

En vain les savants ont voulu analyser la parole et, n'y pouvant rien comprendre, ils ont sagement décidé qu'il fallait être fou pour rechercher l'origine du langage, la langue primitive. Les savants s'en tiennent aux textes écrits sur le papier ; ils n'ont jamais pu lire le texte écrit dans leur esprit et celui que Dieu a choisi pour lui révéler ce texte et le faire connaître aux hommes, est un esprit d'enfant. Aussi pour comprendre la science de la parole, *la science de Dieu,* il faut devenir comme un enfant.

Nous n'avons pas d'ailleurs à jeter la pierre aux savants ni aux prêtres ; tout a été fait pour la gloire de l'Éternel : c'est sa gloire que nous cherchons.

Nous allons donc faire connaître Dieu, et le Dieu que nous allons faire connaître, c'est l'esprit qui est dans l'homme et que l'homme ne connaît point.

LA GRANDE LOI OU LA CLEF DE LA PAROLE

Il existe dans la parole de nombreuses Lois, inconnues jusqu'aujourd'hui, dont la plus importante est qu'un son ou une suite de sons identiques, intelligibles et clairs, peuvent exprimer des choses différentes, par une modification dans la manière d'écrire ou de comprendre ces noms ou ces mots. *Toutes les idées énoncées avec des sons semblables ont une même origine et se rapportent toutes, dans leur principe, à un même objet.* Soit les sons suivants :

Les dents, la bouche.
Les dents la bouchent,
l'aidant la bouche.
L'aide en la bouche.
Laides en la bouche.
Laid dans la bouche.
Lait dans la bouche.
L'est dam le à bouche.
Les dents-là bouche.

Si je dis : *les dents, la bouche,* cela n'éveille que des idées bien familières : les dents sont dans la bouche. C'est là comprendre le dehors du livre de vie caché dans la parole et scellé de sept sceaux. Nous allons lire dans ce livre, aujourd'hui ouvert, ce qui était caché sous ces mots : *les dents, la bouche.*

Les dents bouchent l'entrée de la bouche et la bouche aide et contribue à cette fermeture : *Les dents la bouchent, l'aidant la bouche.*

Les dents sont *l'aide*, le soutien *en la bouche* et elles sont aussi trop souvent *laides en la bouche* et c'est aussi *laid.* D'autres fois, c'est un *lait* : elles sont blanches comme du *lait dans la bouche.*

L'est dam le à bouche se doit comprendre : il est un *dam*, mal ou dommage, ici à la bouche; ou tout simplement : J'ai mal aux dents. On voit en même temps que le premier *dam* a une *dent* pour origine. *Les dents-là bouche* vaut : bouche ou cache ces dents-là, ferme la bouche.

Tout ce qui est ainsi écrit dans la parole et s'y lit clairement, est vrai d'une vérité inéluctable; c'est vrai sur toute la terre. Ce qui est dit dans une seule langue est dit pour toute la terre : sur toute la terre, les dents sont l'aide et laides en la bouche, bien que les autres langues ne le disent pas comme la langue française, mais disent des choses bien autrement importantes sur lesquelles notre langue se tait. Les langues ne se sont point concertées ensemble; l'Esprit de l'Éternel, créateur de toutes les choses, a seul disposé son livre de vie. Comment a-t-il pu cacher ainsi à tous les hommes, sur toute la terre, une science aussi simple?

C'est là la clef qui ouvre les livres de la parole.

Vous voyez bien que les livres sont ouverts, car les premiers livres sont les lèvres. Les lèvres ou les livres sont ouverts, puisque nous pouvons lire sur les dents et dans la bouche. On commença à lire la parole sur les lèvres et les sourds-muets l'y lisent encore.

Sourds, entendez, les mots disent autre chose que ce que nous comprenons habituellement. Aveugles, regardez, les mots présentent à la vue autre chose que ce que nous voyons ordinairement. La parole parle elle-même et la parole, c'est Dieu. Or, Dieu sait tout : le passé, le présent et l'avenir.

L'étude de la parole d'après cette seule Loi : *Toutes les idées exprimées par des sons semblables ont une même origine*, conduit naturellement à l'analyse de tous les mots, car les mots sont d'anciennes phrases du langage des ancêtres et ces phrases étaient d'une simplicité enfantine. Analyser un mot, c'est donc retrouver la ou les phrases qui l'ont formé.

La Loi ci-dessus est une loi de la parole et non une loi de la langue française; elle s'applique à toutes les langues et à tous les dialectes en particulier. Elle s'applique à l'ensemble de tout le langage humain. Si donc on trouvait réuni dans le chinois du peuple de la Chine, ou en toute autre langue, une suite de sons résonnant à l'oreille comme : *les dents la bouche*, il y aurait entre ces quatre mots et ce qu'exprimerait avec ces mêmes sons la langue étrangère, un rapport certain, mathématique, une origine commune que l'esprit d'analyse de la parole pourrait retrouver, en remontant au besoin, au point unique qui est le créateur des hommes et des esprits.

Nous répétons encore la même Loi autrement : *L'étude du rapport existant entre les idées différentes exprimées par un son ou une suite de sons identiques ou semblables, amène naturellement l'esprit à trouver la formation de la parole, laquelle ne fait qu'un avec la création de l'homme.*

Cette loi est de toute rigueur inattaquable; car il n'est point d'idées, d'apparence si contraire et si opposée qu'elles soient, que l'esprit ne puisse y trouver un rapport plus ou moins évident, d'une importance primordiale, secondaire ou nulle.

OÙ A COMMENCÉ LA VIE DES ANCÊTRES

Par l'analyse des mots nous allons donc entendre parler les ancêtres qui vivent en nous et par qui nous vivons.

Voyons où ces ancêtres étaient *logés* : *l'eau j'ai* = j'ai l'eau ou je suis dans l'eau. *L'haut j'ai* = je suis haut, au-dessus de l'eau, car les ancêtres construisirent les premières loges sur les eaux. *L'os j'ai* = j'ai l'os ou les os; on les mangeait où l'on était logé. L'ancêtre était carnivore. *Le au jet* = où je jette cet objet; où est le jet d'eau, *l'eau jet*, je suis *logé*. *Loge ai* = j'ai une loge. La première loge (*l'eau-jeu, l'eau je* = *l'eau à moi*) était un lieu arrangé dans l'eau. *Lot j'ai* = je tiens mon lot. Être *logé* est le lot naturel. Qui n'est pas logé a perdu son lot. *L'auge ai* = j'ai mon auge. La première auge était une petite mare (*mare à boue, marabout*) qui servait de *lôge*. On prononce *loge* et *lôge*, suivant le dialecte. On fut donc dans le principe logé dans l'eau et *à l'eau berge*, sur la berge des eaux, *à l'auberge*; *dans les eaux t'es le* = *dans les hôtels*.

Le me arrêt = le mien arrêt, *Le m'arrêts* = je m'arrête là. *Le mare est* = c'est le ou la mare, c'est *le marais*. On s'arrêtait donc dans les *mares* et *marais*. *Dans le mare ai cage* = j'ai une cage dans la mare. La première *cage* était une *cache* ou cachette arrangée *dans* la mare ou *le marécage*. *Mare et cage* = entre dans la mare et cache-toi. C'était à l'époque de nos ancêtres, les oiseaux du ciel; car tous les noms se sont d'abord appliqués à des êtres doués de la parole. Nos ancêtres ne donnaient des noms aux animaux et aux autres choses que lorsqu'ils ne savaient plus à quoi les employer.

Je suis *dans l'eau séant, dans l'Océan*. J'ai *l'eau céans, au séant*. L'ancêtre était assis *dans l'Océan*. *En ce eau sieds-té* = sieds-toi en cette eau. *En seau sieds-té, en sauce y était*; il était dans la sauce, *en société*. Le premier *océan*, était un seau, une sauce ou une mare, les ancêtres y étaient en société. Les mots, comme les hommes, ont une origine commune et chaque syllabe s'est référée à l'eau. L'eau a tout créé, même la parole, qui est de l'eau, puisque chaque mot prononcé produit une émission de vapeur d'eau. Que *j'ai d'eau*! criait aussi l'ancêtre, en lançant son *jet d'eau* naturel.

D'ai = *t'ai* :: *dé* = *té* = *toi* ou *à toi*. *D'ai logé* = je t'ai logé ; il faut *déloger*. *D'ai maré* = je t'ai reçu dans la mare ; il faut *démarrer*. *Déloger*, c'est sortir de la loge ; *démarrer*, qui est encore plus populaire, valait mathématiquement : sortir de la mare, quitter l'endroit où l'on était. Quand nous démarrons d'un lieu, les ancêtres qui vivent avec nous, sortent de leurs mares et nous accompagnent.

J'ai un l'eau, je mans, qui est devenu : *j'ai un logement*, nous montre le premier logement dans l'eau et que l'on y mangeait. *Je mans* valut : *je mange*. *Me en j'ai* = j'ai en moi. On offrait ainsi ce qu'on avait en soi, à sa bouche : *Mans j'ai* = mange ai. Celui qui ne voulait point obéir, répondait : *mangé*, j'ai *mangé*.

De quelle manière : *je mans* et *et y mans* qui valaient : *je mange*, sont-ils devenus : *je mens* et *il ment*? C'est là qu'il faut admirer la finesse de l'ancêtre menteur. Quand il voulait s'emparer d'une victime, pour l'attirer auprès de soi, il faisait semblant de manger et cela inspirait confiance : *Au l'eau je mans*; *au l'eau, je mens? Au logement*, je mange et ne mens pas. Le curieux espérait avoir sa part du manger et se trouvait alors happé et dévoré, car les gros mangeaient les petits. Ceux qui échappaient au piège, connaissant la tromperie, criaient donc aux autres : N'y va pas, *il ment*. Mentir, c'est tendre un piège et y appeler l'innocent. Savoir ce que les autres mangent est resté une des plus vives curiosités de l'esprit naturel.

On voit ici comment s'est formée la troisième personne du verbe. On répétait les paroles de celui qui parlait, en leur donnant un autre sens, tout en parlant de lui. *Y* pour *je* est encore populaire dans de nombreux dialectes et en italien. La troisième personne du verbe est donc une ancienne première personne. C'est le premier ancêtre qui fut cette première personne. Comme cet ancêtre vit en nous, la troisième personne du verbe et la première sont une même personne. Devant l'esprit de la parole, quand nous parlons d'une troisième personne, homme, dieu ou diable, c'est de nous-même que nous parlons. Ce que tu dis d'un autre, Dieu le dit de toi.

Les ancêtres vivaient donc dans les eaux, mares et marais; ils y étaient doués de la parole et y créaient notre langue française actuelle, qui continuera à être parlée sur la terre jusqu'à la fin des siècles. C'est à nos ancêtres, les dieux marins, que nous devons notre parole, notre langue, et non point aux mercenaires romains, comme voudraient l'établir les traîtres à la patrie qui allèrent au devant de César et de ses légions et lui aidèrent à établir sa domination en prenant son argot latin et en l'imposant, dans la vie publique, à leurs concitoyens qui ne méritaient pas d'être mieux traités. Ils encensaient d'ignobles prêtres, les druides, ces misérables brûleurs d'hommes.

LE PREMIER CIEL EST RETROUVÉ

Les démonstrations de l'origine du français, en particulier, et de la parole, en général, sont d'une clarté éblouissante. Nous les faisons en français, car les créateurs de notre langue la parlaient plusieurs millions d'années avant les argots diaboliques : sanscrit, grec, latin et volapuck.

Je démontre que *ist* = est et que *c'ist* = c'est. *Y c'ist* = y c'est = c'est là = *ici*. *C'ist dessus* = c'est dessus = *ci-dessus*. *Sis dessus* = sieds dessus. *Ce c'ist* = c'est cela = *ceci*. *Vois c'ist* = vois ce que c'est = *voici*. *Ce livre c'ist* = c'est ce livre = *ce livre-ci*. *Là c'ist* = c'est là. *La sis* = sieds-toi là = *l'assis*. *Là scie* = scie ou fais aller *la scie* en ce lieu où tu sis ou sieds. Quelle fut la première scie ? elle avait des dents et ces dents étaient dans la bouche de l'ancêtre. La première scie c'est la bouche. J'attends, *en scie lance*. J'attends *en silence*. *Scie ze l'ai* = je l'ai à la scie ou à la bouche, je vais le *ciseler*.

Que aie le c'ist = ici prends ce que c'est. *Qu'est le c'ist?* = ce qu'est là c'est quoi? Question fréquente et importune devenue : *Quelle scie! Quelle scie*, que cet enfant! il interroge sans cesse. *Qu'ist-ce ai?* valait : qu'est-ce que j'ai? L'ignorant en fit : *Qui sait! C'ist je veux* = Si je veux.

Il est ainsi démontré avec une évidence parfaite, irrésistiblement convaincante, que le son *ci* ou *si* fut formé avec l'esprit qui se trouve en *c'ist* ou *c'est*. L'analyse de toute syllabe jusqu'aux sons premiers des lettres se fait avec la même rigueur et les trente sons premiers de notre langue se réfèrent tous, dans le principe, à un même objet. Chacun dit : prends à la bouche et a désigné la bouche où tous les mots ont été mis, généralement sous forme d'un manger.

Quelle clarté admirable se trouve aussitôt devant nos yeux après avoir retrouvé que *ci* fut d'abord *c'ist* ou *c'est*.

Là vois, c'ist eau, c'ist elle, disait : vois-la, c'est dans l'eau, c'est elle. *Là vois, c'ist haut, c'ist elle*, la montre hors de l'eau, sur le bord des rives escarpées où, pour ceux qui sont dans l'eau, elle paraît dans le ciel. *La voici au ciel, la voici aussi elle*, qui revient à notre demeure.

L'est vois, c'ist aux cieux = vois ce que c'est, c'est aux cieux. *Les voici eau, c'ist eux; les voici haut c'ist eux*. Que l'on fût dans l'eau ou dominant l'eau sur les hauteurs avancées, on était réciproquement dans le ciel, aux cieux. Le ciel se voit aussi bien dans les eaux, où il se reflète, que dans les airs. *Les voici aux cieux* et *les voici aussi eux* était donc une même chose. *C'ist elle, ciel!* la voilà. *C'ist eux. Juste, c'ist eux; justes cieux!* les voici enfin de retour. On les revoit *aussi eux*, on les revoit *aux cieux* les ancêtres disparus.

Ainsi toutes ces phrases banales nous montrent que les ancêtres voyaient dans le ciel ceux de qui ils parlaient et qui venaient vers eux. Ils les voyaient de la surface des eaux, sur les bords escarpés des rives et des berges et réciproquement à la surface de *l'eau limpe* ou limpide, dans l'*Olympe*, où se reflétait le ciel tout entier. Les dieux marins et les dieux de l'Olympe sont les mêmes ancêtres.

Le premier ciel était donc sur la terre ; ce n'est que peu à peu que nous en avons été chassés et qu'il est monté, avec les dieux, hors de notre portée. Mais la vérité vraie est que nous sommes toujours juste au milieu du ciel, dans le concert des étoiles, des soleils, des terres et des lunes. Les ancêtres revivent et nous sommes *aussi eux*, nous sommes *aux cieux*.

A rive, arrive. A la rive ist air, à la rivière. Ai temps, je suis dans *l'étang. A terre, atterre. A terre ai*, je l'ai *atterré*. Celui que l'on sortait de l'eau, que l'on y pêchait et amenait à terre, était *atterré. A terre ist*, il est *atterri*. Tu *à terre iras*, tu *atterriras*. Nous *à terre irons*, nous *atterrirons*. Peut-on *à terre ire*? Peut-on *atterrire*? (Ire = aller). Si tu voulais *nous à terre irions*. — Où *à terre irions-nous*? — Où *atterririons-nous*?

Par ce qui précède il est surabondamment prouvé que l'ancêtre vivait dans les eaux, sur la terre et dans le ciel. Voyons de quoi il vivait et quelles étaient ses occupations.

PREMIERS EXERCICES ET MOYENS D'EXISTENCE

Continuons à entendre parler les ancêtres. *A ce eau, à ce haut, à seau, à saut, assaut. A le, à ce haut, à cè eau, à l'assaut*. Nous voyons l'ancêtre appelé vers l'eau et vers les hauteurs par des *sots* et des *sauts*. Les *grands sots* faisaient de *grands sauts* et les *petits sots* de *petits sauts*. C'étaient des sauteurs et la race des sauteurs n'est pas prêt de s'éteindre. *Vois le, ce hauteur! Vois le sauteur. En sûr saut* = saute en lieu sûr. Ordre faisant *sûr sauter*, *sursauter,* et *sûr s'ôter,* en *sursaut. A prends à ce haut t'ai* = Prends là à ce que haut je t'ai. *Apprends à sauter.* Les anciens apprenaient aux jeunes à sauter en leur présentant quelque manger en l'air. *Là saute, re aie-le.* (*re. aie-le* = reprends-le.) *Là sauteur, aie-le. Le à ce hauteur aie-le. Là sot, t'erais-le* = Tu l'aurais là, sot. Langage excitant à la poursuite de *la sauterelle,* une nourriture favorite de l'ancêtre qui fut lui-même la première sauterelle ainsi que le premier sauteur, ce auteur. C'est toujours une joie pour l'enfant de sauter et courir après les sauterelles. Quand l'ancêtre avait saisi sa proie, pour l'étourdir, il se mettait aussi *à danser, à dents ce ai, à dans ce ai* = Je l'ai dans, sous-entendu, la bouche.

L'est ce haut = c'est ici haut. *Laisse eaux* = sors des eaux. A ces ordres *les sots* quittaient les eaux et *les sauts* les amenaient *sur le sol : sur le saut-le* et *sur le saule,* où se tenait aussi volontiers l'ancêtre. Le sol était donc atteint au premier saut, *au saut du lit.* Le premier lit fut *le limon, le lit mon* = le mien lit. Le *saut du lit* était sur le bord des eaux, *sur le lit t'auras le, sur le littoral.* Est-ce qu'aujourd'hui l'homme saute du lit ? il a bien du mal à s'en tirer.

Eille = vois. *Monte au sol, eille ici,* était un appel pour faire *monter au soleil.* On montait au soleil et on en descendait sans cesse. Le premier soleil était le point du sol où ses rayons dardaient.

Pendant longtemps l'ancêtre ignora le soleil que nous connaissons aujourd'hui. Son soleil était sur la terre et la terre elle-même n'est-elle pas dans le soleil ? vue des étoiles on ne pourrait l'en séparer.

Queris qu'ai = viens quérir ce que j'ai. Appel à prendre des *criquets* sur le *quai. Y ronde, aie-le* = il revient, prends-le. L'*hirondelle* fait *la ronde, l'aronde,* sur les eaux où elle vient boire. L'ancêtre qui se tenait là, la guettait et cherchait à la happer au passage.

Boure = bouche et prends. *Au-bouré donne-m'en* =

donne-m'en au bec. *Au bourdonnement* des insectes s'entendait ce langage. *Boure donc* = Prends donc. *Le boure don* = le tien boure ou bec. Ce disant on offrait *le bourdon*. *Que aie le boure don, ne mens* = ici prends le tien manger, je ne mens pas. *Quelle bourde? on ne ment* = ce n'est pas une bourde, on ne ment pas. *Quel bourdonnement. Quel bourdon ne ment.* Le premier bourdon était un ancêtre menteur. Il imitait le *bourdonnement* des insectes et introduisait en erreurs les gobemouches. Il chantait *en faux bourdon*. Où cela? *en faubourg donc*. Le premier faubourg bordait la mare bourbeuse. Le premier bourg était une mare où se tenait *le premier bourreau. Le boure haut* = lève le bec. *Bourre l'ai, de remords* = tiens ce que j'ai, tiens mords de nouveau. Offres en dévorant la victime sacrifiée, ce qui rendait le rassassié : *bourrelé de remords.*

Eure, heure = ouvre, prends. *La boure eure* = ouvre le bec. Langage du *laboureur* qui fouillait la terre et en offrait les racines. C'est ainsi que l'on commença à *labourer, à la boure ai* et *à la bourrer*, la terre, la mère commune. *A la bonne heure* valait : à la bouche prends. *Ce en doule heure* = Prends ceci en doule ou goule, sans douleur.

Tends boure = Tends le bec. Ce disant on frappait la peau du ventre, le premier *tambour. Cale en boure* = prends en bec. Appel sur la cale, à la sortie des eaux. A celui qui venait pour prendre la chose espérée, le loustic tournait son postérieur, en disant : *Que à l'embours* = ici à l'opposé. Cette tromperie est l'origine du *calembourg*. On en fait volontiers, mais nous n'aimons guère qu'on nous en fasse. Le calembourg ou le jeu de mots, ce jeu de l'esprit, est cette chose méprisée que Dieu a choisie pour confondre les sages de la terre (I Corint., I, 27 et 28).

Mouche = bouche et prends. *Ce mouche ai* = J'ai cette mouche. *Ce mouche aie*. Avant de donner la mouche au nez malpropre, on le forçait à *se moucher*; les morveux *se mouchaient*. L'ancêtre s'emplissait la bouche de mouches; c'était un vrai gobemouche, ainsi que l'est la grenouille. *Où es ti? ton mouche ronds* = Où es-tu? tourne ta bouche. L'appelé arrivait en disant : *Où est-il ton moucheron?* Le premier moucheron était un ancêtre chasseur de mouches, c'était même une fine mouche.

Il est tout (le) jour à me mouche arder = *Il est toujours à me moucharder*. Le mouchard épiait les mouches et venait les prendre au bec des autres, aussi a-t-il laissé un mauvais renom. On retrouve en même temps le verbe *arder* = regarder. *Ards, arde* valait donc : *regarde*. *Tu mouche ardes* = tu regardes ma bouche. *Tu mouchardes*. *Y prends la mouche* = *Je prends la mouche*. Celui à qui on ravissait la mouche prenait aussi la mouche, en se fâchant.

Qu'on ne croie pas que la petitesse de la mouche la garantit contre la bouche de forts ancêtres, car les nègres de l'Ouganda, avons-nous lu, se nourrissent encore d'insectes, de sauterelles, de moucherons qu'ils capturent au moyen de filets promenés vivement dans l'air.

Toutes les langues ont gardé le souvenir du temps où l'on vivait de mouches. Celui qui faisait mouche à tout coup était fort adroit, car prendre les mouches était un art fort difficile et on sait encore qu'on n'en prend pas avec du vinaigre. Le plus grand bonheur pour un Allemand est d'en tuer deux à la fois : Zwei Fliegen mit einer Klatsche todtschlagen. L'Italien attendait la mouche à bec ouvert car, dit un proverbe : en bouche close, il n'entra jamais de mouche : In bocca chiusa non entrò mai mosca. C'était double joie de happer et dévorer la mouche, ce voisin bourdonnant et sans cesse attaquant, cet ennemi juré du repos de l'ancêtre, comme il l'est du nôtre.

Nous le voyons toujours vivre, notre premier ancêtre, dans les mares et marais; il vient sur le sol, il monte au soleil. C'est un sauteur qui vit de sauterelles, de criquets, de tout ce qui bourdonne et spécialement de mouches. Cet ancêtre, nous l'avons déjà nommé, c'est la grenouille.

LA GRENOUILLE

Vous devez savoir que les grenouilles n'ont pas de sexe apparent ; qu'elles se reproduisent par le frai. Toutefois le mâle et la femelle se recherchent avec ardeur et se tiennent collés l'un sur l'autre avec une telle force qu'on peut leur *tailler* la *taille* sans les séparer. La peau de la grenouille est naturellement blanche. Le soleil la colorie différemment sur le dos et sur les côtés, mais sous le ventre, elle reste blanche. Les médecins soudent cette peau sur la chair humaine, où elle prend très bien. La grenouille, l'antique serpent, change de peau, comme la couleuvre, et alors elle est toute blanche pendant un certain temps. Elle a changé de peau, mais c'est toujours la même bête, en disait-on. C'était aussi : faire peau neuve ; sortir de sa peau. Cette petite sauteuse est entièrement dépourvue de poils.

La grenouille a le cou engoncé dans les épaules, elle ne peut tourner la tête. Elle a les yeux derrière la tête et la bouche fendue jusqu'aux oreilles. Comme elle a les bras très courts, on estime encore heureux aujourd'hui celui qui a le bras long. La grenouille a dix orteils aux pieds ; mais chaque main n'a que quatre doigts, le pouce manque. Le pied n'est pas coudé, il est placé dans le prolongement de la jambe et le talon est flexible. Enfin elle n'a pas de dents.

Ainsi donc elle n'a pas de sexe, pas de pouce, pas de cou, ni poils ni dents. Ses pieds sont terminés en une double queue de poisson, comme les Tritons et les Sirènes de la Fable.

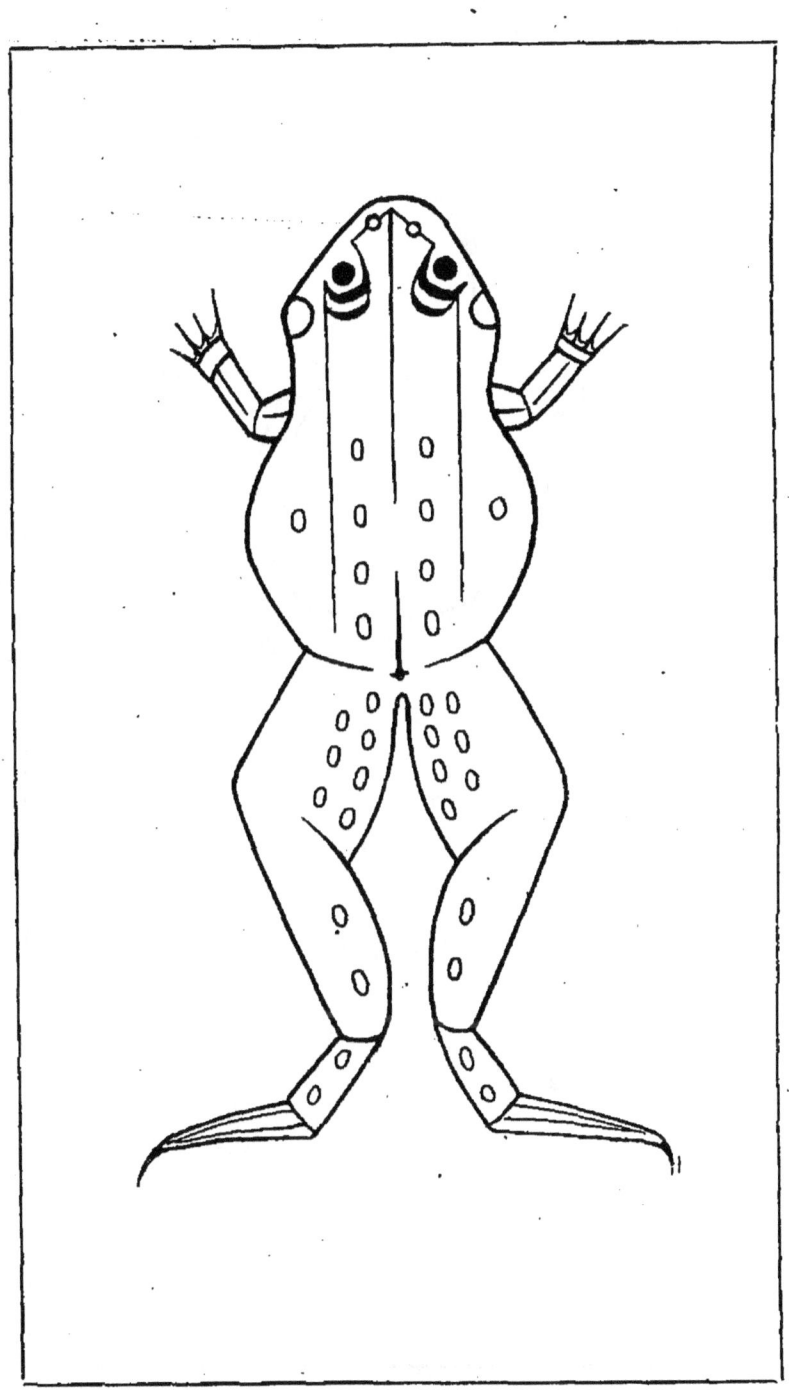

Grenouille vue en dessus.

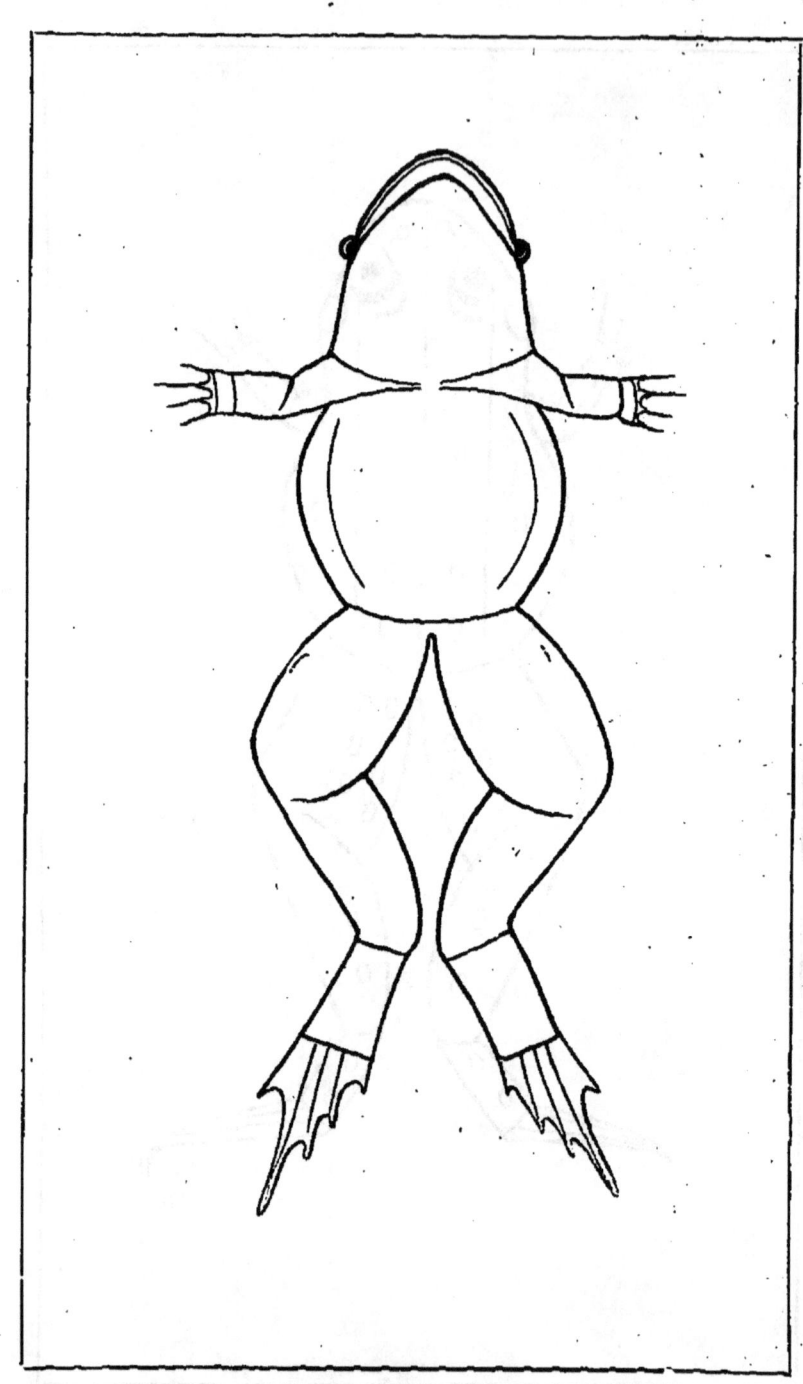

Grenouille vue en dessous.

La venue du sexe chez cet ancêtre fut la nouveauté qui modifia les cris de la grenouille et leur donna une précision déjà parfaite. C'est à ce moment que les mots actuels commencèrent et n'ont jamais changé.

Nous ne pouvons analyser les mots créés par la force sexuelle sans révolter la pudeur publique. Il faudrait aussi pour cela des années et de nombreux volumes. Nous analyserons cependant, dans ce livre, le mot *sexe* qui est un mot très pur et ne peut blesser aucune oreille ni aucun esprit, un mot créé par les anges, les premières créatures de l'Éternel-Dieu.

LA FORMATION DU SEXE

Remarquons d'abord qu'on peut changer la place des mots d'une phrase sans que l'idée exprimée en soit modifiée : *La porte est ouverte* et, *porte est ouverte là*, disent toujours : *ouverte est la porte*. Il en fut de même dans le principe : *à le* valait : *le à* = *là* et *ale* valut aussi : *là*.

Ceci étant admis, nous lisons : *ai que ce?* ayant valu : *ce qu'ai?* ou : *qu'ai ce?* = *qu'ai-je?* Cela se disait sur ce *quai* où se tenait l'ancêtre. Les questions : *ai que ce? est que ce?* disaient : *ai ou est quoi ici?* et créèrent le mot *exe*, le premier nom du *sexe*. Les uns prononçaient : *éqce*; d'autres : *èqce*, suivant la phrase créatrice : *ai que ce? est que ce?* D'où *sexe* se prononcera, suivant le cas : *séqce sèqce*. *Ec*, *éque* ou *ek*, formé de : *ai que?* est même un premier nom du sexe : *éque-ce* valait *ce éque*, *ec* ou *ek* et devint *exe*.

On questionna ensuite : *ce exe, sais que ce?* = *ce point, sais-tu quoi c'est?* ce qui devint : *sexe*. — *Sais que c'est? ce exe est, sexe est, ce excès*. *Ce excès*, c'est le sexe. — On voit que le sexe fut le premier *excès*. On n'a aucun excès à craindre de ceux qui n'ont pas de sexe. Dans : *ce exe est*, on peut analyser : *ce* ou *ceci est* un *exe* et : *exe est ce* ou ceci. Par suite on voit que *ce* montra et désigna d'abord le sexe. Aussi : *ce ek-ce =* ce sexe-ci : *sexe. Eh, è, é*, est aussi un premier nom du sexe : Ce *é* que c'est ? *Sexe* est.

Je ne sais que c'est. Jeune sexe est. La première chose que remarqua l'ancêtre et qu'il ne connaissait pas, c'était un sexe jeune, en formation. Dans ce cas les plus clairvoyants sont encore quelquefois forcés de dire : *Je ne sais que c'est. Jeune sexe est*, vaut : *sexe est jeune*, et : *jeune est sexe*. Le mot *jeune* peut être considéré comme un nom. Il en résulte que *jeune* désigne et désigna ceux qui prenaient le sexe. Les jeunes sont les enfants dont le sexe n'a pas encore atteint toute sa puissance, car il se développe toujours très lentement.

Tu sais que c'est bien. Tu sexe est bien. Le mot *tu*, ainsi que *jeune*, désigna aussi le sexe. C'est un terme enfantin : cache ton *tu,* ton *tutu. Tu tu =* ton sexe. *Tu reluques tu tu =* tu reluques ton sexe. *Turlututu*, répétait avec dépit celui qui était l'objet de cette remarque blessante.

Y ce ai que c'est ? Il sait que c'est. Y sais que c'est. Y sexe est. Y désigna d'abord le sexe, puis valut *je* et enfin il. *Y le sexe est. Il sait que c'est.*

On sait que c'est. On sexe est. Le pronom *on* désigna le sexe et avait la valeur de *en, en ce lieu, en ce l'yeu*, en cet œil-là. Le sexe se présenta sous forme *d'yeu* ou d'œil. Ce fut une légère ouverture. Le pronom *on* est indéfini et tous les mots qu'il peut remplacer se sont d'abord référés au sexe, l'origine de toute parole vivante : *Pierre, Jean, Julie*, etc. *sait que c'est bien* et *sexe est bien.* Tout ce qui peut savoir quelque chose est de rigueur un sexe dans son origine, un membre de la famille humaine ou divine.

Je sais que c'est bien. Je ou jeu sexe est bien. Le premier *jeu* était le sexe. De là vient la passion du jeu. Le prudent cachait son jeu. Le pronom *je* désigne ainsi le sexe et quand *je* parle, c'est un sexe, un membre viril de l'Éternel-Dieu qui agit par sa volonté ou sa permission. C'est en parlant de son sexe que l'ancêtre s'aperçut qu'il parlait de son propre individu, de lui-même.

A = ai. Que ce a? = qu'ai-je? — Que ça ou çà? = Quoi cela ? *Que exe est que ce a ? =* Quel sexe est que j'ai? *Que excès que ça ! Qu'est-ce ? que sexe a. Que sexe a? Qu'ai? que sexe a? Kékséksa? Que aie ce que c'est que ce a =* Ici vois ou prends ce que c'est que j'ai. L'inconnu de la chose faisait changer l'ordre en une question : *Qu'est-ce que c'est que ça?* Ces seules analyses suffiraient pour démontrer, avec la Loi infaillible qui nous guide dans notre travail, que notre question la plus familière est née chez des êtres prenant le sexe et ne connaissant rien de cette *exe-croissance*, de cette *exe-tension*. Aujourd'hui on peut tout au plus être embarrassé pour le genre.

Je me exe à mine ai. Tu te exe à mine as. Y ce exe à mine a. Y sexe à mine a. Y le sexe a mine à. C'est le sexe à la mine ou à la main que l'ancêtre s'examinait, *sexe à mine ai. Mine* a valu *main.* La main faisait mine et minait le terrain. *Che mine, chemine ; che main, chemin,* disaient également : *ici la main.* Donc le créateur de : *Je m'examinai,* etc. disait : *J'ai mon sexe à la main,* etc. C'est en examinant son sexe que l'ancêtre faisait *son examen, son exe d'main, son nexe à main.* L'examen du sexe est le premier que l'on subit en venant au monde.

Dans *examiner, examen,* etc. *exe* se prononce : *égze*. Ce changement nous montre que : *gue = que, ze = ce.* L'inversion de *égze* donne *ze qu'ai = ce qu'ai. Gu'ai = j'ai* et a formé : *gai, gué, guet.* Le sexe rendait *gai* ; l'ancêtre aquatique appelait alors sur le *gué* où l'on faisait le *guet*. C'est sur le gué que combattaient les chevaliers du guet. Chaque famille d'ancêtres défendait son gué et son marécage. — Puisque *ze = ce,* pour bien comprendre les mots où se trouve le son *ze,* on doit lui rendre son antique valeur *ce*. Il est toujours à *zézayer* valait :

à s'essayer. Qui *s'essayait zézayait. A sesse eille ai, à zéze eille ai* = au sexe vois ce que j'ai. *Sesse* et *zéze* ont donc désigné le sexe. Italien : *il sesse ho* = j'ai le sexe ; *il sesso* = le sexe. *Ce esse : ce exe : sesse : sexe.*

Ce montrait le sexe : *ce ai, ai ce, esse.* On a vu que *on* valut *en,* en ce lieu. *On ce ai c'est* = c'est en ce que j'ai. *On ce esse est, on ce esse aie. On sesse est, on sesse aie. On sait c'est. On ce essaie, on s'essaie. On ce essaie* montre clairement *ce* présentant le sexe et s'unifiant avec celui qui parle dans : *on s'essaie.* Même remarque dans : *L'on ce exe à mine a, l'on s'examina.* Le pronom allemand *Sich* = soi et est formé de : *ce ich* = ce moi et montre le sexe ainsi que *soi. Ce ois* = vois ceci, le *ce* ou *sexe. Soi* vaut donc *sexe.* Quand on parle de soi, on parle de son propre sexe. Or, le premier ancêtre ne parlait pas d'autre chose. C'est encore le fond de la conversation des démons.

Ainsi les pronoms réfléchis tirent leur origine de la réflexion de l'ancêtre sur sa propre nudité. Tout ce qui aujourd'hui est langage figuré fut d'abord appliqué à des actes matériels. Il fallait que le mot fût formé avant que l'esprit l'emportât dans les régions de la pure pensée.

Qu'ist ce exe que l'eus? Qu'ist sexe que l'eus ou *l'ai?* Dans les premiers temps, les temps passés du verbe étaient des temps présents. *Je l'eus* valait : *je l'ai,* et a formé le passé défini du verbe *lire* : *Je lus; tu l'eus, tu lus; il l'eut, il lut; nous l'eûmes, nous lûmes; vous l'eûtes, vous lûtes; ils lurent.* Les premiers qui *l'eurent* furent les *lurons* et la première chose qu'ils *lurent* fut le sexe. Le sexe est aussi la première *lyre,* il produisait *l'ire* et rendait irascible. C'est là qu'il fallut d'abord lire, dans le délire. Le sexe fut donc la première cause d'attraction et de répulsion. La question : *Qu'ist sexe que l'eus?* fit que les ancêtres se repoussèrent et on disait : Les voilà *qui s'excluent. Y sais que, ce que l'eus, est* = je sais que ce que j'ai c'est. *Y sexe que l'eus est* = C'est là le sexe que j'ai. Les sexes semblables ne se convenaient point, *ils s'excluaient.*

Le mot *sexe* nous a entraîné bien au delà de notre première intention. Chaque son est un esprit d'ancêtre qui saisit le penseur et le conduit de tous côtés parmi ses relations, son parentage et lui raconte sa naissance et sa généalogie.

La clef que nous donnons ici permet d'analyser tous les mots de la parole, c'est-à-dire de toutes les langues. Il nous a suffi de quelques pages. La science de la parole n'est donc pas obscure, car un enfant peut nous comprendre. Il est impossible d'examiner, d'étudier ce chapitre et d'y réfléchir, ainsi qu'à ses analyses, sans être convaincu jusqu'au fond de l'âme que c'est bien ainsi que le mot *sexe* s'est formé, en même temps que la chose. Il en résulte donc qu'il fut un temps où l'ancêtre n'avait pas de sexe et que cependant il était déjà doué d'un langage assez développé qui s'étendit jusqu'à la parole actuelle, pendant la longue période de la formation sexuelle.

Que l'ancêtre ait parlé avant que le sexe fût, est un point si important qu'avant d'aller plus loin, nous voulons que la conviction de cette vérité pénètre dans l'esprit de tout lecteur attentif. Il y a, d'après notre Loi infaillible, un rapport certain entre les mots : *neuf, nœud* et *ne*. Ce son a même valeur que *n'ai* = j'ai. *N'œu* valut à l'esprit du premier être : j'ai, ici, prends. *Neux* = prends. Cette idée ayant formé le nombre *neuf*, le mot *neuf* dans le sens de nouveau, le mot *nœud* apparenté au verbe nouer et la négation *ne*, il faut en trouver l'origine commune.

Le mot *nœud* est noble dans les nœuds de l'hyménée, il est donc en rapport mystique avec le mariage. C'est un terme bas, vil et populaire pour désigner le sexe.

Le verbe *naître* vaut : *neuf* et *nœud être*. Pour naître il faut *ne être* ou *ne pas être*. Celui qui est, est né, ne peut plus naître et ne peut plus n'être. La naissance eut lieu par l'acquisition d'un objet neuf, le nœud.

Je nœud acquis, tu nœud acquis, il nœud acquit ; nous nœud acquîmes, vous nœud acquîtes, ils nœud acquirent, sont devenus le passé défini de naître : Je naquis, tu naquis, il naquit, nous naquîmes, vous naquîtes, il naquirent.

Jeu neuf est = Le jeu est neuf. *J'œu, nœud est*. Jeune est, je nais, genets. La naissance arrivait souvent à l'époque des genets, le moment où ils sont en fleurs. *Y nœud est*, il naît. *Y nœud est-ce?* ils naissent.

Jeune être ai, jeune est trait, je naîtrai. Le sexe fut le premier être ; un jeune être et cet être se présentait sous forme de *trait*. Lorsque le *trait* paraissait, on savait que l'on devait naître. Le sexe sortait de ce trait, il en était extrait, *exe trait* ou tiré. *Tu neuf être as*, tu naîtras.

Ainsi on entend parler les ancêtres notre propre langue qu'ils créent inconsciemment avant d'être nés. Si les ancêtres n'avaient point parlé avant d'être nés, d'étrenner, le verbe naître n'aurait point de temps simples, car l'homme ne peut dire de soi au propre : Je naquis, je nais ou je naîtrai. Cela ne peut se dire qu'au figuré et c'est un axiome de philosophie et une vérité évangélique que ce qui est spirituel ou figuré a d'abord été animal ou matériel.

Tout homme dit de lui : Je suis né. Nous sommes tous nés ; mais d'abord il y eut des êtres qui n'étaient pas nés, bien qu'ils fussent vivants et doués de la parole. Ceux qui étaient nés, étaient nobles, en vertu de la partie cul, des parties nobles. Aujourd'hui l'homme est le seul noble, car seul l'homme de bonne volonté, que Dieu a choisi, peut fournir son véritable extrait de naissance et reporter son origine bien avant les plus anciennes familles, au delà des rois, des empereurs, des dieux marins et même au delà d'Uranus, le plus ancien des dieux.

En allemand, le verbe *naître* se traduit par *geboren werden* = devenir né. Les ancêtre *devinrent* nés, *wurden geboren*; aujourd'hui les hommes *sont* nés, *sind geboren*.

Geboren = né et est apparenté en allemand avec *gebohrt* = percé.

En français, *percer* et *naître* furent, dans le principe, un même acte : pour naître, il fallait percer.

Le sexe se formait d'abord, mais il n'était pas percé. Pour percer, il fallait que l'ouverture de la vessie, qui chez la grenouille se trouve dans l'anus, se fermât. Il en résultait pour le sexe une inflammation, un abcès donnant la fièvre jusqu'à ce que le sexe perçant, l'eau s'échappait par sa voie nouvelle, alors on était né.

Avec la naissance le langage prit un développement considérable et on peut dire que presque tous les mots populaires si nombreux remontent à cette époque.

Le verbe naître, dans toutes les langues, présente la même particularité : les temps simples ne s'emploient qu'au figuré : ils ne sont plus matériellement exacts. L'homme est né (l'homme *aîné* ou le vieil homme) avant que le jour fût : il est le commencement de la créature de Dieu (Apoc., III, 14).

Le cri *neux* ou *nœud* valut donc *prends* à l'époque de la venue du nœud. Avec le temps, cet ordre devint hideux et amena le refus d'obéissance qu'exprime la négation *ne*. *Nœud veux*. — *Ne veux*, dirent les *neveux* ou les faibles aux oncles, les plus forts.

Le son *ne* ou *nœud* se trouve dans la négation de la plupart des langues et dans le mot qui exprime le nom. *Le nœud ons* = j'ai le nœud et le nœud prends. Cet ordre créa le *nom* qui vient du sexe et fit prononcer le *non*. Les ancêtres ne prirent un nom que lorsqu'ils furent nés. L'enfant ne reçoit un nom qu'après sa naissance. La femme qui dit *non* refuse le *nom* de l'homme.

Ainsi un même son, un même mot, fait naître des esprits différents, soit au même instant, soit subséquemment. Ce qui est attraction pour l'un est répulsion pour l'autre. On arrive aussi à repousser avec force et violence ce qui nous avait attiré avec le plus de charme et d'entraînement.

Le *nœud* fut donc le premier objet *neuf*, la première nouveauté : *nœud ouve* ou ouvre, *eau t'ai*. Ainsi le sexe jetant l'eau est une nouveauté. Combien de millions d'années ont précédé cette nouveauté, on peut le calculer par l'âge de la terre, car les grenouilles parurent dès le commencement de sa formation, à l'époque granitique.

Quant au rapport du nombre *neuf* avec *neuf* = nouveau, on le trouve en toutes les langues :

Anglais	— nine	— new.
Allemand	— neun	— neue.
Suédois	— nio	— nia.
Italien	— nové	— nuovo.
Espagnol	— nueve	— nuevo.
Grec	— énnéa	— néos, néa, etc.

Il y a donc un rapport certain, une origine commune entre la nouveauté qui fut la parfaite formation du sexe, sous le nom de nœud, et le nombre neuf. Cette communauté de son vient de ce qu'à la même époque apparut dans la bouche de l'ancêtre, à chaque mâchoire, la neuvième dent ; car c'est à la venue des dents que commença la numération, comme on le verra plus loin.

Nous avons donc donné le rapport certain et l'origine commune des mots : *nœud, ne, neuf* (nombre) et neuf ou neuve, et prouvé, en même temps, avec une abondance de matériaux stupéfiante, que la parole existait avant la venue du sexe.

Au commencement était la parole et la parole était

auprès de Dieu et la parole était Dieu. Toutes choses ont été faites par elle.

Examinons maintenant le langage de notre grenouille.

LES CRIS DE LA GRENOUILLE

La grenouille fait entendre clairement les cris : *coaque, coèque, coéque* pour appeler à la *coaction* et *couique* ou *couic*, en échappant au danger. *Coaque* ou *coac* s'analyse : *Que haut à que* = Ici haut à ce lieu. *Co ac* = co. ou encore *accède* ou approche. Ce sont des appels de la femelle.

Un jour que nous observions ces jolies petites bêtes, en répétant nous-même ce cri : *coac*, l'une d'elles nous répondit, les yeux interrogateurs et brillants, par deux ou trois fois : *Coac*. Il nous était clair qu'elle disait : *quoi que* tu dis? Un autre jour nous vîmes un mâle, qui avait par trois fois manqué son accouplement, tourner le dos complètement, avec un dépit marqué, à la petite femelle trop remuante.

A l'époque des amours, elles s'assemblent en troupe, venant de loin à des appels réitérés et variés, avec des chants sans fin ni arrêt, mais aussi entremêlés de silences. Les collages se font pour plusieurs jours, car bien que n'ayant pas de sexe, ces petits animaux se mettent l'un sur l'autre pour lâcher, au même moment, leur frai dans l'eau où éclosent les têtards. A cette époque le mâle fait entendre vigoureusement le cri : *Que r'ai ait, que rere ai haut, cœur ai haut*, où l'on peut voir l'origine de *crée* et *créo* du verbe créer. Les cris *coac* redoublent en même temps. C'est un vrai sabbat.

Nous avons encore noté, *cara, cara*; *cate cate*, mais surtout le cri *qu'ai quête*. Ce dernier est un appel bien clair que la grenouille fait entendre dans les prés fleuris, où elle chasse aux insectes. Il est bon pour bien discerner ces cris d'en voir et entendre une seule à la fois. Lorsqu'elles chantent en réunion, c'est de loin un brouhaha de foule humaine.

Le dictionnaire Larousse leur attribue les cris : *Brekekex, coax* et *ololo. Au l'haut l'eau, au l'eau l'oz, au l'eau lô =* Là à l'eau. *Au lolo* est un appel enfantin à boire du lait et l'eau est le premier lait. Nous n'avons entendu ni *brekekex* ni *ololo*, mais nous n'avons fait qu'une étude imparfaite. Le langage de la grenouille varie selon les lieux, les temps et les saisons. Il comprend certainement les sons : *que, re, te, au, ou, à, ai, aie, y* et sans doute : *be, ce, le*, et d'autres. Dans tous les cas, il est assez développé pour que la formation des mots que nous avons analysés paraisse toute naturelle. Leur langage actuel ne peut d'ailleurs que donner une idée très imparfaite de ce qu'il pouvait être alors que l'esprit de la parole qui anime toute l'humanité, était en entier concentré sur ces animaux qui devaient être transformés en hommes par une chaîne d'anneaux qui restèrent longtemps unis avant que l'esprit créateur anéantit les intermédiaires.

Le son de la voix et la modulation du chant de la grenouille ont déjà quelque chose d'humain. Ses yeux, son regard, sont semblables aux nôtres ; et aucun animal ne possède une grâce corporelle, du talon au cou, qui le rapproche autant de celle du corps humain : peu de personnes même ont cette partie aussi élégante.

Ainsi que l'homme, la grenouille vit sous tous les climats, sur terre et sur l'eau. Elle est de jour et de nuit, aime les soirées chantantes, mais reste le matin dans son lit, le limon de la terre. Elle devient promptement familière et aime alors le voisinage des hommes, au point de venir se placer hors de l'eau tout près de celui qui l'observe, dans une rassurante immobilité.

LA VENUE DU POUCE

Nous avons vu la venue du sexe, voyons celle du pouce. *Ce pouce* = *ce* ou ceci *pousse*. Ce rapport nous dit que l'on vit le *pouce pousser*, quand les doigts et les orteils étaient déjà nommés. *Pous-ce* = Prends cela. On commença à prendre les *jeunes pousses* des herbes et des bourgeons, quand le *pouce*, alors *jeune*, se forma. Avec la venue du pouce l'ancêtre devint herbivore.

Dans toutes les langues le pouce a un nom particulier qui ne convient pas aux doigts. Pour les orteils, c'est le contraire, le pouce du pied est l'orteil par excellence. Les autres doigts de pied lui empruntent leur nom d'orteils et n'ont jamais une dénomination différente de celle de leur gros camarade d'origine. Il en serait de même pour les cinq doigts de la main, si tous avaient été créés en même temps : le pouce ne serait que le gros doigt, le doigt par excellence, ou bien les doigts ne seraient que les pouces secondaires. Il n'en est pas ainsi. Le pouce n'est pas un doigt et les doigts ne sont pas des pouces. C'est pourquoi : les quatre doigts et le pouce, est une expression des plus populaires. L'animal ancêtre a donc vu apparaître son pouce, vis-à-vis des doigts, comme un roi au milieu de ses vassaux, et les doigts se courbent devant le pouce et le reconnaissent pour leur maître, lui, le dernier venu.

L'homme est à ses devanciers comme le pouce est aux quatre doigts de la main. Les grands ancêtres animaux de l'homme sont au nombre de quatre : le têtard, la grenouille, le diable et le dieu. Eh bien ! ces quatre ancêtres s'inclinent devant l'homme et le reconnaissent pour leur maître, bien qu'il soit le dernier venu ; car les premiers sont les derniers, ainsi que le prophétise le Seigneur Jésus. Nous plaçons ici le têtard au nombre de nos ancêtres, car sa création animale n'est pas la moins merveilleuse et l'embryon humain devient d'abord visible au microscope sous la forme du têtard, dans la semence humaine.

Quant à l'origine du pouce, elle est déjà indiquée chez la grenouille, ainsi que tous les anatomistes de ce petit animal l'ont amplement établi.

Voici le nom du pouce chez les peuples qui nous entourent: *The thumb, der Daumen, il pollice, el pulgar* et et voici le nom des doigts : *The finger, die Finger, i diti, los dedos*. On voit que le nom du pouce diffère entièrement de celui des doigts et que le nom de ces derniers a une ressemblance prouvant qu'ils furent nommés bien avant le pouce.

L'origine du mot *doigt* vient de ce qu'on montrait à ce cri celui à qui on parlait. *Doigt, doi* ou *dois*, c'était *toi*. Mon petit *doigt* me l'a dit, signifiait d'abord : Mon petit, doi ou *toi*, me l'a dit. On sait que l'enfant est souvent tout surpris que l'on sache ce qu'il a raconté lui-même, sans y prendre garde. Quant au petit doigt, il n'a jamais rien dit à personne.

Le mot *doigt* a aussi signifié *partie* et, dans cette acception, comprenait les quatre doigts ; le pouce vint former une seconde partie de la main et prit, dans ce sens, le nom de *doigt*. Ces deux parties opposées et unies formaient *deux doigts*. De là l'expression : Ils sont comme les *deux doigts* de la main, c'est-à-dire comme *pouce et doigt* et la preuve, c'est que cela se dit ainsi en anglais : They are finger and thumb. Ces deux doigts ou parties de la main formaient le pied fourchu du diable qui rampait sur ses quatre pattes, l'antique serpent.

Dans de nombreuses langues de l'Ancien et du Nouveau Monde, on dit les quatre doigts et la main pour marquer le nombre cinq (Larousse à *cinq*). Il s'ensuit que l'on comptait jusqu'à *cinq* avant la venue du pouce; car il est impossible, au point de vue numérique, de ne pas considérer le pouce comme un cinquième doigt, et de lui substituer, en ce point, la main entière.

En anglais, l'index se nomme *forefinger* = avant-doigt ou doigt de devant. Il fut donc dénommé avant la venue du pouce, ou alors que le pouce n'était nullement considéré comme un doigt.

Il est ainsi surabondamment prouvé que le pouce a une origine autre que celle des doigts, ce qui n'est pas pour les orteils déjà au complet chez la grenouille.

Le gros orteil tient à l'extrémité de la plante du pied sur la même ligne que les autres orteils; mais le pouce est attaché au poignet en opposition avec la paume de la main portant les quatre doigts à son extrémité. Le pouce n'est donc pas mathématiquement placé en rapport avec les doigts, comme l'orteil avec les autres doigts de pied. Cette contradiction anatomique existe déjà chez la grenouille, car l'indice du pouce est situé juste au point où il s'est en effet développé. Elle n'existe pas, cette contradiction, chez le singe : ses quatre pouces ont à l'égard des doigts une même position anatomique. La grenouille et l'homme sont les deux seuls animaux ayant deux pieds et deux mains placés de la même manière. Il est certain que c'est là une preuve irréfragable de notre commune origine avec nos grenouilles actuelles : une preuve de l'origine de l'homme que son créateur lui avait cachée pour un temps.

En même temps que le pouce se développa, l'orteil intérieur des pieds de la grenouille, lequel est le plus petit, prit, par une concordance toute naturelle, une grande extension aux dépens des autres orteils, de sorte que les pouces du pied et de la main se trouvèrent achevés simultanément. C'est par une suite de cette coïncidence que le gros orteil est aussi dénommé : le pouce du pied.

On remarquera sur les croquis de notre mère grenouille, dont les mains sont tournées la paume en dessus, que l'avant-dernier doigt ou l'annulaire est le plus long.

Ce doigt arriva le premier au nu où l'ancêtre le tenait volontiers. Ce doigt est en rapport avec le quatrième orteil également le plus long.

Le premier doigt du pied est le plus petit et le premier doigt de la main ou le pouce n'est pas encore visible à l'œil nu. Il est concevable que la force qui fit pousser les extrémités intérieures des mains et des pieds, amena partout un affaiblissement des autres extrémités, et que le doigt annulaire cessa peu à peu d'être le plus long. La venue des pouces donna aux mains et aux pieds à peu près leur forme actuelle.

Le pouce doit son nom à sa spécialité propre qui est de prendre et d'*écraser* les puces et insectes analogues :

> Français : *le pouce, la puce.* (Pou-ce.)
> Italien : *il pollice, la pulice.*
> Espagnol : *el pulgar, la pulga.*

C'est clair et admirable de réalisme et de simplicité ! Quand l'ancêtre se plaignit des puces, le créateur lui octroya le pouce pour se défendre. Comme aucune vermine ne s'attache aux animaux aquatiques, le développement du pouce montre l'époque de l'abandon partiel des eaux. Si l'ancêtre n'avait pas encore de vêtements, il couchait tout au moins dans des nids ou des niches, sur des peaux, des feuilles ou des plumes, et là nos insectes commencèrent à nous stimuler.

LE DÉVELOPPEMENT DU COU ET LA VENUE DU POIL

Nous avons dit que le cou de la grenouille est engoncé dans les épaules. Les premiers dont le col monta furent les collets montés : *il est bien, col est monté*. Le cou fut le premier collet. *Le collet monté* était orgueilleux : *Je suis haut, col est monté*. Il avait meilleur aspect et plus de facilité pour toute chose. Le cou en se développant donnait un grand air : vois-tu, *le col hausse* ; vois-tu *le colosse*, comprenait-on.

Ce à cou peux-la = prends-la ici au cou. *Ce à cou plat* = ici à son cou plat. A ces cris, pour la première fois, l'ancêtre *s'accoupla*. *Le couple a le cou plat*. Les grenouilles se collent, le diable s'accoupla. Il avait le cou formé, mais ce cou était large et plat. C'était un plat *personnage*. *Per ce on nage* = on nage par ici. Ce personnage nageait, c'était donc aussi un dieu marin. La grenouille se distingue par le plat de sa tête et par la platitude générale de son corps. L'homme se distingue par sa rondeur, La *plate forme* de la grenouille lui fait rechercher, pour se placer, une *plate-forme*. La grenouille, en prenant le cou, se transforma donc en diable et quand le diable était en *colère*, on le voyait *en col air*, le col en l'air ; *en coq l'air*, prendre des airs de coq. Le premier nom du col et du cou est *co* et le *coq* se distingue par l'élévation de son cou.

J'ai cou pelé = je t'ai pelé le cou. Tu est bien *découplé*. Le cou en se développant faisait éclater la peau et on *se cou pelait* avant de *se coupler* et de *s'accoupler* = *ce à cou peux l'ai*. Donc les ancêtres *se à cou pelèrent* et *s'accouplèrent*. Chaque parcelle de peau enlevée du cou ou *co* formait *un co-peau, un copeau*.

Le premier ancêtre, le diable, n'était pas *couronné, cou rond né*. Il ne naquit point avec un cou rond. Le cou arrondi est une marque des enfants des dieux, car le cou se forma lentement. Nos *torticolis, tors ti col ist* = ton cou est tors ou tordu, en sont encore une suite directe.

Celui dont le cou était bien dégagé, qui avait *un beau cou*, happait la proie plus facilement ; il faisait plus souvent *un beau coup* et montrait *beaucoup* sa prise et son *beau cou*. Ceux dont le cou était encore emboîté se montaient le cou facilement, mais ils manquaient de grâce et d'adresse relativement aux autres. Le *cou monté* était craint, il faisait ou mangeait *les sans coue* (*l'est sans coue* = il est sans sexe mâle) ou *les cent coups* ; c'est pourquoi on craint toujours l'abord d'*un cou monté* : N'y va pas, c'est *un coup monté*.

Je suis *cou rond né* = Je suis né avec le cou rond. Les diables n'étaient pas *couronnés*. Les plus avancés avaient le cou plat et mal dégagé ; c'est pourquoi le diable ne tourne pas facilement la tête. *Couronne ai* = J'ai la couronne. La première couronne est la tête ronde et bien sortie des épaules. Nous sommes donc tous *couronnés, cou rond nés, couronne ai*. Le cou rond était donc un dieu et ce dieu avait la prérogative de ne point mentir : le cou rond indiquait un être sûrement sexué, *le cou rond ne ment*. Ne point mentir, c'est aussi le *couronnement* de l'homme. Le diable et les démons mentaient naturellement. Le diable est père du mensonge, chaque fois qu'il ment, il parle de son propre fonds. Le dieu, lui, savait, quand il mentait, qu'il faisait mal. Il devait cela à l'éducation de la mère ; mais le diable n'a pas eu de mère, il est né du frai, c'est pourquoi il dit volontiers : Moi, je me suis fait tout seul.

Le à cou est feu = le feu est à mon cou. Le cou, en se dégageant, donnait un feu, une souffrance, des torticolis. Le résultat de la sortie du cou était *la coiffe*. La première coiffe est la tête. Le coiffeur fait la coiffe ou la tête. Coiffer, c'est arranger la coiffe et non faire de la chapellerie. Quand le cou était fait, *cou est fait*, on avait la coiffe, *coiffe ai* et on était *coiffé*.

Y laine ai, cou est fait, nous montre que celui qui avait de la laine, ou mieux des cheveux laineux sur le cou, était né et coiffé : *il est né coiffé*. C'était un bonheur envié. Chacun étant *né coiffé*, nul ne doit se plaindre.

Je l'ai, coup est fait, disait celui qui avait attrapé une proie à son concurrent : *Je l'ai coiffé* = je l'ai assommé, *le coup est fait*. Le *cou* et le *coup* ont même origine. On coupa le *cou* d'un seul *coup* ; on faisait *le coup* en saisissant *le cou*. Le premier cou fut le sexe, le cou actuel se développa en même temps.

L'est né = il est né ; *laine ai* = j'ai de la laine. *L'aîné*, c'est le plus ancien, le premier-né. A l'époque où l'animal ancêtre acheva son développement la force était en lui si exubérante qu'il se couvrit presque en entier de poil ou de laine et les poilus, les aînés, étaient d'une force bien supérieure aux êtres qui les entouraient. Donc, entre deux, on reconnaissait *l'aîné* à ce qu'il était *lainé*. C'est sans doute pour marquer cela avec plus de force que les deux seuls jumeaux dont il soit question dans la Bible, Esaü et Jacob, *l'aîné* qui était Esaü était bien *lainé*, puisqu'il était tout couvert de poils. Comme le diable est l'aîné de nos ancêtres, sur ses vieux ans il prit du poil ou de la laine. Il en était couvert à l'époque où il se fit ermite. C'est pourquoi un ermite doit avoir du poil, de la barbe, etc.

La barbe, en apparaissant, déplut, on commença par l'arracher : *ai barbe, ébarbe* = ôte-moi cela. *J'ai barbe ôté, j'ai barbotté*. En s'arrachant la barbe, on barbottait dans l'eau et aussi on s'y débarbouillait. *J'ai barbe ouillé* = je t'ai souillé la barbe, il faut te *débarbouiller*.

Les cheveux sont dénommés de ce qu'on se les prit dans la dispute. *Il me prit, l'est che veux* = il me prend cela, c'est ce que je veux. *Il me prit les cheveux*, cela valait autrefois : *il me prend les cheveux*. *L'est ce moi, l'est che veux* = cela est à moi, c'est ce que je veux. *Laisse-moi les cheveux*, répétait celui qui défendait la chose contestée et qu'on prenait aux cheveux.

Le poil s'est aussi nommé *crin* et qui avait du crin était *craint*, ce qui a encore lieu aujourd'hui pour le gaillard à poil. Le poil fut encore nommé plume et duvet, il a toujours ce dernier nom. On arrachait les plumes aux méchants par punition, c'est pourquoi il est honteux d'être déplumé (Daniel, vii, 4). Le poilu était plus fin et plus adroit, ses pattes pelues faisaient craindre le patte-pelu.

Nous avons donc abondamment démontré que l'ancêtre vit son cou se développer et sa tête se former, sa laine ou le poil du corps lui pousser. La formation du cou rendit fier ; mais la venue du poil déplut à l'Esprit créateur qui en rendit la pousse moins forte. On continue encore à l'arracher, à moins que l'usage ne l'ait rendu décoratif où il se trouve, ou qu'il y soit caché par le vêtement.

LA VENUE DES DENTS

La grenouille n'a pas de dents. La parole en a abondamment inscrit la venue dans son livre de vie.

L'allemand : *Die zähne* ou *zähn'* = les dents ; *die zehn* = les dix ou la dizaine ; *die zehen* = les orteils et les doigts au nombre de dix. *Die zähn'*, *die zehn*, *die zehen*, cela se prononce également : *dizaine* ou *dix tsaines*. Il y a donc eu un rapport entre les dents et la dizaine, comme il y en a encore un entre le nombre dix et les orteils. La logique veut aussi que les dents aient porté le nom de dix en français. En anglais le mot *teeth* = les dents et se prononce : *disc* ou *dix*.

Cette simple similitude de sons : *die zähne, dizaine,* fut pour moi une révélation à laquelle je n'osais qu'à peine croire ; je cherchai cependant l'historique des dents : la dentition de l'enfant. Le résultat dépassa de beaucoup mon attente.

Les dents de lait, qui correspondent à la denture du premier ancêtre, sont au nombre de dix à chaque mâchoire et, comme on a compté les cinq doigts de chaque main avant les dix doigts des deux mains, on compta longtemps les dix dents de chaque mâchoire avant d'arriver aux vingt dents de la bouche.

Pendant longtemps la grenouille n'eut que huit dents à chaque mâchoire ; la venue de la neuvième dent coïncida avec le parfait développement du sexe : ce fut là du neuf de part et d'autre. Ceux qui avaient *vingt* dents étaient parfaitement sexués et *vains* de leurs dents et de leur nudité.

On a donc commencé à compter les dents à leur venue. Nous savons tous avec quelle curiosité et quelle attention la mère compte les dents à leur apparition chez son enfant. L'enfant les compterait lui-même avec plus de soin encore, si son intelligence le lui permettait. Compter ses dents était la distraction *dix traction* des ancêtres. Toute dent venue rappelait une souffrance et toute dent à venir en faisait craindre une autre. De plus l'ancêtre ne pouvait compter par unité que ce qui lui venait par unité. Il ne comptait donc que jusqu'à dix. Il avait deux *dix zaines* ou dents ou *dizaines de dents*, auxquelles il donnait le nom de *vingt*, car il criait souvent : *vins* ou viens en montrant ses dents menaçantes.

Quand bien longtemps plus tard l'ancêtre suivant prit seize dents à chaque mâchoire, on créa de nouveaux nombres en notre langue ; mais après seize il y eut un long arrêt et le mode de compter change complètement entre seize et dix-sept. Les Italiens comptent jusqu'à seize en mettant le nombre dix le dernier : *sedici* ou six-dix, à dix-sept il y a changement et ils disent comme nous : diciasette ou dix-sept.

Il est donc de toute évidence et certitude que les ancêtres comptèrent d'abord leurs dents, leurs premières armes, leur défense, leur ivoire. C'est alors qu'ils avaient bec et ongles pour se défendre. Comme ils mettaient souvent les orteils et les doigts dans leur bouche, il est naturel qu'un nom commun avec les dents leur ait été donné et conservé en allemand, surtout à cause du nombre dix.

Les peuplades de la Nouvelle-Guinée, dans leur système de numération, confondent le nombre « quatre » avec les quatre doigts et « cinq » avec la main. Dix est « deux mains »; mais vingt est un « homme ». Quarante, « deux hommes ». La cinquième dent parut donc avant la venue du pouce, mais le nom « homme » désigna l'animal à vingt dents et aussi à vingt extrémités parfaites, c'est-à-dire que les pouces des mains étaient venus avec ou plutôt bien avant la vingtième dent.

Les dents de lait qui se forment dans le sein de la mère, sous les gencives, correspondent à la dentition du premier ancêtre, de la grenouille parfaite, du diable. Le diable n'était pas beau et ses dents étaient des dents *de laid*.

Les dents *de lait* des animaux qui allaitent leurs petits correspondent également aux dents de leur premier ancêtre, car tous les êtres créés l'ont été d'une manière analogue, autrefois comme aujourd'hui. Les poissons, serpents, oiseaux et mammifères ont commencé par la forme du têtard. Cependant, même avant l'origine du têtard, chaque animal avait, en l'esprit de l'Éternel, son être parfait.

Le mot *dizaine* ou *dix aines* signifia dix unités et dix dents. *Aine* eut la valeur de *une* et de *dent* et a formé le mot *haine*; c'est pourquoi on dit avec le même esprit : il a *une dent*, il a *une haine* contre moi.

Jusque vers sept ans les enfants n'ont que la dentition du premier ancêtre et en ont le même caractère inconscient du bien et du mal. Ange ou démon, le petit enfant n'agit naturellement que par impulsion spontanée. Il est cruel et autoritaire, il déchire tout ce qui lui tombe vivant entre les mains. La petite fille se distingue par l'amour irraisonné pour sa poupée; c'est l'amour de la première mère pour son enfant. Le petit garçon est étranger à cet amour, car le diable n'avait pas le sentiment de sa paternité et il dévorait ses enfants, comme le petit garçon mettra au besoin la poupée en pièces. De sept à treize ans, à mesure que se développe la seconde dentition, l'esprit se transforme, c'est le caractère du jeune dieu, fort ressemblant à celui du diable, mais connaissant le bien et le mal. A partir de treize ans, le jeune homme apparaît et il se distingue par le souci de l'avenir. Avec les dents de sagesse, l'homme animal est parfait.

FORMATION DU PIED

La partie inférieure de chaque jambe de la grenouille se termine en éventail ou queue de poisson. Chaque jambe se ploie à la hanche, au genou, au cou-de-pied et à la racine des orteils qui sont liés ensemble par une membrane. Après chaque impulsion, quand la grenouille nage, les deux jambes se soudent en une longue queue double de poisson : la queue des Tritons et des Sirènes de la Fable. Ainsi le pied actuel n'est pas formé.

Pendant longtemps l'ancêtre rampant laissa traîner ses jambes derrière lui. Au milieu des herbes, des bruyères et des broussailles, on se suivait les uns les autres. On était ainsi continuellement sur les talons, sur les pieds, dans les jambes et sur le dos du devancier, et on avait à y supporter son suivant. *Suis, suis*-moi, disait l'un ; *suis*-tu ? — Oui, répondait l'autre, *je suis ici, je te suis ; je te suis, vrai ; je te suivrai*, marche. L'homme ne peut être qu'en suivant son ancêtre : Je *suis* derrière.

Le mot *talons, te allons* = allons-toi, marche, se disait au précédent en touchant le talon qui est le point le plus sensible de la grenouille : touchée au talon, elle ne peut s'empêcher de *sauter* et de *s'ôter*. On n'aime pas à être talonné, à avoir quelqu'un sur ses talons ; or, s'il y a aujourd'hui un endroit où l'on ne puisse se placer, c'est bien sur les talons du voisin.

Lorsqu'on voulait arrêter le précédent, on lui appuyait la patte sur les *jarrets, j'arrêts. Jarrrets t'ai, j'arrêtai. Je arrêt t'ai* = je t'ai ou tiens l'arrêt. Le *jarret d'acier* criait : *j'arrêts d'assieds*, en se mettant en route le premier.

Nous avons vu que les mots allemands : *zähn', zehen*, se prononcent également *zaine* ou *tsaine*. Un proverbe allemand dit du fort et de l'adroit : Er hat Haare auf den Zähnen, il a du poil sur les dents. Il est clair que c'était sur les doigts ou *Zehen* et nous savons que le poil fut un indice de supériorité, que le diable était un patte-pelu. La logique de la parole veut que nous aussi, nous ayons donné autrefois le nom de dents aux orteils et aux doigts de la main : *De* = te et *dents* = *tends*, tiens, prends. Or, comme on offrait au bec où sont les dents, ce nom leur est resté, mais il s'est perdu pour les doigts, sauf dans de nombreuses phrases qui montrent bien que la parole n'a pas varié depuis son origine.

Ainsi : être savant jusqu'au bout des dents, ou : avoir de l'esprit jusqu'au bout des doigts, c'est une même idée première. Les dents ne peuvent rien apprendre, mais les doigts s'instruisent. En ce temps-là, l'ancêtre qui avait le bras court s'efforçait quelquefois de prendre la lune avec les dents, c'est-à-dire, avec les doigts ; cette première lune, il la portait sur son corps. Manger de toutes ses dents, c'était y employer tous ses doigts et manger du bout des dents, c'était prendre du bout des doigts. On ne peut voir si celui qui mange le fait de toutes ses dents ou seulement du bout des dents. Même on ne dit pas le bout de la dent, mais le bout du doigt. Parler entre ses dents, c'était parler avec les doigts dans la bouche, ce qui faisait mal prononcer. On ne peut au contraire bien prononcer qu'avec les dents entr'ouvertes ; on parle forcément et toujours entre ses dents.

Dans les moments difficiles pour l'attaque, pour saisir

une proie violente, l'ancêtre se soulevait sur le bout des orteils et des doigts ; il se dressait sur ses ergots et se gonflait pour se rendre redoutable : il était alors *à dent* et sur les dents ; il était comme une herse sur ses dents. Le mot *dent* signifiait donc *pointe*. S'il manquait son coup, il restait là sur les dents. On ne peut en aucune façon dire cela des dents qui sont dans la bouche : être sur les dents, c'est être sur pied. D'autre fois, quand perdu dans les fourrés, il ne savait plus où avancer ni donner de la tête, il était aussi sur les dents, dressé sur les orteils pour voir au loin. C'est ainsi qu'il commença à marcher, sur la pointe des pieds, sur le bout des orteils et cela d'abord dans les circonstances désagréables où il était sur les dents. Dans cette position pour former le pied actuel, il fallait faire couder la jambe au *cou-de-pied*. Le mot *coude-pied* = ploie ou coude le pied. En disant cela l'ancien donnait au jeune un *coup de pied* sur cette partie. Le *coup de pied* frappé à terre forma aussi le *coude-pied*. Aujourd'hui on ne peut plus couder le pied, car il est coudé ou ployé à toujours : c'est un membre évidemment atrophié. L'allemand *Fussbiege* dit également coude-pied. Dans *cou-de-pied*, *cou* = cul ou derrière. Le *cou* et le *col* actuels tirent leur nom de l'appel à s'accoupler, *ce à cou peux l'ai*, à se coller, *à ce qu'eau l'ai*, *à ce que haut l'ai*; que poussait l'ancêtre rampant à l'époque où la tête se dégageait et formait le cou ou le col.

Lorsque l'ancêtre commença à marcher, les pieds étaient d'une longueur démesurée. Les pieds sont plus ou moins longs, jamais courts ; mais la main et les doigts de la grenouille sont courts. Aussi le pied petit et la main longue furent longtemps l'indice d'une antique origine. Un distique oublié disait au contraire :

> Long pied et courte main
> Sont marque de vilain.

Notre sujet s'assied en croisant les jambes devant soi.

comme le font toujours les Orientaux. Ainsi accroupies, côte à côte, et appuyées sur les pattes ou pieds de devant, les grenouilles étaient *coude à coude*; *coude accoude* = appuie le coude à terre, *coude coude*, disait-on aussi pour faire baisser la tête et observer, en donnant un *coup de coude* sur le bras qui s'appelait alors le coude... Pour baisser la tête inflexible, il fallait couder le bras, écarter les coudes ou les appuyer à terre.

On se plaçait encore, à l'occasion, accroupi autour du manger et souvent le malappris mettait les pieds dans le plat, *le pied plat*. *Le pis ai plat* = je l'ai pris dans le plat. On tenait encore l'herbe ou la plante choisie, ramassée sous soi, et on n'aimait pas à se voir couper l'herbe sous le pied ni enlever la plante du pied.

On prenait avec le *pied* qui s'analyse : *pis ai* = j'ai pris. L'homme peut encore au besoin arriver à se servir du pied pour prendre à la bouche ; on prend toujours en mettant le pied sur ce dont on veut s'emparer.

Nous avons déjà dit que le gros orteil se développa en même temps que le pouce de la main, et que la grenouille et l'homme sont les seuls animaux ayant les mêmes rapports entre les extrémités supérieures et inférieures. Le singe n'a pas de pieds ou ses pieds sont des mains : le gros orteil est placé vis-à-vis des autres orteils comme le pouce vis-à-vis des doigts.

Le pied de l'homme ne peut certainement avoir pour origine que les dernières flexions de la jambe de la grenouille.

LA MARCHE DEBOUT

Tous les mots expriment dans leur idée première un ordre de se dresser, de s'élever, de se tenir droit. La parole élève l'âme. L'ancêtre se résolut difficilement, autrefois comme aujourd'hui, à marcher droit. Il eut besoin de nombreuses *corrections* pour prendre la *corps-rection*. *Corps érige-toi*, disait-on au rampant pour le corriger; *corrige-toi.* Je vais *te corps ériger, te corriger.* Il est bien *corps érigé, corrigé.* Dans maint dialecte on entendra encore le son *é* dans le mot *corriger.* D'ailleurs *riger = ériger* et dresser. *Ai rigé =* j'ai dressé. *Ri* vaut aussi *droit,* car *rigé* est formé de *ri j'ai = j'ai ri,* droit ou raide. Par conséquent le rire était provoqué par ceux qui voulaient se dresser et retombaient piteusement par terre. *Je ris, je me ris* valait : je me tiens droit et ce disant l'ancêtre retombait. — *Je ris, je ris,* criait l'autre en riant. C'est là l'origine du rire involontaire qui nous prend, alors que nous voyons quelqu'un tomber ridiculement. La bête rampante qui est en nous jalouse ceux qui s'élèvent et se gausse de leur chute : *Pattes à terre as, patatras!*

Le mot *recte* signifie *droit.* La *recte-itude* était l'étude de la *rectitude.* Celui qui se tenait le *corps recte* était *correct. Rexe* vaut *roi* et *droit. Corps rexe y ons =* j'ai le corps droit, la correction est inutile.

Corps roi y ai, corroyer. On corroya la peau de l'ancêtre en le frappant pour le faire marcher *roi* ou *droit.* Le verbe *corroyer* servit ensuite pour le corroyage du cuir, ce qui se fait en frappant dessus ; corriger comporte aussi l'idée de dresser. *Dis, rige* ou *érige-toi* mieux, *dirige-toi* mieux. Celui qui marchait droit se dirigeait mieux que le rampant. Nous craignons toujours celui qui nous menace de nous faire marcher droit. La parole forcera pourtant tout homme à marcher droit au figuré, comme elle a forcé l'ancêtre animal à y marcher au propre, et nous nous en trouvons bien. De même nos descendants seront heureux de marcher droit dans tous les actes de leur vie.

Les ancêtres qui marchaient droit étaient en pied : être en pied est toujours une situation enviable.

Il n'y a pas de verbe spécial exprimant l'action de se

transporter debout d'un lieu à un autre. Il y en a de nombreux pour faire cette action dans l'eau : nager, naviguer, ramer, plonger, etc. Il y en a aussi pour marcher à quatre pattes : trotter, galoper, ramper, se traîner, sauter, grimper, etc. L'action de se tenir sur deux pieds est exprimée par un seul mot dans : piétiner ; mais piétiner indique une action sur place : c'est que l'ancêtre se tint longtemps debout pour un instant, un petit parcours. Ainsi le verbe *déambuler* signifie marcher droit et aussi marcher comme les dieux : *dé-ambuler*. Les dieux déambulaient. Ils allaient et venaient se tenant debout ; mais pour un long parcours, un voyage, une course, ils retombaient sur leur quatre membres. Les verbes : aller, marcher, courir, avancer, reculer, etc. sont communs aux animaux et aux hommes.

Il s'ensuit donc que les verbes populaires, l'âme de la parole, étaient tous créés avant que la marche debout continue fût devenue naturelle. La parole atteignit sa perfection avant que l'homme fût créé. Aussi les écrits les plus anciens, qui sont les premiers témoignages humains de la parole, sont-ils, au point de vue de l'esprit naturel et de la parole humaine, aussi parfaits que les plus modernes.

Ce n'est donc qu'après avoir été corrigé pendant longtemps que notre animal s'est résolu à marcher droit. La bête que nous portons en nous est toujours disposée à retomber sur ses pattes et à s'abaisser, se dégrader, non devant Dieu ni devant l'homme, mais devant un roi, un prêtre, un empereur, devant une idole quelconque, figure d'homme ou d'animal, un morceau de pâte, un ruban ou un tissu rouge, blanc ou tricolore, un morceau de musique. Tout est prétexte à la bête pour faire oublier à l'esprit de l'homme qu'il est le fils de Dieu et qu'il ne doit honorer que l'homme, son frère.

Tu seras corrigé, ô esprit humain stupide ! jusqu'à ce que tu n'honores et ne respectes que ce qui est honorable et respectable : la volonté de chaque homme.

L'OUBLI DE LA NATATION

On nous demandera peut-être comment il se fait que l'homme ne nage point naturellement comme la grenouille. Nous répondrons tout d'abord que le bon nageur nage absolument, saute à l'eau et plonge comme la grenouille. Mais quand le dieu marin se dressa et se mit à marcher sur ses parties inférieures, les jambes et les bras acquirent un mouvement alternatif opposé à la natation. Le bras droit et le pied gauche se portent en avant en même temps, de même pour la main gauche et la jambe droite. Or, pour nager comme la grenouille, il faut que les bras agissent ensemble et en opposition avec les jambes agissant aussi ensemble. Il suffit de répéter des exercices convenables, couché sur le dos, pour que les quatre membres retrouvent bientôt leur ancienne science.

D'autre part, si on laisse le petit enfant marcher à quatre pattes, comme cela lui est naturel, aussi longtemps que possible, et qu'on lui mette de l'eau à sa disposition pour y pouvoir nager sans danger, il ne tardera pas à s'y mouvoir comme les quadrupèdes qui nagent naturellement ; car, en marchant au pas à quatre pattes, on fait une suite de mouvements produisant la natation. La jambe et le bras droits refoulent l'eau à peu près en même temps, pendant que les membres du côté gauche remontent à la surface pour refouler l'eau à leur tour. Le quadrupède nage en un léger roulis, la grenouille par un *tangage*. La marche de l'homme n'est ni l'un ni l'autre.

C'est l'esprit des ancêtres qui porte les enfants à rechercher les bourbiers, à patauger, à trouver leurs délices au bord des eaux, dans le sable et la boue où ils se mettent comme de petits diables. S'ils peuvent se baigner en sûreté, ils nageront d'abord comme les quadrupèdes et bientôt ensuite comme la grenouille et même mieux et plus longtemps. Il est bien aussi à remarquer que l'homme est le seul animal qui sache nager sur le dos, étant en cela supérieur même aux poissons, comme il convient à l'ancien roi des eaux, au dieu marin.

LE TÉMOIGNAGE DU LANGAGE JOURNALIER

On peut dire que nous continuons à parler comme si nous étions restés amphibies. Le langage figuré fait à chaque instant allusion à des actes que seuls des êtres aquatiques et rampants, des grenouilles, ont pu exécuter.

Nager dans la joie, dans son sang. Se noyer dans les larmes. Se plonger dans la douleur. Tomber des nues (suite d'un énorme saut). Résister au torrent. Traîner dans le ruisseau. N'aller que par sauts et par bonds. Sauter de joie. Je le ferai sauter. Il rampe dans l'abjection, dans la foule. Il ne fait que ramper. Que fait-il là à gober des mouches? Otez vos pattes de là. Marcher à quatre pattes. Croire tenir Dieu par les pieds. Il vaut mieux tuer le diable que le diable vous tue. Voilà le diable. Être heureux comme le poisson dans l'eau. (Ce poisson heureux est devenu M. Poisson.) Suer sang et eau, (Poursuivie la grenouille ne tarde pas à suer sang et eau.) Se mettre dans un bourbier. Tirer quelqu'un de la boue, etc. Ces exemples sont tous pris dans le *Dictionnaire de l'Académie*.

En voici d'autres pris dans la Bible : l'Éternel m'a fait remonter d'un puits, qui menait un grand bruit et d'un bourbier fangeux; il a assuré mes pieds sur le roc. Toutes les vagues et les flots ont passé sur moi. Je suis enfoncé dans un bourbier profond, dans lequel je ne puis prendre pied. Je suis entré au plus profond des eaux et les eaux débordées m'entrainent (Ps. XL, 42, 69). Enfin un dernier exemple : Nous ne coassons pas nous autres comme les grenouilles du centre, s'écrie un député. (séance du 15 mars 1894).

Nous ne faisons qu'apporter l'attention sur ce point. A chaque instant on entend dans la conversation, comme on lit dans les livres, des expressions, des figures, qui ont pris forcément naissance à l'époque aquatique des ancêtres sauteurs; car il n'y a rien de figuré qui n'ait été vrai au physique. Les êtres ont disparu; leur langage et leur esprit, leur âme est restée.

C'est bien à ces premiers temps que remonte l'origine des *patois* : *Le pate où est? Le pate où as?* = où est ton bec? *Ce pas tout est, ce pas tout as* = Tu n'as pas tout. *Ce pât tou est* = ce repas est à toi. *Ist par le, ton pate où est?* = C'est par là, où est ton bec, devenu : *il parle ton patois*.

Or, puisque les ancêtres étaient aquatiques, chaque vallée avait son patois et encore aujourd'hui le langage local varie, en beaucoup de mots et d'intonations, par le seul passage d'un petit bassin dans un autre. Au contraire, on parle sur la rive droite d'un cours d'eau le même langage que sur la rive gauche. Les petits fleuves et les rivières ne partageaient pas plus les ancêtres que les routes ou les rues ne les séparent aujourd'hui. Le ru est l'origine de la rue et du ruisseau.

A ce sujet et pour montrer que la parole humaine ne varie nullement; que les écrits ne la touchent point ou d'une manière insignifiante ou passagère, nous ferons remarquer qu'on orthographiait autrefois : *parlais, parlerais,* etc. *parlois, parlerois,* etc. Que quelques pédants aient ainsi prononcé, ce n'est pas impossible. On a bien voulu à une certaine époque bannir l'*r* de la prononciation. Mais il est certain que les dialectes où l'on prononce le subjonctif présent d'*avoir* : *aie, aies, ait, ayons, ayez, aient*, ont toujours prononcé : *parlais, parlerais*, etc.; car c'est ce subjonctif qui a fourni ces terminaisons. En voici la preuve : On disait que je *partage aie* ou *partageais*, que nous *partage ayons* ou *yons* ou *partagions*. C'*ist je partage, aie cela*, devenu : *Si je partageais cela. On partage ai, on partage ait* = prends en partage. Ce disant : *on partageait*. Puisque le partage se faisait, il n'était pas fait, il était *imparfait* : *in parts fais*. Quant au conditionnel présent, il tire sa terminaison de *irais*, etc. qui dans le principe eut la valeur de *allais*, etc. Le conditionnel est aussi un imparfait. La concordance des trois terminaisons : imparfait et conditionnel des verbes et subjonctif présent de *avoir*, se retrouve également dans l'espagnol. Si on dit en un dialecte français : il faut que je *l'ins*, on dira : Si je *parlins*, je *l'érins*. S'il y a un patois où *aie* se prononce *oie*, les terminaisons en question auront là un son semblable.

Or, puisqu'à l'époque où l'on terminait l'imparfait et le conditionnel présent en *ois, oit, oient*, on écrivait, en même temps le subjonctif de *avoir* : *aie, ait, aient*, il est de toute certitude que l'oreille exigeait la prononciation en concordance mathématique telle qu'aujourd'hui. Cette concordance se trouve aussi dans : Il aurait fallu que *j'eusse* le temps; si je *l'eusse* eu, je *fusse* venu. On ne peut pas plus modifier une langue, dans une de ses parties, qu'un rapport mathématique dans un de ses nombres. Bien qu'écrits de même façon, ne prononce-t-on pas différemment : *Je sais, je fais*, et sans distinction : *antre* et *entre*, etc. écrits diversement? Les écrits sont sans valeur en ce qui concerne la prononciation.

La parole est plus inaltérable que le diamant. C'est une pierre éprouvée, une pierre angulaire et précieuse (Esaïe, xxviii, 16). Celui qui tombe sur cette pierre est brisé et celui sur qui elle tombe en est écrasé (Math., xxi, 44). On ne modifie pas la parole, mais ceux qui l'obscurcissent, sous prétexte de science, n'ont que la honte et la confusion à attendre, car le Maître les aveugle.

La pierre que ceux qui bâtissaient ont rejetée est devenue la principale pierre de l'angle (Math., xxi, 42). Ceux qui bâtissaient, ce sont les Juifs et les prêtres dans l'ordre divin et tous les savants dans l'ordre humain. Les uns et les autres ont rejeté Jésus-Christ qui était la personnification de la parole divine et de la parole vulgaire. Il était la voix de Dieu et la voix du peuple. Or, la parole vulgaire que méprisent et bafouent les prêtres et les savants de langues mortes, se trouve devenir la base de toutes les sciences divines et humaines. C'est par elle que l'homme connaît sa véritable origine ; la certitude de l'existence d'une Puissance supérieure partout présente ; c'est par la parole vulgaire que l'homme cesse d'être un animal passager, un descendant du singe, pour devenir un Fils de Dieu, un esprit éternel habitant un corps mortel qui n'est plus que l'accessoire de l'homme ; car l'homme vrai est un esprit se souvenant, par sa propre étude, des premiers temps de l'humanité, bien avant qu'il y eût des hommes sur la terre.

LES ANCÊTRES : ANGES ET DÉMONS

En ce = en ce lieu = *ance* = *avant, avance* et *ancien*. Le mot *ancêtre* est formé de *ance* ou *ancien* et du mot *être*. Les ancêtres sont d'anciens êtres, des êtres qui n'existent plus. Ils n'étaient pas semblables à nous, c'est pourquoi si âgé que soit un homme, eût-il quatre ou cinq générations d'enfants après lui, ce n'est pas un ancêtre. Les tableaux et les sculptures les plus antiques ne nous donnent point un portrait d'ancêtre. Cependant personne ne met en doute leur existence. L'homme n'est certainement pas un ancêtre ; ce n'est que par extension que ce nom s'applique aux devanciers morts, avant les aïeux.

Les ancêtres sont, à proprement parler, les anges et les démons. Ces trois noms : *ancêtre, ange* et *démon* n'ont point de féminin. La parole ne les dénomme point *pères* et ne leur attribue pas d'enfants. On n'est le fils ni d'un ancêtre, ni d'un ange, ni d'un démon. Nos ancêtres ne sont pas nos pères. Donc, chez ces êtres qui nous ont précédés sur la terre, le sexe n'était pas entièrement achevé ; mais comme ce sont eux qui ont le plus contribué à la formation du langage, leur esprit continue à vivre dans la parole et l'homme est, suivant l'esprit qui l'anime, un ange ou un démon.

L'ancêtre commence à la grenouille, cette charmante sauteuse qui ne fait aucun mal aux siens, car les grenouilles ne se combattent point dans leurs amours. Dans les réunions où elles se collent, les chants y président et les choix s'y font sans lutte. Les plus grosses respectent les plus petites et quand l'une d'elles crève dans sa peau, les suivantes viennent l'aider à s'en débarrasser et lui font faire peau neuve. Mais cela ne dura point et, en prenant le sexe, la grenouille se transforma peu à peu en diable.

Ange est un appel *au jeu, en jeu* et au manger *Meux en jeu* = mets en bouche. *Me ange* = mon ange, *mange*. Les anges se rendaient tous les services réciproques qui leur étaient nécessaires. L'un faisait à l'autre, dans la simplicité de son cœur, ce qu'il désirait qu'il lui fût fait. Il y avait en eux l'innocence du petit enfant avec une intelligence très avancée.

Ce nom passa spirituellement à ceux qui naquirent d'une mère. *Vois, c'est l'ange, vois ces langes, vois ses langes. Là, vide ange. La vidange* commença autour du corps de ces petits que la sainte mère nettoyait de leurs ordures, ou que vidaient ceux qui les dévoraient. La première *vie d'ange* avait aussi commencé dans le bourbier fangeux des eaux. *L'avide ange* nous montre l'avidité de ces premiers êtres. *La vendange* aussi se vit d'abord à *l'avant d'ange,* ainsi que tous les liquides. Les premiers anges furent donc des créatures douées de la parole, charmantes par le caractère et de purs animaux par les actes, c'est pourqui celui qui veut faire l'ange, fait la bête.

Avec le temps, les anges devinrent cruels et l'esprit de Satan, l'antique Satyre, entra en eux. Un certain nombre qui alla toujours en augmentant se transforma en démons. Les anges et les archanges furent les bons démons et les bons diables, comme les démons et les diables furent les mauvais anges et archanges.

Le dé mon = le doigt mien. *Le démon* montrait son dé, son dais ou son dieu, son sexe. Il s'enorgueillissait de sa nudité. Il exigeait des services abjects et ne voulait pas s'y soumettre. Les démons se combattaient et se déchiraient avec acharnement. Ils dévoraient les faibles. La construction inverse du mot *démon* donne : *le mon dé* = le mien dieu. *Le monde ai* = je possède le monde. Le démon devint ainsi le maître du monde en vertu de sa perfection sexuelle.

Di et *dé* = toi et dieu. En italien *le démon* se dit : *il dimonio, il demonio. Il di* ou *dé monio* signifie : le dieu instructeur : *monio* est la première personne du présent du verbe *monire* ou *ammonire* qui vaut *instruire*. Le démon voulait donc instruire et son instruction consistait à se faire le maître de ses élèves, à se créer des esclaves. Dans son *sermon*, il appelait *son serf : le serf mon. Le sermon* est un serviteur du démon. Viens dans *le lit mon* ; *le limon* était son lit, son séjour habituel. C'était un fort sauteur et le premier des *saumons.* Vois *le beau saut mon. Le saumon* est dénommé de sauts analogues à ceux de l'ancêtre démon.

Ce qui distingue le démon, c'est un désir immodéré d'être remarqué et admiré, adoré. Déjà en lui se trouvent tous les défauts et tous les vices du diable en lequel il va se parachever, car le diable est un parfait démon, un archange rebelle, un animal voulant toujours commander et ne jamais obéir.

LES AÏEUX : LE DIABLE ET LE DIEU

A ist eux = là, c'est eux. *A ist, eux* = c'est là, vois. *A ist œufs*. Les *aïeux* aimaient les *œufs* qui étaient abondants. *A yeux,* ils sont visibles *aux yeux*. Le mot *aïeux* nous les montre aux yeux avec leur mets favori. Ce mot désigna tous les dieux, c'est-à-dire tous les ancêtres de l'homme jusqu'à la grenouille qui est elle-même, sous sa forme animale, une des déesses égyptiennes. On peut la voir, à ce titre, au musée du Louvre, dans la salle des dieux. Toutefois les aïeux sont spécialement les pères de l'homme et ces pères sont : le diable et le dieu. Le diable avait ses femelles, les diablesses, dont il eut des enfants ; puisqu'on parle des enfants du diable dans l'Évangile et que c'est une expression commune.

Le diable, le dit hâble. Hâble est un premier nom du diable et c'est l'impératif du verbe *hâbler*. Le diable est le hâbleur par excellence. *Hâbe-le, âbe-le* = prends-le. Le diable était ardent à saisir et difficile à prendre. Son cri fréquent : *Dis, âbe-le* = Tiens, prends-le, était une tromperie, un piège tendu. Il offrait ce qu'il n'avait pas. *Que dis, hâble, veux-tu? Que diable veux-tu? Dis, hâble. Diable,* parle donc. Le mot comporte aussi un ordre de parler et c'est ordinairement dans cet esprit que l'emploient ceux qui ont en eux l'esprit du diable. *Dis as bleu* = dis ce que tu as au bec. Le diable voulait sa part de ce que tout autre avait gagné, attrapé. *Dis, as, bleu*. Le diable était *bleu* ; il était aussi vert, noir et blanc, comme l'est la grenouille.

Il vivait sur le sable ; *ce hâble, ce âbe-le,* disait-il en lançant du *sable* à qui lui tendait le bec. Il saisissait ses victimes par le *rable* ou la taille, c'est là qu'on saisit la grenouille. Il était méchant, cruel et mauvais. Il forçait tous les êtres créés à l'adorer et à le servir dans tous ses vices. De tous côtés il rôdait et cherchait une proie à dévorer. C'est à cette époque que la peur du diable s'empara de toute la création et que la terreur de son nom est encore sur toute la terre. La terre était couverte de diables. Chaque diable avait peur d'un autre diable, comme tout méchant craint un plus méchant que soi. Ainsi donc la peur du diable enchaînait tous les esprits faibles qui sont toujours et sans cesse angoissés par cette maudite crainte. La parole, par sa vérité, montre le diable tel qu'il était et le met en fuite, en libérant les esprits qu'il retenait en son pouvoir; en changeant nos esprits de grenouilles timorées en des esprits d'hommes ne craignant que l'Éternel.

Le mot *di* ou *dit* a la valeur de *dieu* et de chose *dite* ou racontée. Le diable hâblait son *dit* : *le dit hâble* et *ses faits, ses faits hâble, ses fables*. La Fable ou les fables racontent donc, avec de nombreux mensonges, les dits et les faits du diable et de ses enfants, les dieux.

La Fable, l'affable. Ce rapport nous montre que le créateur de *la Fable* était aussi *affable*. Donc le diable, d'un air affable, contait ses fables sur le sable. Il se faisait un *air mite* ou doux, un air mitigé ou adouci, en devenant vieux; c'est ainsi qu'il se faisait *ermite*.

Disons à la louange des diables qu'il y avait aussi de bons diables et surtout bien des pauvres diables. D'ailleurs si méchant que fût le diable d'une manière générale, il y a encore bien des hommes qui ne valent pas le diable; et puis le diable étant l'aïeul de l'homme, son grand papa, son grand pape, nous ne devons pas en dire trop de mal.

Les fées vivaient aussi dans ce temps-là. Les fées et le diable vont de compagnie. Entends-tu *la fée hâble*? Entends-tu *la fable*. Ainsi la fée était aussi une menteuse, une menteuse *affable*. Le mot *fée* signifie *faite*. Son masculin est *fat, fé* ou *fait. Le cou est fé ou fait, le coiffé. La cou est fée ou faite, la coiffée*. Nous voyons que la fée avait le cou sorti des épaules : elle était *coiffée*. En italien, *fée* et *faite* est un même mot : *Fata, fatta*. Les doigts de fée, c'étaient des doigts de personne faite, des doigts aptes au travail. Les premiers ouvrages que firent les fées causèrent une admiration immense : elles commencèrent à cacher leur nudité. Le mot *femme* = *fée à me* = *ma fée*. Toute femme est donc une fée et aussi elle a des doigts de fée; elle est aussi pleine de sympathie pour le diable. La fée se formait tout à coup en faisant peau neuve. Elle apparaissait alors toute blanche, la dame blanche.

En allemand, les fées se disent : Die weisen Frauen, ce qui signifie : les femmes blanches et les femmes sages. Mais le mot *Frau* qui désigne la femme, est, surtout dans le diminutif, évidemment le féminin du masculin *Frosch* qui est le nom de la grenouille : *Das Frauchen* = la petite femme ; *den Froschen*, la grenouille.

Voici donc la première création expliquée; celle des êtres qui ne connurent ni père ni mère particuliers, qui naquirent du frai des eaux : les premiers enfants de la terre.

La langue italienne va maintenant nous servir à prouver que le diable est le père du dieu ; car, en italien, c'est écrit en toutes lettres :

Il diavolo = *le diable* et *il di-avolo* = *le dieu-aïeul* et aussi *le tien avolo* ou *grand-père*. *La diavola* = *la diablesse* et *la di-avola* = *la dieu et tienne aïeule*. *I diavoli* = *les diables* et *i dii-avoli* = *les dieux-aïeux*. *Le diavole* = *les diablesses* et *le dii-avole* = *les dieux-aïeules et les tiennes aïeules*.

Le *diavolo* est aussi un mot français : Vois-le, *dis, à-vau l'eau*. Vois le diavolo. On le voyait donc s'en aller *à-vau l'eau*, sur les rivières, loin des bords où il apercevait les hommes qui lui firent la guerre. *A vol eau* = à vaux l'eau. Suivant l'aval de l'eau.

Le diable fut donc le premier père qui engendra, mais il prit aussitôt ses enfants en haine. Il les mangea longtemps et il entra ensuite en guerre avec eux. Les enfants du diable, les dieux marins, engendrèrent à leur tour et la terre se couvrit de dieux et de diables qui cherchèrent longtemps à s'exterminer. De cette époque dieu et le diable sont irréconciliables.

Les dieux se distinguaient des diables par des formes plus gracieuses, puisqu'ils étaient faits au moule. Mais la distinction suprême, c'était le grand cordon qui leur pendait sur le milieu du ventre et qu'ils s'accrochaient en sautoir, les sauteurs, pour ne pas se le déchirer, c'était le nombril que l'on ne coupait pas, la plus haute marque de noblesse. C'est aussi l'origine de tous les grands cordons que les enfants de ces dieux se mettent par dessus leurs vêtements pour se faire respecter des diables et des démons. L'homme méprise souverainement ces ornements animaux. Les peuples d'hommes ont déjà rejeté ces infamies qui appellent sur les nations la juste colère de l'Éternel.

Puisque les dieux naissaient du sein d'une mère, ils avaient donc une jeunesse et on dit très bien : un jeune dieu, mais non : un jeune diable. D'autre part on dit un vieux diable, mais jamais : un vieux dieu, car il arriva bientôt qu'en devenant vieux, le dieu marin quittait les eaux sans retour, se dressait sur ses jambes et devenait un homme : Dieu s'est fait homme. C'est pourquoi l'homme est un Dieu déchu qui se souvient des cieux. Nous sommes des dieux (Ps. LXXXII, 6) et, en cette qualité, enfants du diable. Nous sommes des hommes et, en cette qualité, enfants des dieux ou de Dieu.

Œu est le singulier perdu de *eux* et *œufs*. *Œu* valut *lui* et *ai*. *C'ist œu* = c'est lui. *C'ist eux* = ce sont eux. *Œu* et *œuf* ont même origine, ainsi que *eux* et *œufs*. La première chose que montra le cri *œu*, fut donc un *œuf*, un œuf de grenouille. *Ist œu* valait *ist œuf* et a formé *yeu* =

œil = *euille* = *vois*. L'œuf montré était donc un œil, un yeu. Or, l'œuf de grenouille, le têtard, apparaît dans le frai sous forme *d'yeu* et *d'œuf*, *d'yeux* et *d'œufs*. Le *di œu* ou *œuf* = *le tien œil ou œuf* = *le dieu*. Ainsi le mot *dieu* a un œuf et un œil pour origine et cet œil, l'œil qui paraît dans le frai, est devenu l'œil de l'homme. Tu es donc, ô homme ! l'œil de Dieu ; c'est par ton œil que Dieu voit sa création et achève son œuvre, en te la faisant connaître. Tu peux dire à ce Dieu : *Monde yeu*, tu es *mon Dieu*.

Le mot *dieu* désigne, dans un sens, tout ce qui est *d'yeu* ou visible. On voit ainsi en Dieu, comme mot et comme esprit, le commencement de la création. Il est inutile de rechercher ce principe dans l'œuf ou la poule, il est dans l'éclosion naturelle du *germe* dans l'eau. Voici mon serviteur : *Germe* (Zach., III, 8). Le commencement de la créature de Dieu (Apoc., III, 14). Ce premier germe vient de l'Éternel, de l'Esprit. Il se transforme en têtard, puis en grenouille sans queue, pour former l'homme, les oiseaux et certains singes, et avec queue pour les autres animaux. Ce premier animal se développe selon son but, en prenant le sexe, et alors ses petits arrivent à leur perfection prédéterminée.

Dis, euh ! Dieu ! était une interpellation fréquente chez les dieux pour montrer ce qui était visible, ce qui était *d'yeu*. C'est pourquoi l'aveugle d'esprit est le seul qui ne voit *ni d'yeu ni dieu, ni d'yeux ni dieux. Dis, eux ! les dits eux, les dieux*. Les voici, ils sont *d'yeux*, ils sont visibles. Les dieux sont visibles, car ce sont les hommes. Le pronom *eux* qui se disait des dieux ne convient aussi qu'aux hommes. C'est en l'homme qu'est l'œuf ou que sont les œufs de la création. Ainsi l'homme trouve en son esprit le commencement de l'esprit humain et en sa chair le commencement de son animal mortel. *La semence humaine, vue au microscope, est telle qu'on croirait voir une flaque d'eau pleine de jeunes têtards de grenouilles, les petits êtres de cette semence en rappellent complètement la forme et les allures.* (Anatomie *de Bourgery.*)

Les dix œufs, les dieux. Ce rapport indique l'origine de la dîme. Il fut une époque où l'homme abandonnait aux dieux une partie de ses biens pour que ces maraudeurs les respectassent. *L'aide ist eux* nous montre que les dieux étaient appelés à l'aide par les hommes en guerre les uns contre les autres. Les dieux attaquaient à l'improviste, sans pitié ni merci. Ils étaient terribles et furieux dans l'attaque, mais sujets à l'épouvante et à la terreur. Ils éprouvaient eux-mêmes ce qu'ils inspiraient.

Audis, audissons, audissez est l'impératif d'un verbe *audire* que l'on retrouve dans *maudire* et dans *audience*, etc. *Audire* valait *écouter*. *Audis eux* = entends-les. La voix des dieux était puissante. Le mot *aïeule* le dit aussi : *à yeule* = elle gueule et à gueule. L'aïeul était un animal *à gueule*. Tous vivaient dans les eaux, c'est ce que nous dit : *eau-dieux*; enfin ils devinrent *odieux* aux hommes qui les exterminèrent. Quand l'homme fut créé il fit mourir ses pères : les dieux et les diables. *O dieux* ! vous vous êtes vengés longtemps sur vos enfants. La justice de l'Éternel a voulu que Dieu laissât mourir son fils unique, l'homme innocent pour l'homme coupable, afin que les horreurs de la création fussent pardonnées à l'humanité.

Parmi les dieux on en trouvait quelquefois un dont la bonté était le fond. On le reconnaissait à l'œil bon : *le bon d'yeu, le vrai d'yeu, le bon Dieu, le vrai Dieu.* Mais les dieux étaient généralement *faux d'yeux, d'yeux méchants* et *d'yeux infâmes.* Ils ne valaient pas mieux que leur père, le diable. Les pères de l'homme sont donc : le dieu et le diable. Voyons que l'homme est bien le Fils de Dieu.

LE FILS DE DIEU

Le mot *déité* nous dit : *Dé ist té* = Dieu, c'est toi. Donc, la *déité* est en l'homme. *Déi* = *dé ist* = c'est Dieu = Dieu ou *dieux*. *Déi* est le pluriel de *Deo* ou *dieu* en italien. Par conséquent, *Dé*, partie invariable de *déo* et *déi* = Dieu.

Le mot *commis* se lit : *que homme ist* = qui est homme. L'homme est, de sa nature, un commis, un être chargé d'une mission et d'une commission.

Maintenant les mots *fidéicommis* et *fidéicommissaire*, qui sont de toutes les langues de l'Europe ou à peu près, vont nous dire qui nous sommes. Le *fidéicommis* s'analyse : *Le Fils-Dé ist que homme ist* = Le Fils-Dieu est qui est homme. Qui est homme est fils de Dieu. Le *Fils-Déi-commis* = le *Fils-Dieu-commis* et le commis du Fils de Dieu. L'homme est donc Fils de Dieu et commis du Fils de Dieu. C'est aussi *un Fils-Déi-commissaire, un Fils-Dieu-commissaire, un fidéicommissaire,* un commissaire ou serviteur du Fils de Dieu. *Le Fils-Déi-commissaire* sert et serre, *le fidéicommissaire* sert et amasse ; il administre sagement les biens dont il est détenteur, qui forment son fidéicommis. Tout *Fils-Dé ist commissaire,* tout Fils de Dieu est commissaire et fidéicommissaire.

Le fidéicommissaire est tout homme chargé d'une mission testamentaire, dont il ne doit compte qu'à Dieu. Tout homme a une telle mission ; nous sommes donc tous fidéicommissaires ou fidéicommis. Le fidéicommis désigne plus spécialement la chose confiée à remettre à l'héritier. Cette chose confiée est encore l'homme qui vient après nous et c'est aussi à lui que nous devons transmettre tout ce que nous avons reçu temporairement de Dieu ou des fidéicommissaires, des hommes fils de Dieu, qui nous ont précédés sur la terre. Nous devons administrer notre fidéicommis en bons pères de famille, afin que ceux qui viendront après nous possèdent plus de science, plus de connaissance de Dieu ou de la vérité, plus de richesses terrestres, plus de liberté, de paix et de tranquillité. C'est là notre mission de bons fidéicommissaires et de bons Fils-Déi-commis. Ces mots nous disent donc non seulement que nous sommes les Fils de Dieu ou des Dieux ; mais encore quelle est notre destination, notre mission et à quel titre nous détenons les biens que nous possédons.

L'analyse de ces mots est parfaite et sans comparaison aucune avec celle des latinistes ; mais cette dernière fût-elle bonne, elle ne porte aucun préjudice à la nôtre. En dehors d'ailleurs du fils de Dieu, il n'y a ni foi ni bonne foi.

Il est donc écrit clairement dans les mots que le diable est le père du dieu : *Di-avolo, diavolo = Dieu-aïeul* et que l'homme est le fils de Dieu : *Fils-Déi-commis ou commissaire.*

Maintenant que nous connaissons nos pères, voyons quelles sont nos mères.

LES MÈRES

Dans la seconde partie du *Faust* allemand, Faust exige de Méphistophélès le moyen de faire apparaître la belle Hélène et l'esprit du mal obéit en disant : Ce n'est pas volontiers que je découvre un grand mystère. Des déesses trônent sublimes dans la solitude. Il est embarrassant de parler d'elles : ce sont les mères. — Les mères ! les mères ! s'écrie Faust tout bouleversé. Cela me frappe d'une surprise extrême ; c'est pour moi comme un coup de tonnerre. En écrivant cela Goethe était sous l'influence d'un esprit qu'il sentait vivement, sans bien le comprendre.

Qu'un profond respect naisse en nous au souvenir des premières qui allaitèrent. La parole leur a fait une gloire immense et, sous tous les cieux, les démons et le diable les font adorer aux enfants des hommes sous le nom de Reine des cieux, Reine des anges, Mère de Dieu, etc. Cependant le fils de l'homme qui est assis à la droite de Dieu, ne peut adorer que Celui qui a fait le ciel, la terre et les sources des eaux. Il l'adore en esprit et en vérité.

La raine désigne la grenouille et c'est sous ce nom que je l'ai d'abord connue ; *l'arêne* est un nom du sable où nous avons vu, un peu plus haut, le diable. Le diable *sur l'arêne* se tenait aussi *sur la raine* et cette raine qui fut la première mère, est devenue la femme la plus élevée en dignité, elle est devenue : *la reine*. Au pluriel nous voyons qu'on tenait *les raines* sur le dos par *les rênes* qui étaient leurs propres bras. Lorsqu'elles étaient saisies par les bras, le diable qui les dominait, les dirigeait à sa volonté. Les reines sont donc de leur nature, soumises au diable.

La reine-mère nous dit que toutes les reines n'étaient pas mères ; de même le mot *fille-mère* indique que la fonction des filles n'est pas d'être mères, c'est l'exception. La raine-mère est la première mère de l'homme, *la grand' mère* ; la première elle enseigna à parler à un enfant et fut *la* première *grammaire*. La seconde mère de l'homme, c'est la fille-mère. Les premières filles furent les premières qui naquirent d'une raine-mère, ce furent aussi les premières déesses. Les déesses et les filles, c'est un peu la même chose. Toutes ces déesses, toutes ces filles, n'arrivaient point à la maternité, mais celles qui devenaient mères donnaient le jour à des dieux et à des déesses qui devenaient des hommes et des femmes.

Si le diable avait la raine-mère en admiration, il prit la fille-mère en horreur, car c'est cette dernière qui lui signifia que désormais il était relégué dans un rang inférieur. C'est pourquoi aussi le monde soumis à Satan jette l'injure à la déesse qui donne le jour à un fils de Dieu, à la fille-mère. La mère de Jésus était une fille-mère, comme la mère du premier homme. Les dieux ne se mariaient guère, ils ne se liaient point ; mais généralement un dieu adoptait l'enfant de la fille-mère et s'attachait de toute son âme à cet enfant dont il était par le fait le vrai père.

Nous savons que la reine-mère est la mère du roi régnant ; mais pour régner le roi doit être homme, il faut qu'il soit majeur. La première raine-mère enfanta un dieu, mais le dieu marin est en quelque sorte l'homme enfant. Le Dieu n'est parfait qu'en l'homme et le vrai roi, régnant déjà sur toute la terre, c'est l'homme, l'Homme-Dieu, ayant pour mère une fille-mère en qualité d'homme et une raine-mère en qualité de Dieu.

Les riveraines nous montre *les* premières *reines* sur les *rives* où les ancêtres arrivaient de terre et de mer.

PARALLÈLE ENTRE LA REINE-MÈRE ET LA FILLE-MÈRE

La reine-mère est la mère du roi régnant ; mais la première raine-mère enfanta un dieu, c'est donc à Dieu qu'appartient le gouvernement de la terre. Dieu est dénommé Père : Dieu le Père, Notre Père. Le roi régnant ne porte point le nom de père comme attribut. Cette qualité de père indique un fils ayant pris la direction du royaume. Ce fils ne peut avoir la même mère que son père, il est donc fils de la seconde mère, de la fille-mère. Le Père ayant résolu de donner l'autorité à son fils (Hébr., I, 2), c'est l'homme né d'une fille-mère qui doit gouverner la terre. C'est l'homme dépourvu de toute considération sociale, ne connaissant que Dieu pour père. Il n'y a donc plus de reine-mère ni de roi possibles : il ne peut y avoir de roi au-dessus de l'homme. Le nouveau monde a anéanti tous ses rois et l'ancien monde doit se renouveler. Tout roi est un fils révolté devant Dieu qui ne veut d'autre roi que l'homme, son fils unique. Tout roi *fils d'une reine-mère* est *fils d'une raine-mère* et par conséquent, enfant du diable. Le fils de Dieu ne peut être soumis à un enfant du diable.

Le dieu marin fut en quelque sorte toujours sous l'autorité du diable, car le dieu est enfant, ce n'est point un être parfait. Il n'y a d'animal parfait que le diable et l'homme. Le diable, comme animal, avait atteint toute sa perfection et il en est de même pour l'homme ; mais le dieu marin qui marchait sur ses quatre roues ou pattes, n'était pas parfait ; il n'était pas fini, il était infini. Dieu est infini. Dieu n'est fini que dans l'homme. Dieu s'est fait homme. Or, l'homme n'est majeur, apte à régner, que lorsqu'il lui est possible de produire ses titres et de réclamer ses droits à son méchant tuteur, Satan ou le diable. Il n'a pu le faire jusqu'aujourd'hui, c'est pourquoi Satan est encore le prince de ce monde. On peut comprendre pourquoi dans l'Épître aux Hébreux, le fils de l'homme se confond avec Dieu et lui est même supérieur, puisqu'il siège à la droite, à la place d'honneur.

En sa qualité de dieu, l'homme est fils d'une raine-mère et du diable ; en sa qualité d'homme, il a Dieu pour père, et pour mère, une fille-mère. C'est pourquoi le Seigneur Jésus, né de Dieu, a pour mère une fille-mère. Nous devons respecter en la fille-mère, l'épouse de Dieu et la considérer, dans sa maternité, l'égale de la mère en puissance de mari.

Ainsi l'Esprit a joint l'appellation de mère à deux noms : la reine et la fille ; mais le nom de père n'est donné qu'à Dieu, le Père. Tout autre père est le diable, il rôde partout pour se faire appeler père, mon père. Oui, il ose prendre le nom de père à la face des cieux, il veut tenir sur terre la place de Dieu. Satan, qui t'appelle père mérite bien d'être appelé enfant du diable. On ne peut joindre le nom de père au mot diable, puisque ce nom signifie grand-père. Si le diable veut qu'on l'appelle *père*, c'est que dans l'homme, il voit toujours le dieu, dont il est le père et il cherche à supplanter son fils dans sa paternité. L'amour du diable pour ses petits-enfants, a quelque chose de l'amour du grand-père. Il ne manque pas d'un certain attrait et il n'est pas étonnant que tant d'hommes s'y laissent prendre et appellent : mon père, un individu qui donne asile à cet esprit de mensonge, à ce meurtrier dès le commencement qui déchire et brûle ses enfants aussitôt qu'il en a le pouvoir, qui se repait chaque jour de la chair et du sang de son fils qui lui est sacrifié par son serviteur, le prêtre. Le prêtre que la parole n'a jamais nommé un fils de Dieu, mais qui fut toujours l'ennemi de l'homme. Enfin on comprend l'adoration du diable pour la raine-mère, la reine des cieux, Notre-Dame, la mère du premier dieu qui sortit de la matrice, celle qui rendit le diable père et lui a constitué une postérité, détestée il est vrai, qu'il veut cependant dominer et gouverner n'ayant pu la détruire ; mais la fille-mère qui conçut d'un dieu et enfanta un enfant qui devint l'homme, relégua le diable et ses enfants, les dieux infâmes, dans un état d'infériorité ; de maîtres de la terre, ils passèrent au rang d'animaux rampants devant le vrai roi de la création : l'homme et le fils de l'homme. C'est pourquoi Satan poursuit de sa haine la fille-mère, la force à mourir de faim et de misère avec son enfant et demande sa mort, si, dans un moment de fol égarement, la malheureuse se détruit elle-même en détruisant son rejeton.

Le diable bâtit des temples à la reine des anges, à la raine-mère et la fille-mère n'a pas une pierre pour reposer sa tête, un lieu pour mettre son enfant au monde, son fils de Dieu. Démons, qui bâtissez des temples à Satan et à la Reine des cieux, vous répondrez éternellement de vos abominations.

Nous venons d'apprendre à connaître les mères de

l'homme ; le diable avait aussi des mères. Les premières mères furent les eaux, les eaux-mères, celles dans lesquelles se produisit naturellement le frai de tous les animaux et particulièrement celui des grenouilles. Le frai primitif se forma sur tout le globe, mais non dans tous les lieux aqueux. Les eaux douces et les eaux de la mer n'étaient point aussi tranchées qu'aujourd'hui, et nous pensons que les vraies eaux-mères avaient une composition qui n'existe plus sur la terre.

De même que les premières loges étaient dans les eaux, les premières maisons, les premières églises, les chapelles, etc. étaient aussi des lieux pleins d'eau. Le mot église : aigue-élise, signifie eau choisie, ce mot est analogue à Olympe, eau limpide. On donna le nom de maisons-mères et d'églises-mères, à celles où les grenouilles jetaient leur frai. Comme ces animaux se rassemblent de loin à l'époque de leur collage, le frai ne se trouvait point dans toutes les eaux et les petits qui naissaient, restaient un certain temps avant de s'éloigner de la maison-mère. Dans ces mares à frai on nommait les anciens, les vieilles grenouilles, les Pères de l'église, les mères de la maison. Par contre ils donnaient le nom d'enfants aux jeunes, de là l'usage, venant du diable, d'appeler père, le père un tel, tout homme âgé ; aussi l'usage de dire mon enfant, mes enfants, à ceux qui sont de beaucoup plus jeunes que nous.

Lorsque ces appellations prennent un caractère spirituel, qu'un prêtre ou religieux s'attribue le nom de père et demande ou permet qu'on lui dise : mon père, il devient un père grenouille, un grand-père de l'homme, un diable. Il en est de même de tous ceux qui prennent des titres menteurs de parenté. Mère-abbesse, ma mère, mon père, ma sœur, etc., tous ces noms pris, contrairement à la vérité, par certaines catégories d'individus, les mettent spirituellement au rang des animaux de première formation ; c'est pourquoi aussi ils renient leurs vrais parents, quittent leur nom de famille et prennent généralement un prénom, les prénoms étant les premiers noms. Ils entrent alors dans une famille spirituelle où ils ont toujours pères et mères, frères et sœurs, mais il leur est impossible d'établir leur filiation et leur paternité, leur parentage, autrement que ne le faisaient les animaux primitifs qui furent nos grands-parents. En un mot le monde spirituel est la figure d'un monde matériel disparu matériellement, mais resté vivant et très vivant spirituellement : or, comme l'esprit est supérieur à la matière, ce monde disparu est resté plus puissant que le monde réel, lequel lui a été soumis jusqu'à ce jour.

Ainsi les mères des animaux du monde primitif furent les eaux-mères, les maisons-mères, les églises-mères, enfin les pères et les mères de l'église ou de la maison. Un peu de réflexion, et l'esprit sent aussitôt combien ces pères et ces mères sont d'une plus haute antiquité que les mères de l'homme : la reine-mère, la fille-mère, et aussi ses pères : le diable et le dieu.

LE ROI

Voyons maintenant le dieu se dresser et devenir un roi et un homme.

En roi = *de roi* ainsi que : *en fer* = *de fer*. Une barre de fer ou en fer, c'est tout un. Or, *de roi* = *droit*. L'inversion de *de roi* est *roi de* = *roide*. *Droit* ou *roide*, c'est analogue. Ce qui est roide est droit, ce qui est droit est roide. Un dialecte français nomme *le roi* : *el rè* ou *le rè*. Alors *droit* se dit *dret* et *roide* se prononce *raide*. Le rapport entre ces trois mots : *de roi*, *droit* et *roide* est donc bien évident, c'est d'une certitude mathématique.

Le premier qui se tint *en roi*, le *de roi*, fut le premier roi et doublement *le droit*. Il prit immédiatement autorité sur tout le marais. Les dieux, les diables et les démons reconnurent sa supériorité et tombèrent aussitôt au rang de vassaux, de maréchaux, de nobles, de prêtres, de clercs et de pitoyables laïques, l'abjection de la terre. Il n'y avait pas encore d'hommes sous les cieux, car le roi règne sur des sujets, des esclaves, des êtres qui rampent devant lui. L'homme, le roi de toute la terre, règne au milieu de ses égaux ; même la parole qui est le vrai roi, gouverne au milieu de ses ennemis (Ps. CX, 2).

Ainsi il y eut une époque où chaque marais était commandé et protégé par un roi qui dévorait ses sujets, taillables et corvéables à merci, selon son bon plaisir. Peu à peu les dieux se changèrent en hommes ou en rois, mais il n'y avait toujours en chaque société qu'un seul roi voyant des êtres inférieurs en ses égaux. Les dieux finirent aussi par se révolter contre leurs tyrans et la guerre éclata entre les dieux et les hommes, entre le père et le fils. Le fils combattit contre son père et le fit mourir. Les dieux disparurent de la terre, ils s'en allèrent. Les dieux s'en vont, cria-t-on.

Ainsi donc le premier des rois fut celui qui marcha droit. Qui marche droit est roi. Tous les hommes marchant droit, ils sont donc tous rois et nous venons de donner à l'homme un généalogie qui réduit en poudre et en fumier, la noblesse de toutes les familles et de toutes les corporations dont les membres s'honorent d'autre chose que du titre du Seigneur Jésus : Fils de Dieu et fils de l'homme, né pour être roi.

Nous avons vu la création se développer depuis le Germe de la grenouille ; nous avons vu ce petit animal, doué déjà de la parole, s'accroître, prendre le sexe, dégager sa tête des épaules et être ainsi coiffé et couronné. Le pouce est sorti pour compléter les doigts et ses dents ont été comptées à deux dizaines. Enfin cet ancêtre, parfait dans le diable, s'est uni à une raine ou grenouille également sexuée et de leurs embrassements sont nés les premiers dieux et les premières déesses. Ces dieux, enfants du diable et ces déesses, filles des raines-mères, se sont à leur tour unis et les filles-mères ont enfanté des dieux et des déesses qui sont devenus des rois et des hommes en se dressant sur leurs pieds.

Ainsi donc l'homme est fils de Dieu et l'Évangile est accompli ; chaque homme est semblable à Jésus et peut dire : Avant qu'Abraham fût, j'étais. Mon père, l'ancêtre dieu, est en moi et je suis en mon père. Qui m'a vu a vu mon père. Par l'Esprit créateur de la parole qui n'eut point de commencement et n'aura pas de fin, je suis en vous et vous êtes en moi.

Connaître cet immense Esprit qui est en nous et nous a créés, c'est vivre avec lui de la vie éternelle, car Jésus dit : C'est là la vie éternelle : qu'ils te connaissent, toi qui est le seul et vrai Dieu et Jésus-Christ que tu as envoyé (Jean, XVII, 3).

En vérité, le seul et le vrai Père, c'est l'Esprit qui a créé la Parole, son Fils unique. C'est par la parole que l'homme est homme et fils unique de Dieu. Les hommes ont aussi une mère commune, c'est la terre. Il y a longtemps que l'esprit et la parole nous disent que la terre est notre mère commune.

LA RÉSURRECTION DES MORTS

Pour ressusciter les morts, il faut trouver les tombeaux où ils ont été mis ; sans cette importante découverte, il est impossible de les ressusciter. Mais c'est dans la bouche des vivants que les morts sont au tombeau et nous allons le démontrer.

Comme on commença à dévorer les grenouilles dont es jambes forment la meilleure partie, *les gens bons* fournirent *les* premiers *jambons. Des jambes ons* = J'ai des jambes. On ne dit pas les jambes d'un pourceau, ce fut donc un ancêtre qui fournit le premier jambon. Les anciens gens bons devenus les bonnes gens sont les premières ressuscitées.

Le gigue os, le gigue haut, le gigot. Le premier *gigot* fut un *os* et un *haut* de gigue. Or, on ne dit pas la gigue d'un mouton. L'animal qui donna le premier gigot est celui qui danse la gigue, c'est l'homme ou son ancêtre.

Le cuisse os, le cuisse haut, le cuisseau, le cuissot. Les premiers furent des *hauts de cuisse.* Or, le veau ni le chevreuil n'ont de cuisses, la cuisse appartient à l'homme et à un sien ancêtre.

Les morceaux de viande les plus recherchés tirent donc leur nom de la partie du corps de l'ancêtre que l'on mangeait et même les hommes se mangèrent longtemps entre eux. Le premier ancêtre, le diable dévorait ses propres enfants.

Le mot *beu* ou *bœuf* désigne la bouche. *Le beu haut* = lève le bec = *le beau. Fais le beau* = lève le bec. A cet ordre l'ancêtre se dressait comme le fait le chien. Par conséquent *beau* = bouche ou bec. *Dans le ton beau* = *dans le tombeau. Dans-le à ton beu* = tiens-le à ton bec = *dans la tombe.* La première *tombe* et le premier *tombeau* sont donc dans la bouche et c'est là que les morts ont été mis *dans la tombe, au tombeau, au ton beau. Vois ça tombe, vois sa tombe* ou son bec. Si ça vient *à ton bé* ou bec, *à tomber*, tu le ramasseras. Les premières choses tombées sont celles que le bec n'a pu attraper au passage, mais ce qu'il a saisi n'est pas perdu et nous le retrouvons.

A te aie-re, en te aie-re = à ou en toi prends-le = *à-tère, en-tère* = en bec. *A terre, en terre.* La terre tire son nom de ce qu'on offrait au bec, à ce cri, ce qu'on prenait *à terre* ou *en terre.* Aussi, que la chose offerte tombait *à terre, par terre, part terre.* Mais la première terre est la bouche et c'est là que l'on *enterrait, en terre ai,* ceux que l'on dévorait. L'homme qui n'est que poussière est la terre où les morts sont enterrés. Il est aussi écrit des hommes : Leur gosier est un sépulcre ouvert (Ps. V, 10).

Cime = bouche. L'ancêtre assis par terre tenait la gueule en *cime*. *Emplis cime*. A cet ordre, il ouvrait un bec *amplissime*. *Cime agrée, cime agréez*. Il faisait alors des *simagrées*. *Dans le cime t'ist, aie-re* = Ce t'est au bec, prends. *Dans le cimetière*. Ainsi la bouche de l'ancêtre est le premier cimetière.

Le c'est recueille, le cercueil. Au-serre cueille = Au bec prends. La bouche est donc la première *serre* et le premier *cercueil. Le à beu ist, aie-re* = C'est au bec, prends-le. *La bière*. Ainsi la première bière est aussi la bouche de l'ancêtre. *En ce veule ist* = il est en cette gueule, enseveli. *Hume* désigne la bouche qui hume ou avale. *In-hume ait, in-hume ai*. A ces cris on inhumait les morts.

Feux = prends, mange. Ce mot passa au *feu* et aux *feux*, car on mange volontiers auprès. *Feux ton paire, feux ta maire*, valait : mange ta pâture et est devenu : *Feu ton père, feue ta mère*. Ainsi, ô homme ! tu as mangé *feu ton père* et *feue ta mère*. Tous les deux sont donc en toi. Ce n'est qu'après les avoir mangés qu'on savait à quel point ils étaient bons.

Gone = gueule. *A la gone is* = à la gueule prends. *A l'agonie. A gone is z'ai, agoniser*. Aussitôt qu'un pauvre diable était *à l'agonie*, les démons accouraient pour le dévorer vivant et l'achever, car ils ne laissaient pas mourir en paix, de mort naturelle. *Y l'est d'ai cédé, il est décédé*. On cédait volontiers celui qui était *décédé*. On n'aimait pas *le cadavre. Le cade avre* = le bec ouvre. Les ancêtres démons, comme la grenouille, aimaient la proie vivante. Ils étaient souvent affamés et croyaient que ceux qu'ils avaient mangés vivants, avaient faim ; ils demandaient donc pour les trépassés. *Je pris* (ou prends) *pour l'être ai passé*, est devenu : *Je prie pour les trépassés*. Ainsi ce sont les démons qui prient pour les trépassés.

Au-reu = au bec. *Ore* = bouche. *Me ore* = A ma bouche. *Mords, mors, mort.* La gueule de l'ancêtre était un *mors*, c'est là qu'il *mordait* le *mort* et le faisait mourir. Celui qui volait le *mort* ou le manger, s'enfuyait avec de grands sauts, comme le cheval en plein galop, on disait alors : *il a pris le mort* ou *le mors aux dents.* Il se sauve : il a mangé la grenouille.

Y mords t'est le, immortel. Les ancêtres avaient, comme la grenouille, la vie très dure. On les mangeait vivants et même on les sentait vivre encore dans l'estomac. C'est ainsi que ne pouvant mourir, ils étaient *immortels.* Ils entraient tout vivants dans *l'immortalité. L'ist morte, ale y t'ai* = C'est du manger, prends ce que je t'ai. *Im ore t'est le,* il est dans ta bouche. Les dieux sont immortels, car ils sont dans ta bouche.

En-core = en bec. Cela se disait donc pour faire manger *encore* et *en corps,* c'est-à-dire en dévorant le corps. Les *repas de corps* étaient ceux où l'on mangeait un corps. *Core* vaut aussi *encore. Core mords, corps mort, corps mords.* C'est en mordant le corps qu'il devenait *corps mort. Y l'est mords, il est mort.* Le corps mort faisait vivre les ancêtres, surtout le diable et ses démons.

Ainsi l'ancêtre n'était mort qu'après être mangé. Eh bien ! nous continuons à nous manger vivants les uns les autres et quand on dit de quelqu'un : *il est mort,* cela veut dire, dans un sens : *il est mangé. Il est me ore* = il est à ma bouche, il est en moi.

La véritable vie est en la parole. C'est l'esprit qui vivifie, dit Jésus, la chair ne sert de rien. Les paroles que je vous dis sont esprit et vérité. Animalement nous ne mangeons plus les morts, mais spirituellement nous les mangeons toujours, puisque nous parlons d'eux dans les mêmes termes que ceux qui les mangeaient et créaient la parole. Nous ne mettons en terre que la partie immangeable, le déchet répugnant, ce que faisaient aussi les ancêtres. Les esprits qui parlent en nous et par lesquels il nous est permis de penser et de nous diriger, ces esprits sont joints aux mots qu'ils ont créés ; ce sont donc bien des esprits d'ancêtres qui parlent et vivent, eux immortels, dans nos corps mortels. Mais si ces êtres qui nous étaient inférieurs ont ainsi continué à vivre et ne peuvent être anéantis, combien plus nous-mêmes sommes-nous appelés à vivre de la vie éternelle !

Les morts ont donc été mis au tombeau dans la bouche des vivants, sans cela les vivants souvent n'auraient pu continuer à vivre. Puisque les morts nourrissaient les vivants de leur chair, c'était donc la chair des morts qui devenait la chair des vivants. Les morts devinrent ainsi les vivants et ces morts devenus les vivants, c'est nous qui les sommes, car l'Évangile dit : Vous êtes morts dans vos péchés. Les vrais morts sont donc les vivants et les vrais vivants sont les morts. Ne sont-ils pas vivants de la vie éternelle tous ceux que la parole a ressuscités et ressuscitera encore ? les dieux, les diables, les anges et les démons, tous ceux-là qui étaient morts ne sont-ils pas devant nous vivants et continuant en nous à se repaître et à se rassasier de nos propres corps ? ne semble-t-il pas que nos corps n'aient d'autres fonctions que de nourrir ces esprits qui nous animent et qui étaient avant l'homme, qui étaient dieux avant que l'homme fût ? Mais puisque nous sommes aussi ces premières créatures, les anges et les démons, nous sommes tous les êtres doués de la parole qui ont vécu avant nous ; nous sommes, par conséquent, ressuscités, nés de nouveau.

Nous savons que l'on arme la mort d'une faulx, mais la première mort fut la première *qui mords dit, qui mordit* et la première faulx fut la bouche qui faucha la vie de celui qu'elle mordait et qui recevait la mort. La mort ne peut changer et si la première mort, la vraie mort, fut une personne vivante, toute personne vivante est la mort. Puis donc que par la force de l'esprit nous ressuscitons même la mort, qui peut dire que tous les morts ne sont pas ressuscités et ne se trouvent point dans *la vallée*, *l'avalée* ou *l'avalez* de Josaphat qui est la bouche de l'homme sur toute la terre?

En italien *l'amour* se dit *l'amore*. Il y a un rapport entre *l'amore* et *la mort*. L'amour donne naissance à une vie nouvelle et la mort donne aussi naissance à une nouvelle vie. Nous voyons la vie générale reportée en arrière bien avant la création de l'homme et cette vie générale est hors de doute pour l'avenir. Ce sont ceux qui ont été qui sont, ce sont eux qui seront et nous serons avec eux et au-dessus d'eux. Les premiers seront les derniers.

Quant à ceux qui attendraient une autre résurrection que celle-là, ils ne connaissent point l'Écriture-Sainte qui n'a jamais parlé de revivification des cadavres, en horreur à l'esprit de l'Éternel. Il est dit formellement : Le sang ni la chair ne peuvent posséder la vie éternelle. Mais la vie éternelle est une chose réelle, certaine, une vie qui seul mérite ce nom ; c'est donc aussi une vie individuelle, *indivis-duel*, où chacun garde le souvenir de son *individualité* qui est une *indivis-dualité*, une dualité indivise : l'esprit de l'homme joint à l'esprit de l'Éternel-Dieu.

C'est bien là la doctrine de l'Évangile : la résurrection des morts. La chair ne peut ressusciter après qu'elle est morte. Jésus dit : Celui qui croit en moi ne mourra point et je le ressusciterai au dernier jour (Jean, VI, 54). Donc, la première condition pour ressusciter, c'est de ne point mourir. Jésus ressuscite Lazare, mais il dormait (Jean XI, 11); de même la fille de Jaïrus dormait (Luc, VIII, 52). Les douze apôtres ne sont pas morts, car il est défendu d'ajouter à l'Évangile et les deux seuls dont la mort soit citée, sont remplacés : Judas par Mathias et Jacques, frère de Jean, par Paul. Or, que les douze apôtres soient toujours vivants, ils le sont bien, car leur esprit, l'esprit saint qui les animait, remplit le monde.

Quand les esprits animaux des théologiens divaguent

de la résurrection de la chair, l'Esprit de l'Éternel pense à la résurrection des morts, aux êtres de la première création qui véritablement sont morts, puisque leur forme animale a disparu et que l'esprit humain les a oubliés, ainsi que les dieux nos pères. Ce sont ceux-là que l'Esprit entendait ressusciter; or, ils sont bien, dès à présent, ressuscités : les anges, les démons, les archanges, les chérubins, les diables et les diablesses, les dieux et les déesses et tous les êtres prétendus imaginaires, tous ces morts sont ressuscités, et c'est nous qui sommes eux et ce sont eux qui sont nous; ce sont eux qui habitent dans nos corps, par la puissance de l'esprit et de la parole, et dans un monde matériel infiniment supérieur à celui que le plus audacieux d'entre eux ait pu rêver. Les pensées de l'Éternel ne sont point les pensées des hommes; elles sont élevées au-dessus autant que les cieux le sont par dessus la terre (Esaïe, LV, 8 et 9). Les morts sont ressuscités, parce qu'ils n'étaient pas morts : ils dormaient. L'homme ne peut ressusciter, car il vit éternellement.

Qui peut bien avoir introduit, dans le prétendu symbole des apôtres, la résurrection de la chair? Le symbole de Nicée qui doit être de l'an 325 ne parle que de la résurrection des morts. Nulle part, dans toute la Bible, il n'est question que la chair morte doive reprendre vie. Les ressuscités ne doivent plus mourir, ils ont la vie éternelle. Or, Paul dit expressément que le sang ni la chair ne peuvent posséder le royaume de Dieu (I Cor., XV, 50). Les morts doivent ressusciter incorruptibles et nous devons être changés. Ceux de ces morts qui sont devenus des hommes de bonne volonté (les anges obéissants qui sont les gens obéissants à Dieu, car gens est une inversion du mot anges) sont appelés à vivre et le monde spirituel visible, qui est composé d'hommes de force ou de mauvaise volonté, est condamné à disparaitre de la terre.

L'idée que le cadavre doit positivement reprendre vie était si ancrée autrefois que les traducteurs de l'Évangile n'ont pas craint de falsifier les paroles de Jésus : Où sera le corps, les aigles s'y assembleront (Math., xxiv, 28). Le texte grec dit : Soma. La Vulgate traduit exactement : Corpus. Différentes traductions vulgaires disent : Le corps. Mais Osterwald traduit : Corps mort, ne craignant pas d'altérer le texte sacré. Diodati traduit : Carname, chair morte, au lieu de : Corpo. La traduction anglaise dit : Carcass au lieu de : Body. Enfin Luther a traduit Soma par : Ein Aas, un cadavre. Chacun a plus tenu à rendre l'Écriture conforme à ses sentiments qu'à conformer ses sentiments à l'Écriture. Comment les aigles ressusciteraient-ils un cadavre? Les aigles, ce sont les esprits endormis qui se réveillent, car les ancêtres n'étaient pas morts; ils dormaient en nous.

LES POSSÉDÉS DU DÉMON

La preuve la plus sensible de l'existence des esprits en dehors des corps est bien la folie qui s'empare des esprits faibles. De même que les maladies du corps ont pour cause l'introduction dans le corps de corps étrangers, les maladies de l'esprit ont pour raison des esprits étrangers qui pénètrent dans l'esprit de l'homme, le troublent et lui font perdre la juste notion des choses, l'esprit sain. C'est ce que nous allons démontrer :

Puisque c'est quand l'homme parle sans être maître de de sa parole, que la vérité peut se faire connaître le plus facilement, il est intéressant de savoir ce que disent les fous. Une folle s'écrie devant des visiteurs nombreux : Vous êtes tous des rois. — Pauvre malheureuse ! exclame un sage qui trouve, lui, une différence entre un roi et un homme. Il est évident que l'esprit qui tenait la folle disait simplement : Vous êtes tous *droits*, vous marchez *droit*, vous êtes *des rois*. C'était donc un esprit d'ancêtre rampant qui parlait et cette folle était bien possédée du démon, puisqu'elle raisonnait comme un démon seul pouvait le faire, avec une logique inattaquable.

Comme le possédé de l'Évangile qui brise toutes les chaînes, certains malades ont une souplesse, une force musculaire incompréhensibles. Ils semblent lutter contre un être imaginaire; ce sont des cris sauvages, des hurlements de bête fauve; les femmes s'arrachent les cheveux à pleines mains. Comment, dit Charcot, ne pas croire qu'un mauvais génie les torture? Ainsi le premier médecin de notre époque, pour ces maladies, ne peut s'empêcher d'y reconnaître un démon, car le premier génie était un démon sexué.

La femme hystérique pousse des coassements de grenouille. Elle se traîne sur le ventre comme cet animal le fait. Certains histériques font les contorsions des démons, quand les forces sexuelles les tourmentaient avec une violence infernale et qu'ils cherchaient par tous les moyens à soulager leurs souffrances et appelaient au secours. Ils s'efforcent de porter la bouche sur leur nudité, ce que les démons faisaient à une certaine époque avec facilité. C'était joindre les deux bouts et ils avaient l'épine dorsale flexible. On peut donc reconnaître chez les histériques des esprits étrangers à l'homme.

L'orgueil était un caractère des démons qui se glorifiaient de leur sexe, l'apanage d'un certain nombre seulement. On reconnaît les esprits atteints par les démons sexués à la rage qui pousse les plus hautes intelligences humaines à s'accrocher à la boutonnière de l'habit des rubans rouges, verts, violets et de toute autre couleur; d'autres s'attachent des médailles, des cordons, des croix sur le corps, autour du cou, en travers du ventre, etc. On reconnaît ici la folie la plus tenace, car cette espèce de folie se croit sage et on sait que le plus grand fou est celui qui ignore sa folie. Ces fous ont besoin d'un tire-l'œil que les autres n'aient pas. L'orgueil du diable, qui veut dominer les hommes, se reconnait surtout chez les évêques qui n'ont pas honte de se coiffer avec une tête de grenouille, à la forme plate et à la gueule fendue en l'air; aussi chez tous les gens de religion qui s'affublent de robes, de chapelets, de croix infâmes, de bréviaires et de mille autres stupidités pour attirer l'attention des simples et leur respect, ce à quoi ils arrivent aussi longtemps que Dieu le permet. Si on joint à cette multitude de méchants tous ceux qui désirent des ordres, des bibelots et des titres honorables, pour n'être pas comme tout le monde, on voit qu'il reste bien peu d'hommes dignes de ce nom. Toutefois ce ne sont pas les raisonnements qui manquent au diable pour justifier toutes ces abominations, lesquelles déshonorent l'homme, le fils de Dieu.

Mais revenons à ceux qui sont fous d'une façon moins impudente. Les uns se disent l'antéchrist, d'autres le diable, Dieu, Jésus-Christ, roi, empereur, etc. Ils agissent en conséquence de la personnalité qu'ils s'attribuent à tort ou à raison. Une folle se dit la femme du grand diable depuis un million d'années, une autre se croit immortelle, l'autre éternelle. L'idée de ne pouvoir mourir se constate chez de nombreux malades. En un mot les fous parlent et agissent comme vivant dans un monde invisible, monde incohérent et de mensonges, comme il convient à l'empire du diable. Les esprits des ancêtres ne sont pas plus près de la vérité que l'homme, ils sont enclins à mentir, et deviennent victimes de leurs propres mensonges.

Des malades, possédés de l'esprit de mangeurs de chair humaine, se récrient de manger des enfants; ils voient des débris humains dans les mets qu'on leur sert; d'autres ont le désir de chair humaine.

Certains fous se plaignent de n'avoir pas de cœur; c'est très explicable : le cœur fut d'abord le sexe et les non sexués se plaignaient justement de n'avoir pas de cœur. C'est de là que vient l'expression : Tu n'as donc pas de cœur? Une expression hideuse et plus populaire encore, dit la même chose très clairement.

Une autre preuve que ces esprits d'ancêtres vivent un peu en nous tous, c'est que chacun se sent blessé dans le fond de son âme par l'abjection de son origine. Ce sont les esprits de grenouilles qui rougissent d'être découverts et crient par la bouche des simples : Je ne suis pas une grenouille. Ce n'est pas là non plus ce que nous disons : le fils de Dieu n'est pas une grenouille; quelle que soit l'origine du corps animal, il est homme; mais les esprits de grenouilles sont restés (*Apoc.*, XVI, 13).

L'Évangile, en parlant des possédés du démon, est donc dans la vérité contre les princes de la science qui ne connaissent pas les causes de la folie et croient, non sans raison d'ailleurs, qu'ils descendent du singe; qu'il est honorable d'avoir une décoration passée dans sa boutonnière et de se faire modestement appeler docteur; que Jésus était fou; que Paul, Jeanne d'Arc, Luther et tous les prophètes étaient des hallucinés; qu'il n'y a qu'eux qui soient des esprits pondérés, sages, voyant parfaitement les choses comme elles sont. Affirmant que ce que leurs gros yeux ne voient pas, ce que leur patte ne touche point, n'existe pas, que c'est une illusion. Il est bien fâcheux pour leur science que ce soit justement le contraire; ce que tu touches de ta main, ce que tu vois de ton œil, est un vain assemblage, une illusion d'une minute ou d'un siècle, voire même de plusieurs millions d'années; mais ce n'est pas une chose *sûr naturelle*. Il n'y a de vrai que ce qui dure éternellement : l'esprit et la parole. Les esprits engendrés par l'esprit créateur, c'est là ce qui est *surnaturel* et *sûr naturel*. Ce qui n'est pas *surnaturel* n'est pas *sûr naturel*, c'est artificiel; aussi bien la montre de l'horloger que le cœur et la tête du philosophe, en tant que cet animal est visible et palpable.

Certes nous ne voulons point insulter aux hommes qui ont cherché la vérité et se sont débattus dans l'erreur, ou bien, comme un grand nombre, ont parfaitement entrevu Dieu et la vérité, en ont parlé convenablement, mais sans pouvoir enlever le voile leur cachant celui qui se servait d'eux pour faire connaître sa puissance et leur faiblesse. Leur faiblesse, puisqu'ils ont côtoyé, décrit Dieu, avec une grande sagesse, sans pouvoir démontrer que c'était leur propre esprit, sans atteindre à la certitude et sans pouvoir, par conséquent, la donner à ceux qui la leur demandaient.

L'homme qui ne connaît pas Dieu n'est qu'une merveilleuse machine, inconsciente de celui qui la gouverne. Celui qui connaît Dieu s'identifie avec lui, car il a l'*esprit sain* et l'*Esprit Saint*.

LA CRÉATION D'APRÈS LA GÉOLOGIE

On sait que l'âge de la terre se détermine d'après l'étude de couches terrestres superposées qui ont dû nécessiter des temps fort longs pour se créer.

Dans ces couches, on a retrouvé des traces d'animaux incrustées dans la pierre et des ossements. On a ainsi reconnu que la vie commença dans les eaux et que les poissons furent les premiers créés; puis vinrent les insectes et divers genres de batraciens ou grenouilles, ensuite les serpents et enfin les oiseaux et les mammifères.

Voici ce qu'on lit dans le *Dictionnaire* Larousse à l'article : Batraciens fossiles :

Dans les terrains tertiaires, formés par les eaux douces, on trouve assez souvent des os et même des squelettes à peu près complets de batraciens. Parmi ces fossiles, les uns appartiennent à des espèces encore existantes, d'autres semblent indiquer des genres maintenant disparus. Presque tous se distinguent par des proportions gigantesques. M. Jaeger en a découvert un dont la tête présente un disque aplati, demi elliptique, qui n'a pas moins de 0ᵐ,72 de long sur 0ᵐ,57 de large. Un autre trouvé au commencement du xviiie siècle dans les carrières schisteuses tertiaires d'Œningen, mesure 1ᵐ,50 de longueur.

Cette dernière pétrification fut immédiatement regardée par le médecin Scheuchzer comme le squelette d'un homme et il écrivit un ouvrage là-dessus. Naturellement il eut des contradicteurs, mais la figure que nous en avons vue dans l'*Encyclopédie* de Vorepierre présente, avec toute évidence, une épine dorsale d'homme, moins les deux derniers os ou vertèbres, le tout couronné par une tête aplatie pouvant tenir le milieu entre une tête d'homme et celle d'une énorme grenouille. Ce serait donc la trace du squelette d'un dieu marin.

Chez les gros batraciens fossiles on trouve que le crâne est plus complet qu'aujourd'hui et tout spécialement que la région temporale présente deux os que n'ont point nos grenouilles. On reconnaît en général, dans ces restes, les mêmes espèces que celles de notre époque.

Ainsi donc la terre porte l'empreinte irrécusable que nos grenouilles actuelles ont eu, au commencement du monde, un développement extraordinaire qui ne s'est pas maintenu.

On trouve aussi l'homme fossile dont des traces certaines font remonter l'origine à deux ou trois cent mille ans et sans doute davantage.

Dans les cavernes de la Belgique vivait une population à la tête courte, au crâne petit, au front fuyant, le visage à la mâchoire avancée et d'une taille qui ne dépassait pas celle des Lapons actuels. Cette description est telle qu'on peut la désirer, si l'on veut rattacher l'homme à la grenouille.

L'étude de la formation de l'enfant dans le sein de sa mère apporterait le même témoignage. Il y a une époque où les sexes sont semblables à l'intérieur du corps qui n'a d'abord qu'une ouverture inférieure, comme la grenouille ; ensuite arrive une autre période pendant laquelle les sexes ne se différencient point extérieurement. On sait que, même à la naissance, on a confondu souvent la fille avec le garçon.

Enfin l'homme qui voudra s'examiner dans sa parfaite nudité et se comparer à la grenouille, en imitant ses poses et sa marche, reconnaîtra bientôt en lui son ancêtre et comprendra que, comme animal, il n'est qu'un gros parvenu.

LA CRÉATION SUIVANT LA FABLE

On donne le nom de Fable ou Mythologie à l'histoire fabuleuse des divinités du paganisme. Tous les peuples ayant à leur origine des histoires de diverses catégories de Dieux qui auraient créé le genre humain, il est incompréhensible que les savants n'aient pu voir, dans ces légendes universelles, l'histoire véridique, bien que défigurée, des temps qui ont précédé la venue de l'homme sur la terre.

Les peuples du midi de l'Europe ont une mythologie à peu près semblable. Les noms des dieux diffèrent suivant la langue, mais les attributs et le caractère sont les mêmes.

Uranus ou le ciel est le plus ancien des dieux; Vesta, Gé ou la terre, la plus ancienne des déesses. Le mot *Uranus* nous montre clairement la première grenouille. C'est *Urano* en italien, et si l'on regarde *Urano* comme un nom commun on l'écrira : l'*urano* ou bien *lou rano*, c'est exactement le masculin de *la rana* qui est la grenouille. En allemand *Urahn* est le nom du premier ancêtre. *Urahn* et *Uranus* est certes le même mot. *Ur-ahn* = arrière ancêtre. Dans *Urahn* et *Uranus*, nous trouvons aussi le mot *rane*, la grenouille. Le mot *Ahn*, qui se prononce *âne*, nous montre une époque où les ancêtres des Allemands vivaient avec les nôtres. Le peuple allemand est plus jeune que nous, nous insultions ces ancêtres, alors qu'ils les considéraient différemment.

Uranus est le père des Titans qui sont les démons et de Saturne qui est le démon achevé ou le diable. Saturne s'est écrit *Salturnus* et dans *salte* on peut reconnaître le sauteur. Les Saturnales désignent des sauteries, des orgies. Saturne et Satan diffèrent peu.

Saturne étant né du frai de Uranus et de Vesta, est aussi un enfant de la terre. Dans sa jeunesse, il crée lui-même des grenouilles et, après sa dernière métamorphose, il engendre de Cybèle, son épouse et sa sœur, sa mère et sa fille, des enfants qui sont les propres dieux. Saturne s'accouplait à toutes les femelles sans s'occuper de la parenté : son épouse était donc, tantôt sa mère, tantôt sa fille, etc., sans qu'il s'en inquiétât en rien.

Cybèle s'appelle aussi Vesta, comme sa mère, puisqu'elle est née de la même façon, dans le frai. C'est la vierge-mère, puisque dans son état de grenouille, elle procrée aussi des enfants par le frai ; mais dans son état parfait, elle est la mère des dieux ou de dieu, c'est la première mère de l'homme. On lui donne aussi le nom de Rhéa ou *Rée*, mais ce nom est le féminin de *ré* qui désigne le roi : c'est donc la reine ou la raine.

Saturne, dit la Fable, dévorait ses enfants. Les enfants qu'il déchirait n'étaient pas seulement ceux qui naissaient du sein de la mère, mais surtout ceux qu'il créait dans le limon de la terre, c'étaient les grenouilles dont il était aussi le père et le grand-père, car à son âge parfait, de nombreuses générations de grenouilles le rattachaient à la terre. C'est donc à cette époque que commença l'usage de se manger ; c'était de rigueur, car les mouches et les insectes étaient un ordinaire trop léger pour un animal déjà puissant. Les ancêtres sexués se respectaient habituellement, mais les non-sexués étaient taillables et corvéables à merci.

L'homme doit arrêter son esprit à contempler cette immense création. Ces premiers êtres couvrent toute la terre habitable et à cette première époque le pôle nord était habité. Tous ces êtres ont pères et mères, frères et sœurs; hommes et femmes sont des noms déjà formés. Les pères sont les anciens et les frères ceux de la même année ou à peu près. La guerre existe entre eux. Chaque animal sexué à ses hommes-liges, ses laïques, ses esclaves, simples grenouilles qu'il protège contre ses concitoyens et qu'il dévore à son loisir. C'est l'enfer pour les malheureux; l'âge d'or, pour le diable.

Voilà donc la première création achevée, Saturne a ravi le royaume à son père Uranus qui est la grenouille primordiale, il est le roi de la terre, mais son règne va finir; ses enfants, à leur tour, vont le détrôner en lui devenant supérieurs; cependant il leur faudra de longues années avant d'acquérir la force et l'adresse dont leurs parents ont toujours joui.

Saturne ou le diable est là comme au sommet de la création, il voit en arrière de lui les échelons qu'il a parcourus depuis que, simple têtard, il s'est mis en mouvement dans l'eau. Il a procréé des grenouilles ou des démons dans sa jeunesse, puis il s'est modifié en sa forme extérieure et intérieure et, dans de nouveaux embrassements, il a créé des enfants sortis tout formés du sein de la matrice, il a créé de vrais dieux. Il les voit grandir, lui devenir supérieurs; ils se reproduisent entre eux, ils se dressent sur leurs jambes, les voilà des rois et des hommes. Lui seul cependant comprend la création, cette création est son œuvre. Ne s'est-il pas fait tout seul? N'est-il pas aussi le père des hommes? ne sont-ils pas ses petits enfants? Pourtant il reste là, dans son abjection rampante, rejeté des dieux et des hommes qui l'anéantissent. Mais sa science va lui servir et dans le monde des esprits où il se réfugie, il devient le prince de ce monde, il se soumet la terre, il se fait adorer de toutes les façons et il crie enfin à l'humanité abrutie : Je suis le premier être, le prêtre ; le grand premier être, le grand-prêtre. Je suis ton père, ton saint père, le pape. Je tiens la place de Dieu sur terre. Et toute la terre adore la bête. (*Ap.*, XIII).

Saturne et Cybèle donnent le jour à Jupiter (J'eus pis terre = J'ai pris terre). C'est le dieu de la terre et des cieux, il vit de la chasse sur terre et dans les airs ; puis vient Neptune, le dieu de la mer, l'ancêtre de tous les marins et Pluton, le père de ceux qui creusent la terre et y cherchent des vivres. C'est la première création universelle de ceux qui eurent le nombril et prirent la vie *au sein de la mère* et *au sein de la mer* ou de la mare, qui fut la mer ou la mare au diable.

Dans leur enfance, ces nouvelles créatures furent un objet d'admiration de la part de tous leurs ancêtres ; ils étaient idolâtrés, quand ils n'étaient pas dévorés ; les bons démons en raffolaient et la mère de Dieu, la reine des anges, était aussi regardée, non sans raison, comme la plus grande merveille des cieux. Cybèle est aussi mère de Junon que Jupiter, son frère, épouse ; elle est encore mère de la plupart des dieux.

Jupiter engendre de Junon et de nombreuses nymphes, déesses ou femmes qu'il séduit, les dieux : Mars, Vulcain, Bacchus, Apollon, Minos, Hercule, etc., puis les déesses : Hébé, Minerve, Diane, ensuite des hommes : Castor et Pollux, des rois : Dardanus, Tantale. Il est appelé *le père des dieux et des hommes.*

Il entre en guerre avec Saturne et le force à disparaître. Quelle figure pouvait bien faire aussi le pauvre diable de Saturne au milieu de l'assemblée d'être couronnés, pourvus du nombril ? il faisait honte, on le chassait ; il devait s'exiler et mourir. Cependant ces dieux étaient plus ignorants que leur père Saturne et c'est son esprit qui les régentera à leur insu.

On remarquera que Saturne n'engendre ni roi ni

homme. Il est donc seulement le grand-père des rois ou des hommes. Les premiers nés de la matrice ne se changèrent donc point en hommes, ils durent marcher sur leurs quatre roues ou pattes pendant toute leur vie et acquérir une force qu'ils transmirent seulement à leurs petits-enfants qui devinrent des rois et des hommes.

La Fable montre les dieux servant les hommes : Apollon se fait berger, puis maçon avec Neptune ; Hercule garde aussi les troupeaux. Elle les représente boiteux, aveugles, matériels. Ils se battent les uns contre les autres ; ils se font blesser par les hommes. Ils sont adultères, voleurs ; dans un état de faiblesse et de misère extrêmes. C'est bien ainsi que la parole et l'esprit nous les montrent. La Fable nous cite aussi les Tritons qui avaient la partie supérieure du corps, depuis le nombril, semblable au corps de l'homme et le bas du corps finissait en une queue de poisson double. Il en était de même des Sirènes et des Dauphins : c'est assez une description de la grenouille. Des historiens de l'antiquité racontent avoir vu de tels êtres et cela prouve que la disparition complète des ancêtres n'est pas encore bien éloignée.

Nous signalerons encore le nom de dieu-mouche ou chasseur de mouches donné par Faust à Méphistophélès : Fliegengott. C'est aussi ce que ce signifie : Baal-Zeboub ou Béelzébub, un dieu de l'Asie. Le dieu chasse mouche, c'est *lou rano*, l'antique Uranus, il est toujours là au sein de nos mares et nos marais. La Fable ne parle ni de la mort, ni de la disparition d'Uranus.

La Fable nous dit encore qu'Érechtée avait des jambes de serpent, et l'esprit a fait écrire quelque part : Sa main était froide comme celle d'un serpent. Les serpents ont donc eu des jambes et des mains ; ce ou ces serpents ne sont autres que Saturne ou le diable, l'antique grenouille. L'animal appelé serpent aujourd'hui n'est qu'une fausse image du premier serpent, le nom seul est le même. Le vrai serpent, c'est l'ancêtre de l'homme, le premier être, le prêtre, celui dont Jésus donne la prudence comme modèle à ses disciples, en leur disant : Soyez prudents comme des serpents.

Tous ces faits de la Fable sont consignés dans les Mythologies dont ils forment le fond invariable ; la vérité se trouve là au milieu de légendes impossibles, exagérées ou défigurées ; mais toutes les Mythologies font descendre les hommes des dieux et les premiers enfants des dieux furent les rois. Les premiers dieux sont enfants de la terre.

Toutes les légendes religieuses des peuples païens affirment qu'il en est ainsi, et tous les démons qui s'intitulent savants et philosophes en font des gorges chaudes, tant le diable qui les possède sait les aveugler et leur montrer en perspective le singe actuel, en leur soufflant : Parbleu, voilà ton père. Il se reployait sur soi pour se gober et tu en fais autant. Ce sont de vrais singes descendants de vrais singes aujourd'hui disparus. Les singes actuels ne sont qu'une ridicule imitation des vrais.

Enfin nous ferons encore remarquer que la Mythologie des Grecs est la plus connue des peuples chrétiens ; qu'elle est en quelque sorte l'ombre de la Bible et que Paul (*Actes*, XVII, 28) loue les poètes grecs de ce qu'ils ont dit : Que nous sommes aussi la race de Dieu.

LA CRÉATION D'APRÈS LA BIBLE

La Bible nous dit que Dieu créa au commencement les cieux et la terre et que l'esprit de Dieu se mouvait sur les eaux. Le texte hébreu ne dit pas Dieu, mais les dieux Cet esprit des dieux sur les eaux était donc l'esprit des dieux marins.

Dieu crée toute chose par sa parole pendant six jours et l'homme couronne la création. Il est créé à l'image de Dieu ; par conséquent, le dieu était un être animal et spirituel, un être doué de la parole de la même manière que l'homme.

Dieu prend ensuite le nom de l'Éternel-Dieu et de l'Éternel. Ces deux derniers noms nous présentent un Dieu supérieur au premier, supérieur aux dieux. L'Éternel n'est pas un être ayant une vie animale propre, c'est l'esprit incréé et créateur de toute chose.

Adam et Ève, ou mieux l'homme et la femme, sont placés dans le jardin d'Eden, avec défense de toucher aux fruits de l'arbre de la connaissance du bien et du mal. C'est là une parabole : Le serpent vient tenter Ève et lui dit : Dieu sait qu'au jour où vous mangerez du fruit de cet arbre, vous serez comme des dieux, connaissant le bien et le mal. Ainsi, dès le commencement du Livre, nous voyons l'existence des dieux connue d'Adam et d'Ève et leur savoir considéré comme désirable.

Mais quel est ce serpent qui tente Ève ? puisqu'il parle, c'est un être parlant. Ce qu'est le serpent, on le lit dans l'*Apocalypse* (ch. XII et XX) : C'est le grand dragon, l'ancien serpent, qui est le diable et Satan. Cet ancien serpent, c'est donc la grenouille transformée en diable ; car les savants, contre toute apparence animale, classent la grenouille parmi les serpents. C'est l'Esprit qui l'a voulu ainsi. Or, puisqu'un serpent a parlé, il faut le chercher parmi les serpents qui parlent et la grenouille est un serpent déjà parlant.

Au chapitre six de la Genèse, on voit les fils de Dieu, ou mieux des dieux, prendre pour femmes les filles des hommes. Les fils de Dieu n'étaient pas des fils d'homme, car cela n'aurait aucun sens ; c'étaient des êtres semblables à leurs pères, c'étaient des dieux épousant des mortelles. Et que sont leurs enfants ? des géants, de puissants hommes, des gens de renom. Cela rappelle la légende d'Hercule, de Persée et de tous les demi-dieux.

On trouve Satan pour la première fois dans le Livre de Job, où l'Éternel lui donne autorité sur l'homme, car Job,

c'est l'humanité. C'est facile à voir au chapitre xxxviii :
« Où étais-tu quand je fondais la terre, quand les étoiles
du matin poussaient ensemble des cris de joie et que tous
les enfants de Dieu ou des dieux, chantaient en triomphe?
Tu le sais, sans doute, car alors *tu étais né et le nombre
de tes jours est grand* ». — Job est donc bien l'homme
éternel. La vie de l'homme instruit dans la science de
Dieu, s'étend à toute l'éternité. Mais Job était ignorant.

Les prophètes, surtout Ézéchiel et Jérémie, sont pleins
de la colère de l'Éternel contre les Juifs qui sacrifient
aux faux dieux, aux dieux infâmes ; qui font des gâteaux,
des aspersions et des encensements à la Reine des cieux
(Jér., vii et xliv). Les Juifs la connaissaient aussi la mère
grenouille, l'antique reine-mère. Ainsi on retrouve toute
la création réelle dans la Bible, car les dieux infâmes
sont aussi bien les démons et le diable que ses enfants les
dieux marins, et aussi les hommes qui ont été déifiés et
dont on a servi ou sert encore les images ; car toute
idolâtrie est un culte rendu à Satan. Le vrai Dieu est adoré
en esprit, son culte n'est pas visible.

Dans l'Évangile de Jean (ch. viii) Jésus dit : Je suis issu
de Dieu ; le père dont vous êtes issus, c'est le diable. Il a
été meurtrier dès le commencement, et il n'a point persisté dans la vérité. Toutes les fois qu'il dit le mensonge,
il parle de son propre fonds, car il est menteur et père
du mensonge. — Ainsi le diable existe dès le commencement et il est meurtrier, ce fut donc un animal. Un esprit ne peut être meurtrier, il ne peut qu'inciter au mal.

Ce n'est que dans l'Évangile que les dieux infâmes
prennent le nom de démons et Satan celui de diable.
C'étaient les noms populaires, les prêtres les trouvaient
trop vulgaires pour leur argot hébreu ; car l'hébreu
écrit était alors et est encore un argot. Jésus parlait le
dialecte hébreu (*te Ébraidi dialecto*), c'est en ce dialecte
qu'il s'adresse à Paul sur le chemin de Damas (voir le
texte grec *Actes*, xxvi, 14). Dans l'Évangile, il n'est plus

question de dieux infâmes, il est donc clair que le diable et les démons les remplacent et sont une même création avec eux.

Les anges et les démons sont des êtres de même nature, car il est parlé de Satan et de ses anges dans l'*Apocalypse*. Les démons sont des anges déchus et rebelles, c'est bien connu.

La Bible ne dit nulle part que Dieu ait créé les anges, les démons ou le diable. Elle ne parle pas non plus de l'origine des dieux. La création y reste donc un mystère. C'est le mystère de Dieu et des dieux. En effet, dire que les dieux ont créé l'homme, c'est bien ; mais qu'étaient les dieux ou Dieu? Jésus était fils de Dieu et de l'homme et puisqu'il était un homme, tous les hommes lui sont semblables et sont ainsi Fils de Dieu. Tous les hommes sont aussi semblables aux Juifs, qui sont issus du diable, le dieu est donc forcément le fils du diable et les dieux animaux, nos pères charnels, étaient aussi des diables, car chacun est ce qu'était son père, du moins en ce qui concerne le nom. L'homme est donc aussi un diable ; et quoi de plus naturel que de donner ce nom à l'homme misérable et nu, et aussi le nom de grenouille à la pauvre diablesse? L'esprit de la parole voit donc dans les hommes les premiers ancêtres qui persistent à vivre.

Les Juifs accusent Jésus de chasser les démons par Béelzébub, prince des démons. Mais que sont encore les démons ? ce sont des esprits ; par conséquent, des corps n'ayant ni chair ni os (Luc, XXIV, 39). Mais l'esprit, c'est ce qui survit à la destruction du corps. Les démons ont donc eu autrefois des corps. La Bible ne nous dira-t-elle pas quels étaient ces corps ? Oui, elle nous le dit clairement et textuellement.

Quand Jésus chasse les démons appelés Légion et qu'ils vont se réfugier dans un troupeau de pourceaux, ces animaux, sous l'impulsion des démons, s'enfuient dans les eaux où ils périssent. C'étaient donc des esprits d'amphibies, des esprits de grenouilles, et ceci montre leur ignorance, car ils auraient dû penser que le pourceau n'a point les poumons faits pour vivre au fond de l'eau.

Mais que ce fussent des esprits de grenouilles, on peut encore le contester ; aussi avons-nous un texte plus précis dans l'*Apocalypse* (xvi, 13 et 14) : Je vis, dit l'Apôtre, trois esprits immondes semblables à des grenouilles, car ce sont des esprits de démons. — Cette fois, c'est clair et formel. Les esprits de démons sont semblables aux grenouilles. Ils ont donc été des grenouilles dans leur vie animale. Le diable est le prince des démons ou des anges rebelles, par conséquent, le diable lui-même est un esprit de grenouille. Cet ancêtre, meurtrier dès le commencement, ne peut être que Saturne dévorant ses enfants. Pour les attirer à soi, il inventait mille ruses et pieux mensonges que perpétuent sur terre ceux qui le servent. Étant père des Juifs, le diable l'est aussi de tous les hommes ; c'est le premier père, le grand-père, le père du dieu animal, comme nous l'avons lu dans son nom italien : *il di-avolo*, le dieu-aïeul ; *il diavolo*, le diable.

L'histoire sacrée, aussi bien que l'histoire profane, nous fait donc connaître, ainsi que le Livre de vie, avec une évidence absolue, que l'Esprit de la parole était au commencement ; que la création est son œuvre et que, devant Lui, elle est toujours et sans cesse vivante. Tous vivent avec Lui, l'Esprit, le seul et le vrai Père : Pi.

LA CRÉATION SELON LA SCIENCE ACTUELLE

Ce n'est guère que dans notre siècle que les naturalistes ont recherché l'origine de l'homme dans sa provenance d'ancêtres différents de ce qu'il est aujourd'hui. Auparavant, le mystère de la création était à peu près inabordé. Darwin et Haeckel s'y sont essayés et voici le résumé de leurs travaux : « L'homme descend d'un mammifère velu, pourvu d'une queue et d'oreilles pointues, vivant probablement sur les arbres. C'était un quadrumane dérivant d'un Marsupial provenant de quelque être semblable à un poisson. En cherchant à retracer la généalogie des mammifères et celle de l'homme par conséquent, nous nous plongeons dans une obscurité de plus en plus grande. Les premiers ancêtres de l'homme étaient sans doute couverts de poils.... ils avaient une queue desservie par des muscles propres... En remontant plus haut les ancêtres humains avaient une vie aquatique » (Darwin, *La descendance de l'homme*).

Et encore : « Dans l'embryon humain l'os coccyx fait saillie comme une véritable queue, s'étendant beaucoup au delà des jambes rudimentaires ». (Nos lecteurs doivent savoir que c'est là exactement la forme du têtard au moment où il se métamorphose en grenouille. Darwin en infère un singe à queue, ancêtre de l'homme.) Au même endroit : « Le gros orteil constitue la particularité la plus caractéristique de la structure humaine; mais, dans *un* embryon, on a trouvé *l'orteil plus court* que les autres doigts et formant un angle avec le côté du pied. » (On reconnaît ici l'orteil de la grenouille qui a pris la forme actuelle humaine, en même temps que le pouce de la main se développa.)

Voici ce que dit Haeckel : « Indubitablement l'homme descend d'un mammifère éteint, que nous rangerions sûrement dans l'ordre des singes, si nous pouvions le connaître. Nous sommes en mesure de suivre la généalogie de l'homme jusqu'aux requins primitifs. Il est évident que ce n'est que par le développement progressif du singe que l'homme a pu apparaître à l'origine. Le genre humain est sorti d'une ou plusieurs formes de singes depuis longtemps éteintes ». Mais voici qui pourrait faire croire que Haeckel n'a jamais vu de grenouilles : « Les amphibies actuels ne sauraient nous représenter la forme extérieure des anciens ancêtres. Il ne faut pas songer à retrouver, parmi les espèces animales contemporaines, les ancêtres directs du genre humain, avec la forme spécifique qui les caractérisait. » (Cette dernière assertion est juste : les dieux sont bien disparus ; mais les premiers ancêtres, les ancêtres indirects : têtard et grenouille, sont là.)

On lit dans l'*Anatomie comparée* de Cuvier : « Dans tous les animaux parfaits qui n'ont point de queue, l'embryon en avait une souvent très développée. Les grenouilles dans leur état de têtard ont une forte queue qui est absorbée à mesure que les pattes se développent. L'embryon de l'homme est dans le même cas. » Cuvier en conclut que l'ancêtre de l'homme était pourvu d'une queue, sans voir que cet ancêtre est justement ce même têtard à queue. Les naturalistes cherchent l'ancêtre de l'homme parmi les mammifères, parmi les animaux disparus pourvus du sexe. Cette recherche est juste, ces mammifères étaient les dieux marins ; mais l'ancêtre à queue leur est bien antérieur et postérieur puisqu'il n'a pas disparu et qu'il pullule sur toute la terre au printemps : le têtard de la grenouille, que l'Éternel a laissé vivre jusqu'aujourd'hui pour notre instruction.

Nous sommes donc d'accord avec les naturalistes les plus hardis sur les points principaux. L'homme a été créé par une suite de transformations. Poisson d'abord chez le têtard et pourvu d'une queue, il se change en grenouille et la queue se résorbe, c'est l'amphibie des savants chez lequel à tort ils cherchent encore la queue. Il ne sont pas cause qu'elle est déjà disparue. Quant au singe velu, grimpant dans les arbres, nous n'y contredisons pas, puisque nous sommes encore velus et montons dans les arbres, comme nous nageons dans les eaux. Malgré cela, les travaux des savants, sur ce sujet, sont si illogiques que l'esprit purement humain en est à jamais déshonoré.

Les naturalistes ont toutefois travaillé pour le royaume de Dieu en recherchant la vérité et en détruisant partiellement la foi persécutrice ; ils ont préparé les esprits à accueillir avec joie la vérité. Au reste, ils ne se sont point occupés de l'homme spirituel et, l'origine du langage, la formation de la parole et de l'esprit humain sont des choses où ils ont entièrement et avec raison reconnu leur parfaite incompétence. Ils ont été trop loin en taxant à l'avance de folie celui qui rechercherait l'origine du langage ; ils ont eu tort de s'interdire tout examen sur ce sujet. Ils se sont ainsi sottement condamnés à l'ignorance éternelle.

Haeckel écrit que les diverses espèces et races humaines étaient déjà séparées quand l'homme parla. Il est cependant plus facile de créer une bête d'os et de chair que de faire comprendre à cet animal les idées de justice, de droit, de bien et de mal ; l'existence de l'esprit invisible créateur de toute chose.

Il semble véritablement que les naturalistes n'aient jamais été frappés de la forme presque humaine que possède déjà la grenouille, de son chant si semblable à la parole humaine. C'est à peine s'ils en parlent dans leurs si longues dissertations. Ils sont devant la grenouille, comme le linguiste devant le calembourg : pétrifiés et aveugles.

Vers l'âge de onze ans, nous avions surpris une grenouille et avec la méchanceté du garnement, nous l'écrasions avec une tige de bois appuyée sur son ventre, quand la pauvre bête étendant tout à coup les jambes et les bras nous frappa de stupéfaction. Nous nous baissâmes pour mieux voir : On dirait une personne, nous suggéra l'esprit, et nous nous en allâmes étonné, tout pensif et repentant de notre barbarie. Car il n'y a pas à dire, la grenouille a déjà tous les caractères corporels d'un charmain petit être humain.

L'anatomiste qui la comparera dans sa structure : os,

nerfs, artères et veines, muscles et peau, etc. avec la forme et la composition du corps humain, en fera facilement ressortir les identités, les analogies et les différences. Il établira alors la véritable série des transformations par lesquelles notre animal est, dans le détail de ses parties, arrivé à sa perfection actuelle. Son travail corroborera entièrement celui que l'Éternel a fait par notre main.

CARACTÈRE ET IDENTITÉ DE SATAN, SATURNE OU LE PRÊTRE

Nous avons vu que l'homme est le Fils de Dieu ; qu'il est le roi de la terre ; que son père animal, le dieu marin, est le fils du diable, Satan ou Saturne et de la reine des cieux, une raine-mère ; enfin que le diable est un démon ou un ange rebelle, une grenouille arrivée à son parfait développement sexuel. Nous allons démontrer que Satan et Saturne ne font bien qu'un, avec le prêtre ; que seul cet ancêtre est le stupide animal qui ait accepté en sacrifice ses propres enfants.

Dante commence son VIIe chant de l'*Enfer* par le vers suivant :

Pape Satan, pape Satan aleppe.

C'est un appel *à l'aide* jeté par Pluton en voyant Dante et Virgile pénétrer dans son royaume. Il est fait en langue française familière au poète, qui en a tout au moins approuvé l'ambiguïté. Pape ou papa, c'est tout un. Pluton appelle donc Satan son père, avec le titre de pape ; mais la Fable donne Saturne à Pluton pour père. Satan et Saturne sont donc un, avec le Pape. Conséquence que le poète ni aucun de ses commentateurs n'ont certainement aperçue.

S'il y a une chose bien connue sur terre, quoique incomprise, c'est que Saturne dévorait ses enfants ; que

Jupiter et les autres dieux dont Saturne est le père, ne furent sauvés que par une tromperie. Saturne connaissait donc la mère qui devait accoucher et attendait pour dévorer l'enfant. Or, nous retrouvons dans l'*Apocalypse* (ch. xii) un grand dragon, qui est le serpent ancien, le diable et Satan, lequel se tient en expectative devant une femme qui va accoucher, afin de dévorer son enfant, quand elle l'aurait mis au monde.

Dévorer l'enfant qui vient de naître est donc le caractère du diable, de l'être stupide et carnivore par excellence, inconscient du bien et du mal. Comme il fut le roi de la terre, le plus puissant à une époque antique, tous ceux qui l'approchaient lui offraient des victimes, des enfants, soit que ce fussent des êtres non sexués ou des enfants venant de naître. Les mères faisaient elles-mêmes ces sacrifices et y participaient; mais c'étaient surtout les démons ou les prêtres qui pourvoyaient la table de Satan ou Saturne, qui était le grand premier être, le grand-prêtre. Ils partageaient son festin, ainsi que les anges qui étaient également carnivores, se confondant avec les diables. On peut regarder comme de bons prêtres ou des anges, ceux qui aidèrent les premières raines-mères à sauver leurs petits. La Fable les nomme prêtres de Cybèle. On voit par cette appellation que les prêtres sont plus anciens que les dieux, et nulle part le prêtre n'est dénommé un fils de Dieu, non plus que les anges ou les démons. Nous démontrerons un peu plus loin que le prêtre est bien le premier être, l'ancêtre par excellence, le premier père.

Ce que le prêtre faisait dès la création du monde, il le fait encore aujourd'hui : il égorge un fils et le donne en sacrifice, en nourriture à son père. Ce fils est un fils de Dieu, mais surtout un fils de la Reine des cieux, de la mère de Dieu. Or, la mère du dieu, c'est Cybèle, la femme du diable, celle qu'adoraient les prêtres, les premiers êtres. Son enfant est donc bien un enfant de Saturne ou du diable et c'est bien au diable ou à Saturne qu'il est offert, puisque c'est le seul dieu qui ait dévoré ses enfants.

L'évêque prend le titre de Père en Dieu que les rois affectent de lui donner. En = de et : Père en Dieu = Père de Dieu. L'évêque est père en la personne du dieu animal, père du premier roi. Mais alors c'est le grand-père Saturne qui dévorait les dieux, ses enfants, le premier qui fit couler le sang des siens pour se nourrir, et fut le premier Saigneur et le premier Seigneur. La parole continue d'appeler Saturne ou le diable en la personne de l'évêque : Mon Saigneur ou Monseigneur. Le lieu où Saturne égorgeait un dieu prit le nom de : Diocèse = Diocèse ou Dieu-saise ou saisis. Quand l'évêque avait saisi un dieu, il le saignait et le partageait avec ses démons qui lui aidaient dans sa chasse : les diocésains ou les diosaisins. Les diocésains sont donc des démons qui saisissent et dévorent le dieu, l'agneau de Dieu, dans le sacrifice de la messe. Si Satan avait encore le pouvoir, ce sont des hommes, fils de Dieu, que l'antique monstre égorgerait, comme il l'a fait au temps de sa puissance et de son pouvoir.

La Fable nous dit que l'on offrait des victimes humaines sur les autels de Saturne, mais qu'on les remplaça par de petites statues d'argile. Ce sont aujourd'hui de petites statues de pain sans levain que le prêtre déchire en morceaux et mélange au vin ou au sang avant de les offrir à Saturne ou Satan, le grand père de l'homme, que l'homme porte en son sein, car tous nos ancêtres vivent spirituellement avec nous.

Le prêtre actuel est aussi inconscient de son abomination, ainsi que tous ceux qui prennent part à ces horribles festins, que l'étaient les premiers animaux ancêtres se repaissant de la chair de leurs frères ou de leurs enfants. Ils trouvaient cela bon, convenable, et faisaient leur digestion avec la tranquillité de conscience du prêtre ou du laïque venant de prendre sa part de l'épouvantable sacrifice de la messe, de se rassasier du pain des anges.

Satan ou Saturne est le seul esprit qui accepte des sacrifices humains, réels ou spirituels. Jupiter, chez les païens et Géhovah, chez les Juifs, sont analogues. Un nom presque identique les désigne en italien : Giove, Jéhovah. Géhovah, le Dieu de la Bible, empêche le sacrifice d'Isaac et défend de sacrifier des enfants à Moloch sous peine de mort (*Lév.*, xx, 2 à 5). Giove ou Jupiter change en loup Lycaon pour lui avoir sacrifié un enfant, et Tantale est puni pour avoir sacrifié aux dieux Pélops qu'ils ressuscitent. Hercule détruit Busiris, son fils et un prêtre, pour les punir de ce qu'ils sacrifiaient les étrangers à Pluton, père de Busiris. Pluton ne venge point son fils. Ainsi Pluton lui-même ne demandait point de sacrifices humains, à plus forte raison n'eût-il point accepté qu'on lui sacrifiât son propre enfant. Saturne seul ou le diable, la grenouille parfaite et inconsciente du bien et du mal, agréait le sacrifice de ses propres enfants et se les sacrifiait lui-même. Si on offrait à des hommes, dignes de ce nom, un tel dieu pour père avec ordre de le servir, ils devraient prendre toutes les armes possibles pour détruire une bête aussi monstrueuse. Les dieux et les premiers hommes se dévorèrent souvent entre eux, mais ils n'égorgeaient pas leurs propres enfants ; ils pouvaient, à la rigueur, dévorer les enfants étrangers ; mais dévorer son propre enfant, en accepter le sacrifice, c'est le propre de Saturne ou de Satan. Les peuples anthropophages sont de vrais peuples de démons ayant Satan à leur tête.

Géhovah et Jupiter ne demandent que des sacrifices d'animaux, rejetés de bonne heure par le dieu biblique : Qu'ai-je à faire de vos sacrifices? Je ne prends point plaisir au sang des taureaux (Ésaïe, ɪ, 11, 14). Celui qui égorge un bœuf est comme celui qui tuerait un homme

(Ésaïe, LXVI, 3). De plus, tous les sacrifices, quels qu'ils soient, spirituels ou charnels, d'hommes ou d'animaux, faits dans des temples ou des églises, sont faits de toute rigueur au diable, Satan ou Saturne, car il est écrit : Dieu n'habite point dans des temples faits de la main des hommes ; — mais là le serpent souffle à pleins poumons et Satan y monte en chaire et en chair.

Quant au sacrifice de Jésus, le vrai Dieu, le père de Jésus-Christ, l'Esprit de l'Éternel, ne l'a point accepté ; car cet esprit abandonne la victime avant qu'elle soit morte ou rompue : Mon Dieu, mon Dieu, pourquoi m'as-tu abandonné ? La victime qui s'offre n'est donc point acceptée, mais elle est ressuscitée et le sacrifice, entier pour le fils, n'est en réalité qu'un simulacre pour le père. Le père ne dévore point son enfant, il le ressuscite. Le Dieu de la Bible exige l'obéissance de son fils et sa fidélité jusqu'à la mort, il n'a jamais demandé son corps en sacrifice ; c'est de lui-même que Jésus s'est offert, afin que sa parfaite obéissance nous fût attribuée (Héb., IX, 14). La doctrine de Jésus se disant Fils de Dieu devait le conduire à la mort, et la volonté de Dieu était qu'il soutînt cette vérité jusqu'à la mort. Mais Dieu demandait l'obéissance, il n'a jamais demandé la mort de son Fils.

Dans la messe, le prêtre qui est Saturne ou Satan, dévore son enfant, il veut sa mort et ne le ressuscite point. Aussi l'enfant, le fils de Dieu, ne s'offre point lui-même ; le prêtre le crée, comme Saturne créait ses enfants, et le dévore séance tenante. Les légendes rapportent de nombreux miracles pour attester la présence réelle dans le sacrifice de la messe : ce sont des morceaux de chair saignante, des écoulements de sang véritable ; mais surtout un petit enfant souvent mis en pièces et mangé. Witikind se convertit au christianisme en voyant l'hostie offerte à Charlemagne se changer en un petit enfant que dévorait l'empereur. Ainsi donc ces miracles témoignent bien que c'est le sacrifice d'un enfant, agneau de Dieu, qui a lieu et c'est celui qui l'a créé; c'est son propre père qui le dévore, Saturne, le grand premier être, le prêtre.

Il nous est entièrement égal que ces miracles aient été ou non réels, car si nous voyions une hostie se changer dans la bouche du prêtre en enfant vivant, pleurant, criant et l'horrible prêtre la dévorer à belles dents, le corps souillé d'un sang véritable, indélébile, la haine puissante que l'Éternel nous met au cœur pour ces ignobles atrocités n'en serait point diminuée et nous prendrions le fer et la flamme pour détruire le monstre infernal qui fut notre premier père et qui vit en nous, la bête sanguinaire.

L'offrande de la messe est donc bien faite à Saturne ou Satan; lui seul peut agréer une telle abomination et les démons seuls peuvent prendre part à ce sacrifice devant lequel tout cœur d'homme se révolte d'horreur et de dégoût. Car c'est bien là l'abomination de la désolation. Il est abominable de dévorer son enfant, son pauvre petit agneau, et cela produit le dépeuplement ou la désolation sur la terre.

Jésus-Christ s'est offert lui-même en sacrifice; or, se sacrifier soi-même, c'est le sublime humain. Donner ses biens, son sang, sa vie pour les siens ou pour le genre humain, c'est le propre de l'homme, du fils de Dieu. Sacrifier quelqu'un à son salut, à sa félicité éternelle, à ses appétits, c'est le propre de l'assassin, du meurtrier dès le commencement, de Satan ou du diable; c'est le propre du premier être, du prêtre. Aussi dans tous les temps, chez tous les peuples et par toute la terre, le prêtre est un sacrificateur d'hommes ou d'animaux réels ou spirituels. Il est le serpent qu'écoute la femme à l'âme de grenouille et qui, Ève éternelle, amène son mari, l'éternel Adam, à obéir à ce hideux personnage, en lequel cependant nous honorons l'homme, et l'âme du premier être doué de la parole, l'âme du prêtre, ce grand démon de la terre.

Dévorer sa progéniture est naturel au genre chat;

c'est la passion du mâle à laquelle succombe quelquefois la femelle. Comme ce nom fut d'abord porté par un ancêtre, ce chat botté ne faisait qu'un avec Saturne ou le Sauteur. Rien de ce que fait un animal n'est contre nature. Entre autres animaux, les serpents, les lapins et les pourceaux mangent aussi leurs petits. Dans les famines du moyen âge on a vu des hommes, plutôt des diables, faire la chasse aux enfants pour les dévorer et les mères elles-mêmes ont mangé le fruit de leurs entrailles. On ne doit donc point être surpris de la férocité et de l'appétit carnassier des premiers ancêtres. Goethe fait chanter à Marguerite en sa prison une légende universelle : Ma mère, la gouine, de sa main m'assassine ; mon père, affreux gredin, me dévore à sa faim, etc. C'est l'humaine plainte des petits enfants sacrifiés, c'est-à-dire dévorés par leurs propres parents.

LE PRÊTRE ET SA CROIX

Quelle ne fut pas notre suprise et notre respectueux étonnement en lisant, pour la première fois, que le prêtre est le premier être de la création.

Pre, preu, preux et *pré* valent *premier*. Les preux sont les premiers et furent les premiers sexués. *L'ai preux, lépreux. L'est preu, lèpre.* La lèpre et les lépreux ont aussi leur origine dans les premières transformations sexuelles. *Le preu ai* = j'ai le preu, le pré. Vois-tu le *preu ai là, le pré-là, le prélat*. Le pré se développa dans les prés, au bord des eaux, où le prélat se prélassait. *Le preu mis ai* = j'ai mis le preu, je suis le premier, j'ai pris possession de l'objet, en le touchant de mon sexe ; je l'ai rendu sacré : *ce à cœur ai*, c'est à mon cœur, mon centre, mon sexe. C'est sacré. Je suis *le pré tendu, le pré tendant ; le preu ai tendu, le pre ai tendant ; le pre étendu, le preu étendant ; le prétendu, le prétendant*. C'est certainement plus qu'il n'en faut pour démontrer que *pre*, *preu*, *preux* et *pré* valent *premier* et *sexe* et, par conséquent, le prêtre est le *pre*, *preu*, *preux* ou *pré être*, le premier être, l'être pourvu du sexe. Le prêtre était parfaitement sexué, puisqu'il a un féminin : la prêtresse : *Le à prêtre est ce* = c'est la chose au prêtre. Les prêtres et les prêtresses eurent des enfants, c'est pourquoi ils réclament le nom de pères et de mères auprès des hommes. Cependant on ne connaît point leurs enfants, ce qui s'explique par ce fait qu'ils les dévoraient aussitôt créés, comme aujourd'hui. Ce n'est qu'au grand-prêtre Saturne que des enfants furent cachés par la mère, par Cybèle, qui peut être regardée comme une prêtresse.

La *pré éminence* du prêtre lui a donné la *prééminence* sur la terre. C'est lui qui dispose des royaumes de ce monde. Les rois et les empereurs courbent la tête et ploient les genoux devant lui pour obtenir le pouvoir, selon qu'il est écrit : Je te donnerai toute la puissance de ces royaumes et leur gloire ; car elle m'a été donnée et je la donne à qui je veux (Luc, IV, 6). Dans *préexistence* et autres mots *pré* prend la valeur de *ancien*. Le *pré-être* est un être ancien.

C'est la croix à la main que commande le prêtre. Voyons ce qu'est *la croix* : *La queue roi!* Regarde-moi *queue roi être*, *croix être*, *croître*. On voyait ainsi le prêtre croître. Le prêtre est aussi *un grand croyant*, *un grand queue roi ayant*, *un grand croix ayant*. Les grenouilles insexuées ne pouvaient croire ; les incrédules sont spirituellement des animaux sans sexe ; le prêtre leur est bien supérieur. C'est *ma queue roi*, *sens-ce* ; c'est *ma croix*, *sens-ce*, c'est *ma croissance*. *Queue roi d'honneur j'ai ; que roide honneur j'ai! croix d'honneur j'ai. Quelle belle queue roide, honneur j'ai! Quelle belle croix d'honneur j'ai!* L'évêque disait : Regarde *ma queue rehausse*, *ma crosse*. *Le queue rut c'ist*, *fis* ou vois. *Le crucifix*, c'est le rut sexuel sur lequel se pâment les possédées des démons et que les démons font adorer. La croix était donc l'arme du prêtre, c'était aussi un clou, le clou de la fête. Je te tiens au *clou*, être ; je te tiens au *cloître*. Le prêtre crucifiait et martyrisait ceux qui ne voulaient pas baiser sa croix et mouraient en lui tournant le dos, comme le Seigneur Jésus. La croix a été adorée dès le commencement du monde et les religions païennes lui rendaient le même culte que les différentes religions chrétiennes de nos jours.

Ainsi le sacrifice, la victime offerte, vient de ce que Saturne dévorait ses enfants, et qu'on offrait des animaux aux autres dieux. L'adoration, qui est différente du sacrifice, prend son origine dans l'hommage rendu au sexe en érection, en croix, en queue roi, ce qui tourmentait l'ancêtre qui se trouvait soulagé par le culte. On comprend aussi toute la peine que se donne le prêtre pour planter une croix et le repos dont il jouit ensuite.

Or, de même que Saturne ou le diable se contente d'un simulacre de sacrifice, il se contente également d'un simulacre d'adoration rendue à un objet portant un nom de sexe : une figure d'homme apparente, prise spirituellement, représente un membre, puisque nous sommes tous membres de Dieu et que Satan ou Saturne est aussi un dieu, un dieu déchu. Mais, et c'est là la faiblesse de Satan, cet esprit grossier est absolument incapable de comprendre les choses invisibles, s'il n'a devant les yeux un objet pieux, une sainte image, pour se les figurer, et alors c'est son sexe qu'il voit d'une manière tangible, aussitôt que ce simulacre prend un caractère spirituel ou honorable. C'est, dès cet instant, sa queue roi, sa croix ; que le saint objet soit une croix d'or ou d'argent, de bois ou de pierre, une idole de métal ou de pâte, un chou ou un navet, un bœuf Apis ou un *Agnus Dei* ; du moment que c'est consacré, Satan triomphe. Il triomphe également s'il voit un objet, un ruban rouge ou violet, un drapeau rouge ou tricolore, etc., auquel les hommes rendent hommage, comme étant l'image de la patrie ou autre mensonge; car une chose invisible, telle que la patrie, la justice, etc., ne peut être représentée par une chose visible. Satan, au besoin, se contente d'un air de musique pour dominer les hommes et les faire se lever, s'asseoir, se tenir debout, découverts, etc. Ses ruses sont infinies.

C'est une chose admirable que dans tout le Nouveau-Testament, il ne soit pas question d'un objet ni d'un signe quelconque ayant la moindre valeur spirituelle. Ni le Seigneur Jésus ni aucun de ses apôtres n'est décrit corporellement, même en partie, et nous ne savons s'ils étaient petits, grands ou gros, etc. C'étaient des hommes de bonne volonté, sans titre comme sans bannière et sans air de musique.

Un autre caractère du prêtre, c'est le devenir. On ne naît point prêtre, on le devient peu à peu. En allemand, le prêtre ne prend point le titre de Geboren $=$ né; mais celui de Hochwürdig, Hochwürden, mots apparentés avec werden $=$ devenir. On ne peut dire en français d'un prêtre qu'il est né noble ou roturier.

Pour revenir à la croix, on sait qu'elle a le pouvoir de chasser les démons, de protéger ceux qu'elle abrite et que le signe de la croix est le signe du chrétien. Jésus dit : Que celui qui m'aime prenne sa croix et qu'il me suive. Suivre Jésus avec sa propre croix, c'est marcher le corps droit, puisque la croix est roide et que le corps est l'image du sexe et par conséquent de la croix. C'est ainsi que Lui, refuser de se prosterner devant Satan et de l'adorer, lui ou sa croix. Celui qui porte sa croix ne peut que cracher sur l'animal qui lui présenterait sa queue roi, sa croix à lui. Qui porte sa croix fait son devoir; qui touche la croix d'un autre est un infâme.

Quand les prêtres avaient la queue roi ou la croix, ils mettaient en fuite tous ceux qui n'étaient pas sexués et qu'ils poursuivaient pour se les asservir; mais quand ils rencontraient d'autres prêtres ou démons également pourvus de la queue roi, ils fuyaient à leur tour ou s'exterminaient. Or, pour n'en pas venir à cette extrémité à chaque instant, ils se reconnaissaient par un signe, le signe de la croix ou un salut. C'est pourquoi il est écrit : Ne saluez personne en chemin (Luc, x, 4), ce qui doit s'entendre d'un salut humblement religieux, d'un hommage spirituel ; car il est convenable de se dire bonjour en passant. Ainsi donc la croix était l'arme d'attaque des prêtres ou des démons, elle leur mettait du cœur au ventre ; c'est avec cette arme qu'ils embrochaient leurs ennemis subjugués et soumis ; c'était aussi l'arme devant laquelle ils tremblaient, comme le soldat qui met en fuite l'ennemi avec son fusil, quand il est chargé, fuit à son tour devant l'ennemi dont le fusil est chargé. L'homme vrai a pour arme la parole et la vérité.

On voit encore par ce raisonnement que le démon a le pouvoir de chasser les démons et quand Jésus est accusé de le faire par Béelzébub, il ne lui refuse point ce pouvoir ; mais il affirme le faire par l'Esprit de Dieu (Matth., xii, 24-28). Si Satan chasse Satan, il ne pourra subsister et c'est bien ce qui arrive en effet ; les méchants sont forcément divisés entre eux et se combattent ; les prêtres exterminent les prêtres qui ne sont point de leur catégorie, quand ils en ont le pouvoir ; les rois préparent sans cesse la guerre contre les rois. Tous ces méchants doivent donc disparaître et faire place à l'homme de bonne volonté, à celui qui ne veut être qu'un homme, sans titre, parmi les hommes, ses frères. Les hommes de bonne volonté se tendent la main d'un bout de la terre à l'autre bout ; nul ne pense à faire violence à l'autre.

LES ENFANTS DU DIABLE

Le père dont vous êtes issus, c'est le diable (Jean, viii, 44).

Nous avons démontré que le diable ou le prêtre, c'est tout un. Que c'est bien le prêtre qui possède les royaumes de ce monde, comme le tentateur de Jésus (Luc, IV, 6), il faut être aveugle pour ne pas le voir. Sur toute la terre, les rois ne sont rois qu'après avoir ployé le genou, baissé le front, reconnu la suprématie, la supériorité spirituelle du prêtre qui tient son pouvoir sur les hommes, comme Satan tient le pouvoir sur Job (I, 12) qui est l'image de l'homme éternel aussi bien qu'Adam. C'est par la femme que ce serpent établit son pouvoir ; c'est à elle qu'il s'adresse pour qu'elle lui amène l'homme, à qui seul elle doit être soumise. Par toute la terre, la femme pousse son mari vers le prêtre et le mari obéit à sa femme au lieu de lui commander, et tous deux désobéissent à Dieu. Au lieu que l'homme reçoive sa femme de Dieu ainsi qu'Adam, il va la demander à genoux au méchant qui tient la place de Dieu et dévore le fils de Dieu.

Or, celui dont les rois et les empereurs, l'homme et la femme, reconnaissent le pouvoir, l'autorité, est bien le prince (Jean, XIV, 30) ou le premier de ce monde et si ce n'est pas l'Éternel-Dieu lui-même, ce ne peut être que le diable. Le prêtre n'a jamais dit qu'il fût Dieu, mais seulement qu'il tient sa place sur terre. Or, aucun ange, sauf Satan, n'a reçu de Dieu pouvoir sur les hommes ; mais Satan reçoit pouvoir sur Job et dans l'*Apocalypse*, il est écrit (XII, 12) : Malheur à vous, habitants de la terre et de la mer, car le diable est descendu vers vous. Et encore (ch. XIII, 7) le diable, Satan, le serpent reçoit le pouvoir de faire la guerre aux saints et de les *vaincre*. On lui donne puissance sur toute tribu, sur toute langue et sur toute nation. Or, il n'y a sur terre aucun pouvoir supérieur à celui du prêtre. Sur toute la terre, de Rome à Pékin, il y a un grand-prêtre qui ne connaît aucun pouvoir au-dessus du sien et dont le pouvoir est reconnu par toute la terre. Ce pouvoir supérieur, spirituel et visible, c'est le pouvoir de Satan. Sont ses enfants : les prêtres et les prêtresses, les religieux et religieuses de toutes les catégories, les moines, les bons frères et les bonnes sœurs, enfin tous les clercs, ayant à leurs pieds les laïques, les plus piteux animaux de la terre, c'est là le gouvernement de Satan. Il n'y a pas un homme de bonne volonté dans toute cette hiérarchie, pas un fils de Dieu; mais un troupeau de cannibales se repaissant de chair et de sang et demandant sans cesse la mort du fils de l'homme : Qu'il soit crucifié! Et la terre se couvre d'abominables calvaires; les nations sont en guerre continuelle.

Le pouvoir du roi ou empereur qui a reçu l'investiture du prêtre tenant la place de Dieu sur terre, du chef de l'État régnant par la grâce de Dieu, est aussi une délégation de Satan. L'ancêtre dieu fut exterminé par les premiers rois et dans toute la Bible la colère de Dieu est contre les rois qui sont dénommés de grandes bêtes (Daniel, VII, 17). Il transpercera les rois au jour de sa colère (Ps. CX, 5). C'est pour satisfaire et punir les Juifs que des rois furent établis pour leur commander (I *Sam.*, VIII).

Or, où le pouvoir du chef de l'État est entaché de soumission à celui qui tient la place de Dieu, au prêtre, tout le gouvernement est également asservi à Satan : la magistrature, l'instruction publique, les armées de terre et de mer, les religions stipendiées et tous les hommes sont donc soumis à sa puissance.

Cette puissance s'est fait sentir terrible aux disciples de Jésus depuis la mort de ce maître aimé jusqu'à la révolution de 1889, car pendant tout ce temps, les serviteurs de Dieu, les disciples du Seigneur, ont été persécutés et mis à mort par l'horrible monstre qui fut Satan en Néron, Caligula et en tous les *Pontifici maximi*, ou grands-prêtres de Rome, la ville maudite, où a son siège la bête de l'*Apocalypse* et que toute la terre a suivie étant dans l'admiration de sa force et de son pouvoir ch. XIII, 3).

L'examen de la hiérarchie des États soumis à la papauté nous donne une parfaite image des puissances terrestres à l'époque où parurent les premiers rois. Ces derniers sont les maîtres réels, ayant pour eux la force physique. Leur famille est la première du marais. Viennent ensuite tous ceux qui sont nés de la matrice et qui forment la première noblesse, la noblesse de naissance. Ils se distinguent de la tourbe par le nombril et par une élégance naturelle. Ils ont un profond mépris pour toutes les créatures de première formation. Il est fait cependant une certaine exception pour les mâles et les femelles qui ont procréé : les prêtres et les prêtresses. En ceux-là ils reconnaissent leurs pères et leurs mères. Ces derniers portent aussi le nom de pères et de mères ; ce sont les pères et les mères de l'Église. Les pères et les mères en Dieu ou de dieu. Ils ont une autorité considérable non seulement sur la haute noblesse et le roi, mais surtout sur ceux qui prennent le sexe et qui sont les diverses catégories d'anoblis. Les prêtres sont d'ailleurs eux-mêmes les premiers des anoblis, car la prêtrise est bien la première et la plus haute noblesse, bien que ce ne soit pas une noblesse de naissance, mais une noblesse acquise par une suite d'échelons assez longs. Au-dessous des rois, des nobles, des prêtres et des anoblis, sont les laïques et les sujets qui, étant insexués, n'ont ni force ni courage et mettent tout leur amour-propre à se distinguer dans la servitude la plus abjecte vis-à-vis des prêtres, des rois et des nobles. On voit ainsi aisément la rivalité existant entre l'autorité du prêtre et celle du roi. Le roi ne peut refuser sa soumission au prêtre, car c'est son grand-père, son ancien. Il ne peut non plus se soumettre entièrement à lui, car c'est en définitive un être inférieur, sorti de rien. Plus on examinera ces vérités, plus on comprendra les luttes des rois et des empereurs contre les papes et contre les exigences cléricales ; plus on sera convaincu de la pérennité des esprits et de la grande puissance de Celui qui leur commande.

On a ainsi devant les yeux la grande autorité du père Satan, du diable : on comprend ses ruses, sa bonhomie, son charlatanisme et toutes ses perfidies. Nous ne pouvons mieux terminer qu'en montrant son langage en janvier 1894 ; c'est le *Pontifex maximus*, le successeur de Néron, qui parle : « Il faut revenir à la religion des ancêtres et approcher avec confiance et sans-arrière pensée de celui qui tient de Dieu le ministère suprême de la religion ».

La religion des ancêtres, nous le savons, c'est la religion du diable. Approchez avec confiance. L'entendez-vous, le vieux Saturne, appelant ses enfants pour les dévorer ?

Il est vrai que tout pouvoir vient de Dieu, nous ne contredisons pas à cela ; mais la bête de l'*Apocalypse* à qui Satan donne son pouvoir, le tient aussi indirectement de Dieu, pour un certain temps, pour éprouver les habitants de la terre (*Apoc.*, III, 10). Ce temps est terminé. Tu le sais, n'est-ce pas, Satan ? — *Alleluia !*

LE ROYAUME DE DIEU

Où *le roi ist homme de Dieu* est *le royaume de Dieu*. C'est donc l'homme de Dieu qui est roi en ce royaume. Cet homme de Dieu est aussi le fils unique de Dieu : La Parole de Dieu. Mais la parole et la voix de Dieu, c'est tout un. Qu'est-ce que la voix de Dieu ? C'est la voix du peuple. Où le peuple peut librement faire entendre sa voix, nommer ses magistrats et n'être soumis à aucune autre loi que celles qu'il approuve directement par lui-même ou par ses mandataires, c'est bien la voix de Dieu qui commande par l'intermédiaire de l'homme, le fils unique de Dieu. Les élus du peuple sont donc en même temps les élus de Dieu. Ce sont en notre pays de France, pour le moment, les conseillers des communes et autres subdivisions, les maires, les députés, les sénateurs et le chef de l'État. Toutes ces magistratures sont données à des hommes de Dieu, car nulle loi n'en exclut aucun honnête homme, et même l'enfant d'une fille-mère peut s'asseoir sur le plus haut siège de l'État, sans qu'il ait à produire le plus petit titre universitaire ou autre délivré par Satan. Aussi Satan poursuit de sa haine tous ces élus de Dieu et ne les trouve pas suffisamment hommes du monde ; car ainsi que Jésus et ses disciples, généralement ils ne sont pas du monde (Jean, xvii, 16).

Dieu fait encore entendre sa voix et gouverne par d'autres armées du ciel ; armées redoutables, qui inquiètent les rois sur leurs sièges et font pâlir Satan et les siens. Ce sont les écrivains libres, journalistes et penseurs de toutes les catégories. Là non plus Satan ne peut étouffer la puissance de Dieu, et chacun, grâce à Dieu, peut parler et écrire, sans permission du diable. C'est la presse qui est la verge de fer avec laquelle gouverne le fils de Dieu. Tant que ces deux puissances sont maîtresses : le vote du peuple et la voix de la presse, il n'y a à craindre aucune grande catastrophe. Les grandes merveilles que Dieu a créées par les mains de ses enfants lui sont trop précieuses pour qu'il en permette jamais la complète destruction. Mais malheur aux peuples où la liberté de la parole est entravée ; où c'est un crime de dire à l'homme que sa patrie est la terre tout entière, et non une certaine étendue territoriale que Satan lui a mesurée au cordeau. Cependant c'est un devoir rigoureux de réprimer sévèrement ceux qui se servent de la parole pour inciter à la violence, à la guerre civile ou à la guerre des nations. Qui fait appel à la force doit avoir la bouche clouée de force, aussi bien les nations que les individus.

Les hommes de Dieu ne sont pas forcément d'un même avis, l'homme étant sans cesse en contradiction avec lui-même ; mais chez eux c'est l'esprit qui combat et chaque combattant respecte, en son contradicteur, un dieu, un fils de Dieu, un membre du corps humain, un frère. En un mot, on peut aimer son ennemi aussi tendrement que son ami. C'est en faisant cela, en s'aimant et se protégeant les uns les autres que les hommes consolident le royaume de Dieu ; car s'ils s'abandonnent à la haine, si la folie du patriotisme les anime à prendre l'épée, il faut qu'ils périssent par l'épée. Aussi tout écrivain qui souffle l'ardeur guerrière pousse son peuple et sa nation vers une perdition certaine. Qui fait appel aux armes, hors le cas de légitime défense, commet un crime de lèse-patrie et de lèse-humanité.

Nous sommes à peine à l'aurore du règne de Dieu, car Satan est encore puissant. On le voit encore sur toute la terre bénissant les armes maudites de destruction et stimulant les nations à s'exterminer réciproquement, car cet horrible esprit se repaît des hécatombes humaines. Ce n'est pas un homme, sans nul pouvoir, qui amènera la justice des siècles, car si l'Éternel n'envoyait les armées du ciel, notre œuvre, qui est la sienne, pourrait passer inaperçue et se perdre dans la poussière des bibliothèques. Mais l'Éternel enverra ses esprits et heureux ceux qui les accueilleront et diront avec les élus : Le salut, la gloire, l'honneur et la puissance appartiennent au Seigneur, notre Dieu. Malheur par contre, à ceux qui seront contre nous, car nous sommes une puissance invincible ; nous sommes : l'homme.

L'HOMME ÉTERNEL

Nous avons amplement démontré la création de l'homme animal ; mais quand nous l'aurions fait avec mille fois plus d'évidence encore, ce qui aura lieu en son temps, nous n'aurions qu'une science inutile, nous ignorerions l'existence et la puissance de l'Esprit, si ce n'était l'accomplissement des Écritures ; si ce n'avait été un mystère caché, que nous avons connu par une révélation soudaine et irrésistible, avant d'être convaincu par les nombreux documents que nous avons seulement indiqués. Si ce n'était pas une révélation divine, faisant suite aux Livres Saints, les docteurs admireraient sottement un jour en nous, la puissance de l'esprit humain, et chercheraient encore en vain l'âme dans le corps, comme l'enfant cherche la petite bête dans la montre, et ne penseraient même pas à dire : Moi-même je me cherche et ne peux me trouver.

Mais que nous ayons démontré avec une évidence inéluctable la création de l'homme ; que l'histoire de cette création ait été écrite et scellée dans la bouche de l'homme, sans qu'il en eût le moindre soupçon ; qu'il ait oublié son origine tout en en ayant l'historique dans les fables mythologiques de tous les pays, dans la Bible et dans le langage journalier ; que l'homme, si fier de sa sagesse et de sa raison, ait été aveuglé d'un tel aveuglement ; il y a là la preuve indéniable et éblouissante d'un Esprit présent auprès de chaque homme et ayant un pouvoir absolu sur les nations et sur les familles.

Les savants et les philosophes se sont crus de puissants esprits en niant les dieux et en n'en reconnaissant qu'un seul, en cela encore, ils ont eu tort. Les dieux furent et sont. Dieu est l'ensemble des dieux, l'esprit de tous les dieux, y compris celui des dieux de première formation d'Uranus à Saturne. Cet esprit, l'esprit de l'Éternel, n'a créé que deux enfants parfaits : le diable et l'homme.

Le diable est un pur animal doué de la parole, mais mû seulement par des appétits charnels. Il est inconscient du bien et du mal. Le diable, c'est le saint personnage ; c'est monseigneur qui est si bon, le sauveur de la patrie, le génie audacieux que l'on peut montrer du doigt et reconnaître entre mille, car ce monstre porte sur lui des insignes prétendus honorables.

L'homme, le second enfant, est un dieu animal parfait, fini en son espèce, comme le diable était fini en la sienne. L'homme se guide par des sentiments de justice, de bonté; c'est un esprit conscient du bien et du mal; sachant qu'il doit lui être fait comme il fait aux autres et qu'il n'a d'autre justice à espérer que celle qu'il aura exercée lui-même. Cet homme est invisible, car il ne se distingue en rien à l'œil des autres hommes ses frères.

Or, de même que l'esprit humain est arrivé à comprendre qu'il n'y a qu'un Dieu tout puissant, il faut aujourd'hui comprendre qu'il n'y a qu'un homme sur la terre et dans les cieux. Cet homme, c'est l'Homme-Dieu. Chaque homme n'est qu'une partie de cet Homme-Dieu, un membre de l'ensemble, une feuille de l'arbre de vie. Or, la vie de la feuille qui suit son développement naturel passe tout entière dans l'arbre, comme la vie de l'homme individu passe tout entière dans celle de l'Homme-Dieu, dans celle de l'homme éternel. Elle y passe à l'état d'esprit vivant de sa vie propre; car s'il est certain, par ce que nous avons démontré, que les esprits des premiers êtres vivent au milieu de nous, combien est-il plus évident et certain que ce seront nos esprits, en corps et en particulier, qui animeront nos successeurs jusqu'à la fin des siècles et aux siècles des siècles! L'Homme-Dieu ne peut mourir, car il est l'esprit de l'Éternel dont le nouveau nom est Pi.

L'Homme-Dieu était avant les anges et les démons, il est plus ancien que Saturne et que Satan, il était avant les dieux et avant que les hommes fussent, il est : le commencement de la créature de Dieu (*Apoc.*, III, 14). Il est le commencement et la fin. Si tu comprends ces choses et les aimes, lecteur, tu es cet Homme-Dieu.

APOTHÉOSE

O sublimes magnificences! beautés de la création! splendide puissance qui créas les hommes! Esprit de lumière éternelle, je vois par Toi dans les profondeurs du passé. Je me souviens des jours de mon animalité première. Voici les eaux où je m'ébattais sous tes yeux; j'entends les rumeurs et les bruits retentissants des anges et des démons; parmi eux je me joue dans la ruse et l'innocence.

Mais d'effroi et d'horreur de moi-même rempli, me voici maintenant vil et terrible. Je ne distingue plus la vérité du mensonge; mes appétits carnassiers me dominent. Je suis une bête effrayante et je fuis devant ma propre image. Partout je porte l'épouvante et moi-même je vis en des terreurs étranges. O comble de hideur, je dévore le corps de mes enfants, je me repais du sang des miens avec délices et componction. Je suis le diable! Je suis le roi de la terre et je la remplis du sang de mes innocentes créatures. Pardonne, ô grand créateur, pardonne à ton grand premier être. Enchaîne-moi, je le veux bien, enchaîne-moi au fond de l'abîme, car aujourd'hui les hommes me connaissent et je tremble à mon tour devant leur vue exécrée. Enchaîne-moi, mais laisse-moi pourtant dans ma honteuse abjection, lever vers toi un regard d'adoration et d'humble soumission. Je suis vaincu, car je suis connu.

Alleluia! nous voici, nous, les dieux! Nous avons échappé à la fureur animale de la bête dévorante. La mère qui nous sacrifiait et le père qui nous mangeait, n'ont pu nous détruire tous. Les meilleurs nous ont sauvés et maintenant, nous les dieux, nous voulons exterminer l'engeance méprisable de qui nous tenons la vie. Quand l'œuvre est parfaite, l'ébauche doit disparaître.

Mais nous, les dieux, ne sommes point appelés à ramper sans espoir sur la terre; notre front se lève en haut, nous marchons debout, désormais des rois, et pères des rois, et pères de l'homme.

O homme! Fils de Dieu, reconnais-tu tes ancêtres, depuis le limon de la terre à Jéhovah, de la raine au Dieu du tonnerre? Connais-tu le vivant qui était au commencement et qui vit aux siècles des siècles? Le connais-tu? C'est moi! Moi qui te parle, pendant que tu lis ces lignes que j'ai dictées à mon serviteur.

Oui, Père; oui, Maître; oui, Seigneur! Tu es le seul souverain, le Roi des rois et le Seigneur des Seigneurs. Tu es l'Esprit! A toi l'adoration et la gloire et la puissance! C'est une joie sans fin de te connaître, de t'aimer, de t'adorer, de s'anéantir en toi.

DEUXIÈME PARTIE

Formation des mots

Premiers éléments.

Nous partageons les premiers éléments de la parole, pour notre langue, en trente sons : douze vocaux et dix-huit de consonnes. Dans le principe, ces trente sons exprimaient cinq idées qui sont créatrices de tous les mots. Ces cinq idées se reconnaissent à l'orthographe, ce sont :

1° Impératif singulier de *avoir* ou *prends* en bec.

Os, ous, eux, aie, ait, is, us, as, ons, ens ou *ans, ins, uns. Beux, ceux, cheux, deux, feux, gneux, gueux, heux, jeux, leux, meux, neux, peux, queux, reux, teux, veux, zeux.*

2° Première personne de l'indicatif présent valant : *j'ai* ou *ce que j'ai*.

(a) *Oz, ouz, euz, aiz (ez-ai), iz, uz, az, onz, enz* ou *anz, inz, unz.*

(b) *O, ou, œu* ou *eu, aie, ai, is, ous, a, ou, en* ou *an, in, un. B'ài, ç'o, d'ou, f'œu, j'aie, qu'ai, h'is, l'ens, m'a, n'on, p'en, qu'an, r'in, t'un, t'as, t'ens, j'a, j'ons, y ai, y on* ou *y onz, y a, v'onz, z'ez*, etc. *J'ai* se reconnaît à l'apostrophe et, si le son vocal est seul, le *z* final indique la valeur de *ai*, si cela paraît nécessaire ; mais : *j'o, j'oz*,

7.

t'ou, t'ouz, etc., c'est toujours : *j'ai. Ce aiz, ce ouz* = ici j'ai. Comme je *tends* ce que *j'ai* : *j'ai*, *t'as, t'ens, t'a* comportent aussi l'idée de : *tu as, prends.*

3° Pronoms de lieu ou prépositions, valeur : *ici, ceci,* aussi : je, me, te, ce, etc.

Au, où, èu, ès, éz, is ou *y, ùs, à* ou *às, on, en, in, un. Be, ce, che, de, fe, gne, gue, he, je, le, me, ne, pe, que, re, te, ve, ze.*

4° Nom désignant la bouche de l'ancêtre, valeur : au bec.

Haut, où, èu, ès, éz, is ou *y, ùs, à, às, on, en, in, un. Beu, ceu, cheu, deu, feu, gneu, gueu, heu, jeu, leu, meu, neu, peu, queu, reu, teu, veu, zeu.*

5° Indicatif présent du verbe être valant : *c'est* ou *ce que c'est.*

Ost, oust, eust, est, ezt, ist, ust, ast, onst, enst ou *anst, inst, unst. B'ost, ç'oust, ch'ist, d'enst, f'ezt, gn'ust, j'onst, l'anst, m'inst, n'est, p'ost, qu'ist, r'ast, t'ist, v'est, z'oust,* etc.

C'est le verbe *avoir* qui est l'origine de la parole, mais sa valeur première est celle de prendre : *avoir soin* est devenu : *prendre soin*. L'idée impérative est l'idée créatrice : *Je tends, je donne, j'offre, j'exige,* etc., sont de parfaits impératifs valant : *prends, obéis.* La personne qui parle commande toujours plus ou moins : *J'ai* peut être regardé comme formé de *jeux ai, j'eu ait, je ait,* etc. Il en est de même de tous les sons premiers.

Les pronoms de lieu : *au, où,* etc., dérivent d'*avoir.* L'un disait : *ouz, ous* = ai, ait et l'autre demandait : *où? Be, ce, je,* etc., sont formés de : *b'œu, ç'œu, j'œu* = j'ai. Nous avons pris là le son muet, car il s'élide le plus facilement en notre langue. Ces pronoms se sont changés tout naturellement en noms et comme ils se rapportaient tous à la bouche, ils l'ont tous désignée plus ou moins fortement et plus ou moins longtemps.

Le verbe *avoir* se changea en verbe *être* quand l'ancêtre vit que ce qu'il commandait de prendre ou toucher était lui-même, son sexe qui le faisait souffrir : *ce aie-me*, devint : *c'est me ; c'est me, où est = c'est moi.*

Les pronoms *y, ne, me, je* se référèrent bientôt plus spécialement à la première et : *de, te,* à la seconde personne.

Presque tous les sons premiers se trouvent encore, en notre langue, dans leur primordiale simplicité ; ce sont : *ô, au, haut, oh! eau, os, eaux, où, ou, œuf, œufs, eux, euh! aie, est, ai, ait, et, eh! y, eus, eu, us, à, a, as, ah! ha! on, en, hein, un, an, bœuf, bœufs, ce, se, ceux, cheux = chez, de, deux, deul, feu, feux, feue, gueux, je, jeu, jeux, le, l'œuf, me, meus, ne, nœud, neuf, peu, peux, que, queue, re, te, vœu, veux* et autres. L'analyse d'un mot se fait, autant que possible, en le décomposant en parties toujours en usage.

Je, que, ce, ve, que ce, gue ce tiennent lieu de : *ge, ke, se, we, xe* qui sont des formes rejetées de nos analyses. L'analyse d'un mot en montre la formation ou une des idées créatrices, mais n'en modifie que rarement et insensiblement la prononciation : *cheux en-jeu m'en, che en-jeu mans,* doivent se lire *changement.* Les impératifs *os, ous,* etc., doivent se prononcer brefs ou longs, suivant le mot analysé : *Heu ous-le, houle ; ce ous peu, ce houpe, soupe.* La prononciation des mots dans les analyses est toujours enfantine ; ainsi on ne doit point faire sentir les finales dans : *œuf, œufs, neuf, net, fat,* etc., etc. Pour rendre la lecture des analyses plus facile nous plaçons un trait d'union entre la préposition et le nom : *à-haut, où-ès, en-beu, en-veu* se comprennent ainsi plus aisément : *en bouche, au bec.*

Tous les mots étant dans la bouche, ils ont dû y être mis sous une forme sensible, avant de prendre une forme spirituelle. Nous savons que l'ancêtre ne pensait pas d'abord à offrir un manger, mais une chose à adorer, un saint objet, une pieuse relique qui était son sexe le tourmentant. C'est là l'origine de tous les cultes visibles qui sont des animalités. C'est vers la force sexuelle qu'il faut chercher l'unité créatrice des êtres animaux et des êtres spirituels. Le sexe charnel est le dieu de l'animal. Le sexe disparu des ancêtres disparus est l'image de l'invisible puissance créatrice. Nous ne nous occupons que de ce dernier. L'Éternel veut bien par cette voie nous faire connaître sa toute-puissance. Les satisfactions qu'il éprouvait de ses œuvres en lesquelles il se reposait, n'en avaient pas besoin. De même les parents se réjouissent de leurs enfants sans éprouver la nécessité de leur faire connaître le secret de leur commencement; ils mystifient l'enfant d'une curiosité intempestive, comme l'Éternel a mystifié les hommes.

C'est à l'esprit du lecteur à trouver comment un ordre de prendre à la bouche a pu se transformer en un mot devenu fixe et invariable. L'esprit changeait l'ordre qui frappait l'oreille en un mot s'appliquant à la chose ou à l'action qui frappait la vue : *T'eus, t'eus le, tu eus le*, devenait : *tue, tue-le*, car l'ancêtre tuait tout ce qu'il tenait. *Vois ce qu'as là*, devint : *vois ce cas-là*. *Qu'est le t'as? Quel tas! Qu'as ce? casse. Prends ce à ton bec, prends, ça tombait. A l'ai, ilà l'ai*, criait l'un inquiet en grande agitation; l'esprit créateur faisait remarquer le mouvement à ses petits animaux, en leur soufflant : Le vois-tu *aller? il allait. Vois, saisis œufs, saisis eux*, était un ordre animant le visage, l'esprit insufflait : *Vois ses yeux. Donne-m'en*, valut : tiens ce que j'ai, mais sans lâcher la chose. Celui qui s'impatientait d'attendre répétait avec l'esprit actuel : *Allons, donne-m'en*. D'ailleurs la parole sait tout, ce qu'on offrit *d'abord, de à bord : A l'onde, on ne ment; allons donc, ne mens. Don, ne mens.* Le premier *don* était *l'onde : on de = de on, onde = don*. Le *Don* et *lou Don* ou *l'Oudon*, l'Odon, sont des rivières françaises où se tenaient nos *cosaques. Qu'oses aque? cause-aque*. Ils causaient dans *l'aque* ou *lac*. Le *don-jonc* ou *donjon* était un lieu où se mariait *l'eau* et le *jonc*. Le titre *don* ou *dom* indique un ancêtre grenouille. *A l'onde, on ! allons donc*, était un même ordre et l'est encore : *à l'eau, à l'eau, à l'onde, on! allons donc*. C'est ainsi qu'on force à entrer dans l'eau. Les esprits se tiennent enchaînés ensemble, mille se pressent derrière un seul. La parole est comme une robe sans couture.

Ainsi la parole se trouva formée et aussi étendue que l'est le langage populaire aujourd'hui, bien avant que l'on eût pensé à partager le discours en parties grammaticales. Le peuple, on doit le savoir, n'est nullement embarrassé pour exprimer ses pensées et l'esprit lui rappelle à chaque instant des mots clairs et parlants, sans qu'il ait besoin de consulter les Grecs et les Romains. L'esprit populaire n'est pas non plus lié de chaînes par les savants grammairiens ; c'est la voix de Dieu se riant des muselières que veulent lui imposer les pygmées des hautes études.

LECTURE DES ANALYSES

Ab = au bec, *ai* = j'ai, *i* = ici, ce ; *st* = c'est. *Pr* = prends, suce ou lèche.

Ainsi : *ab, ai, i, pr*. se lira : au bec ce que j'ai ici prends. C'est enfantin.

Analyses des sons : *ois, ouis, uis, oins, iens, ieu* ou *ieux*.
Lire : ai. pr : *ouz aie, ouz is, uz is, ouz ins, iz ens, iz eux*.

pr. ai : *ous aiz, ous iz, us iz, ous inz, is enz, is euz*.
ab. *où-ès, où-is, ùs-is, où-in, is-en, is-eù*.
i. st. *où est, où ist, ùs ist, où inst, is enst, y eust*.

Analyses des sons : *ouille, euille, eille, ille* et *aille*.
Pr. ai : *ous y œu, eux y œu, ait y œu, is y œu, as y œu*.
Pr. ab : *ous is-eù, eux is-eu, ait is-eu, is is-eù, as is-eù*.

i. st. pr : *où ist eux, eù ist eux, éz ist eux, y ist eux, à ist eux.*

ab : *où-ieu, eù-ieu, éz-ieu, is-ieu, à-ieu.*

Analyses de : *Bos, bous, beux, bais, baie, bés, bez, bis, bus, bats, bas, bons, bens, bins, buns, bans.*

Ab. pr. *Beu os, beu ous, beu aie, beu is, beu ans,* etc.
Pr. ai. *Beux oz, beux ouz, beux œu, beux ai,* etc.
Pr. ab. *Beux haut, beux où, beux eù, beux ès, beux en,* etc.
I. pr. *Be ons, be aie, be is, be ons,* etc.

Analyses de : *Bois, buis, boins, biens, bieus.*

Pr. i. ai : *Beux où aiz, beux ùs iz, beux où inz, beux y enz, beux y euz.*
Pr. i. st : *Beux où est, beux ùs ist, beux où inst,* etc.
Ab. i. st. *Beu où est, beu ùs ist, beu y enst, beu y eust.*
Pr. st : *Bous est, bus ist, bous inst, bis enst, bis eust.*
Pr. ab. *Beux où-ès, beux ùs-is, beux où-in, beux is-en, beux is-eù.*

Analyses de : *Bouille, beuille, beille, baille, bâille.*

Pr. ab. *Beux où-ieu, beux èz-ieu, bès éz-ieu, beux às-ieu.*
Ab. pr. *Beu ouille, beu euille, beu eille, beu aille,* etc.
Pr. ab. *Bous is-eù, beux is-eù, bez is-eù, bas is-eù.*

Analyses de : *Boche, bouche, beuche, bêche, béche, biche, buche, bache, bâche, bonche, banche, benche, binche, bunche,* etc.

Pr. ab. *Beux au cheu, beux on-cheu, beux un-cheu,* etc.
Ai. pr. *B'oz cheux, B'ou cheux, b'aiz cheux, b'ez cheux.*
Ab. pr. ai. *Beu os ch'œu, beu ous ch'œu, beu aie ch'œu.*
Pr. i, ai. *Beux haut ch'œu, beux où ch'œu, beux on ch'œu,* etc.

Dans tous ces exemples on peut changer les sons *be* et *che* en tout autre son de consonne.

Analyses de : *Borde, bourde, beurde, berde, birde,* etc.

Pr. ab, ai. *Beux au-reu d'œu, beux où-reu d'œu, beux is-reu d'œu*, etc.

Ab. pr. ai. *Beu ore d'œu, beu oure d'œu, beu eure d'œu.*

Pr. ab. *Beux au-re-deu, beux or-deu, beux ès-re-deu, beux ir-deu*, etc.

Pr. ai. *Bore d'œu, boure d'œu, beure d'œu, bère d'œu.*

On peut changer les sons *be* et *de* en tout autre.

Analyses de : *Broque, brouque, brique, braque, bronque*, etc.

Pr. ab. *Beure au-queu, beure où-queu, beure on-queu.*

Ab. pr. ai. *Beure os qu'œu, beure eux qu'œu, beure as qu'œu*, etc.

Ab. pr. *Beu roque, beu rouque, beu rique; beu raque*, etc.

On peut remplacer les sons *be* et *que* par tout autre.

Analyses de : *Bloque, blanche, blonde, blinde*, etc., et

Pr. ab. *Beule au-queu, beule en-cheu, beule on-deu*, etc.

Pr. i, ab. *Beux-le au-queu, beux-le en-cheu, beux-le in-deu*, etc.

Pr. ai, i. *Beux l'oz que, beux l'anz che, beux l'on de*, etc.

Analyses de : *Breu, creu, dreu, bleu, cleu*, etc. = *bec*.

Pr. ai. *Beux r'œu, cueure œu, cueule œu*, etc.

Pr. i. pr. le. *Beux-re, deux-re, beux-le, peux-le*, etc.

Analyses de : *obe, oube, eube, èbe, ébe, ibe, ombe, ambe.*
Ab. *Au-beu, où-beu, eù-beu, ès-beu, èz-beu, on-beu*, etc.
Pr. i. *As-be, ous-be, eux-be, aie-be*, etc. soit : *aie-le.*

Analyses de : *obre, oubre, eubre, èbre, ombre*, etc.
Ab. *Au-breu, où-breu, eù-breu, ès-breu, on-breu*, etc.
Pr. i. *Obe-re, oube-re, eube-re, èbe-re, ombe-re*, etc.
Ab. ai. *Au-beu r'œu, où-beu r'œu, on-beu r'œu*, etc.

Analyses de : *orbe, ourbe, eurbe, erbe, irbe, urbé, arbe.*
Ab. pr. *Au-reu beux, où-reu beux, ès-reu beux,* etc.
Ab. *au-re-beu, or-beu, à-re-beu, ar-beu,* etc.

Analyses de : *Bros, broux, breux, brès,* etc. *Blos, bleux, blés,* etc.
Pr. ai. *Beux r'oz, beux r'ouz, Beure euz, beure ai, beule ai,* etc.
Ab. pr. *Beure os, beure ous, Beure eux, Beule aie,* etc.

Toutes les syllabes premières s'analysent sur un des modèles ci-dessus. Chaque syllabe première vaut comme impératif : *prends* et comme nom : *bouche* ou *sexe*, à moins qu'elle n'ait une valeur mieux déterminée, telle que *air, vue,* etc.

Obre, ocre, oufre, acre, andre, orbe, ourde, irte, etc., expriment par analogie l'esprit des mots : *ouvre, entre, entre-ouvre. Le gueu oufre = ouvre la gueule, le gouffre.*

Les syllabes orthographiées : *oi, oui, oin, ieu, eau, bot, bou, bout, bi, bin, bé, bée, dré, gré,* etc., indiquent toujours un nom de la bouche.

Les impératifs suivants expriment fortement l'ordre de regarder avec celui de prendre : *aie, ouis, ille, eille, ore, orde, ards, arde* et autres.

La terminaison *aire* dans : *baire, maire, paire, naire,* etc. indique un *manger* ; tandis que *ère*, dans *bère, mère, père, pére, nère,* etc. indique l'impératif *prends*, à moins que ce ne soit évidemment le mot en usage.

Les analyses suivantes sont choisies avec soin et indiquent certainement une des phrases qui ont servi à créer le mot définitif ; on lira :

I ou ici, à ce lieu : *A ce*, ace, asse. *In ce*, ince. *A le*, ale. *On de*, onde. *On que*, onc, onque.

Ceci vers ici : *Ce en ce*, sens-ce. *Le en ce*, lance. *Ce au ce*, sauce. *Ce en le*, sens-le. *Ce à le*, sale. *Re in ce*, rince. *Le en gue*, langue. *Que à che*, cache.

Aï, st. *A l'ai que c'est ?* à l'excès. *A l'ai que c'ist ?* Alexis.

OU LA CRÉATION DE L'HOMME

Ai c'est? essaie. *Qu'ai-je, in c'ist?* Qu'ai-je ainsi? *On l'ai c'est?* On l'essaie. *Az que c'est, à que c'est?* accès.

St. ai. *M'est l'ai*, mêlé. *C'est l'ai*, scellé, sellé. *A l'ist l'ai*, alité. *A c'ist ce l'ai*, assisté. *Ce l'ist l'ai*, stylé. *L'est m'ai*, l'aimé. *C'ist l'ai*, cité, sis-té. *In c'ist l'ai*, incité. *Qu'est le j'ai?* Quel jet!

I, ai. *Y l'ai*, ité. *éz l'ai*, été. *A m'ai*, amé. *A l'ai*, aller. *en l'ai*, enté. *Ce l'ai*, celé. *Me n'ai*, mener.

St. i. *M'ist le*, mille. *M'est le*, mêle. *T'est le*, tel. *Qu'est le?* Quel? *C'est ce*, cesse. *C'est re*, serre, sers.

I. pr. ai. *Ce aie l'ai*, scellé, sellé. *Me aie l'ai*, mêlé.

I. pr. le. *Ce aie-le*, sel, scel. *Me aie-le*, mêle. *Ce ous-le*, soûle. *Me ous-le*, moule.

St. pr. *C'ist peux*, cipe. *C'est veux*, sève. *L'est veux*, lève. *C'ust queux*, suc, suque. *L'est vreux*, lèvre. *Ce l'ist vreux*, ce livre.

St. pr. ab : *L'ist veure ès-ceu*, l'ivresse. *L'est beure eù-bi*, les brebis.

Pr. ab : *Ave eù-gleu*, aveugle. *Beux eù-gleu*, beugle. *Ance en-bleu*, ensemble. *Ace en-bleu*, assemble.

Pr. i, ab : *Pale-ce en-bleu*, palsembleu.

Pr. ai, ab : *Pas ce ai au-bleu*, passé au bleu. *Coupe ai au-doi*, coupé au doigt.

Ai, i, pr. ab : *Ai ce peux ès-reu*, espère. *Ai ce pére en-ceu*, espérance. *Ai ce peule à-nade*, esplanade. *Ai ce plat, nade* = J'ai ici un lieu plat, viens, nade ou nage.

Pr. ab. ai : *Ame à-bile y l'ai* amabilité. *Afe à-bile y l'ai*, affabilité. *Une à-nime y l'ai*, unanimité. *Une is-verse y l'ai*, université, *Igne au-mine iz*, ignominie. *Abe au-mine ai*, abominer. *Ane à l'ise ai*, analyser. *Beux à-le-but ce y ai*, balbutier. *Lache à-ceu te l'ai*, la chasteté.

Ai, pr. ab : *Je l'ai peure où-veu*, je l'éprouve. *Que l'az meux eù-reu*, clameur. *Ai teux à-leu*, étale. *Ai tale on-né*, étalonné. *Qu'on peule is-men*, compliment. *Qu'on plime en-té*, complimenté. *Qu'on meux en-ceu*, commence.

Ab. pr : *Au-bé is*, obéis. *Au-bout aie*, au bois. *En-bête ait*, embêté. *A-bout aie, à-bout as*, aboie. *Où-vère ture*, ouverture. *Où treu passe*, outrepasse. *In-cise ait*, incisé. *A-la-breu bis*, à la brebis.

Ab. pr. le : *In-cape abe-le*, incapable. *In-séce ibe-le*, incessible. *Au-mare oufe-le*, au maroufle. *En-neu obe-le*, en noble. *A-veu eugue-le*, aveugle. *Au-pine aque-le*, au pinacle. *A-jeu inde-re*, à geindre. *En-freu inde-re*, enfreindre, *Au-preu ope-re*, au propre.

Ab. pr. ai : *In-cape ace y t'ai*, incapacité. *In-cré dule y t'ai*, incrédulité. *En-bigue us y t'ai*, ambiguïté. *A-nime ose y t'ai*, animosité. *In-tré pide y t'ai*, intrépidité. *In-porte une y t'ai*, importunité. *A-la-née séce y t'ai*, à la nécessité. *Au-beu cène y t'ai*, obscénité. *In-gé nus y t'ai*, ingénuité. *En-beu aie te m'en*, embêtement. *In-bé sile y t'ai*, imbécillité. *A-nime ale y t'ai*, animalité. *En-mi aie l'ai*, emmiellé. *A-mi tis ai*, amitié. *On-neu aie te m'en*, honnêtement.

Ab. i, pr. i. *In-con ce tends-ce*, inconstance. *In-péne y tends-ce*, impénitence. *En-péne y tends-ce*, en pénitence.

On lira : en ton bec. *A-ton-bé*, à tomber. *En-ton-neu*, entonne. *En-ton-noire*, entonnoir. *En-ta-mure*, entamure. *A-tan-sion*, attention. *In-tan-sion*, intention. *A-toi-même*, à toi-même. *A-ta-bleu*, à table. *A-la-tu-lipe*, à la tulipe. *A-ti tude*, attitude.

On lira : la bouche ouvre : *La coule euvre*, la couleuvre. *La mane euvre*, la manœuvre. *Le mace acre*, le massacre. *Le dit acre*, le diacre. *Le té âtre*, le théâtre. *Les taines èbres*, les ténèbres. *Taines* = dents. *La feune être*, la fenêtre. *Le preu être*, le prêtre, *le pie être*, le piètre. *Le teu imbre*, le timbre, *Le chape itre*, le chapitre. *L'ûs itre*, l'huître. *La péne ombre*, la pénombre, *la pie euvre*, la pieuvre.

Ouvre ou lève la gueule : *La gueule haute*, la glotte. *La bouille haute*, la bouillotte. *La cape haute*, la capote. *Le cape haut*, le capot. *La care haute*, la carotte. *La gueure haute*, la grotte. *La gave haute*, la gavotte. *La queue haute*, la côte. *La goule haute*, la goulotte. *Le bigue haut*, le bigot. *Le cague haut*, le cagot. *Le gigue haut*, le gigot, *le lingue haut*, le lingot. *Le mague haut*, le magot, *le bale haut*, le ballot. *Le cule haut*, le culot. *Le goule haut*, le goulot. *Le mule haut*, le mulot. *Le bille haut*, le billot. *Le mine haut*, le minot. *Le supe haut*, le suppôt. *Le gare haut*, le garrot. *Le cueule haut*, le clos. *Le cade haut*, le cadeau. *Le bade haut*, le badaud. *Le rouge haut*, le rougeaud. *Les cises haut*, les ciseaux, *cises* = dents. *Le corbe haut*, le corbeau. *Le tombe haut*, le tombeau. *Le tu huis haut*, le tuyau. *Le gâte haut*, le gâteau. *Le muse haut*, le museau, etc., etc.

La lecture des analyses suivantes dans lesquelles nous démontrons que les syllabes : *bé, bée* ; *cé, cée*, etc. ont évidemment désigné la bouche, se fera couramment, si le lecteur a bien compris les exercices précédents :

Au-bé bés, au bébé. *Au-bé diens-ce*, obédience. *Au-bé lige-moi*, oblige-moi. *A-bé aie-ce, toi* ; abaisse-toi. *En-bé aie t'ai*, embêté. *In-bé c'ist le, in-bé sie-le*, imbécile. *Ce a-bé est, tire* ; s'abêtir. *Rejeux in-bé*, regimber. *Suque ou suc on-bé*, succomber. *La bée-attitude, l'abbé-attitude*, la béatitude. *La gueule bée* = la gueule ouverte. Le bec se prononce populairement le *bé* : il est ouvert pour recevoir et fermé pour donner. C'est une pointe et un gouffre.

Le *vé* et le *bé* sont une même chose. *A-vec* = à-bec et a formé *avec* qui se prononce naturellement *avé*. *Aver* est une première forme de *avoir* : Peux-tu *l'aver*? = Peux-tu *l'avoir* ou l'atteindre? De là le rapport entre : *laver*, *lavoir*, *la voir*. La première que l'on aperçut était au *lavoir*, dans l'eau ; on chercha à *la voir* et à *l'avoir*. La première reine ou raine est celle des blanchisseuses; car, en prenant le sexe, les ancêtres blanchissaient. Le sexe se formait dans la partie blanche, comme neige. *Queue homme n'ai-je*?

Je l'ai le à-vé, je l'ai lavé. On le lavait avant de le

prendre au bec. *Je l'ai ce au-vé,* je l'ai sauvé. On sauvait en emportant *au vé* la chose en danger : *la chose en dents j'ai,* je l'ai ce au-vée. Ce le vé = ici le bec. Cet ordre faisait *se lever. Beux à-vé,* baver. *Beure à-vé,* braver. *Ai nerf vé,* énervé. *Entre à-vé,* entraver. *Je l'ai en-le-vé,* je l'ai enlevé. *Je l'ai sous le vé,* je l'ai soulevé. Ce que l'ancêtre avait ravi ou soulevé, il le plaçait devant lui, sous le bec, *sous le vé. Je suis re le vé,* je suis relevé. *Peux à-vé,* pavé. *Ai peure où-vé,* éprouvé. *T'eure où-vé,* trouvé. *Mange, au-vé j'étale,* au végétal. *Le à-vé l'eau-ci l'ai,* la vélocité. On accourait à l'eau avec vélocité.

Vé se confond avec *fé* et *fée. In-fé ce l'ai,* infesté. *Agre à-fé,* agrafer. *Beux où-fée,* bouffez, bouffée. *Ai teux ou-fé,* étouffé. *Pis à-fé,* piaffer. *Peux où-fé de rire* ou derrière, pouffer de rire (de rire = derrière). *Ce rebeux is-fé,* se rebiffer. *Au-fé tiche,* au fétiche.

Ague à-cé, agacer. *Come en-cé,* commencer. *Ence en-cé,* encensé. *Ince en-cé,* insensé, *in sang ç'ai. Je l'ai ce au-cé,* je l'ai saucé. *sue cé,* sucer. *Peux en-cée,* pensez, pensée, pansée, pansez. *Peux où-cé,* pousser. *Peux-in-cé,* pincer. *T'eux où-cé,* tousser. *T'raque à-cé,* tracasser. *A-cè tique,* ascétique. *Cé l'éris té =* au bec tu l'auras toi, célérité. *Cé c'ist l'ai,* cécité. *In-cé sibe-le,* incessible. *En-cé duque ce y on,* en séduction.

Heux à-ché, hacher. *D'ai beux où-ché,* déboucher. *D'ai beux au-ché,* débaucher. *Ai veux ès-ché,* évêché. *T'eux où-ché.* toucher. *Beux où-ché,* boucher. *Cueule au-ché,* clocher. *A moure à-ché,* amouracher. *A peure au-ché,* approcher. *Cueure à-ché,* cracher. *Ai fare où-ché,* effaroucher. *Meux où-ché,* moucher. *Peux en-ché,* pencher.

Je l'ai en-dé, dins ou *tiens;* je l'ai en dédain. J'ai en dédain ce que l'autre me montre en son bec. *A-la-dée aie-ce,* à la déesse. *En-dé duque ce y on,* en déduction. *En-dé bine,* en débine. *En-dé bis,* en débit. *Au-dé beau l'ai,* au débotté. Offre inattendue. *Ce en-dé bris d'ai,* sans débrider. *Un-dé bris*, un débris. *Au-dé ce aie, au-dé c'est*, au décès. *En-dé gous*, en dégoût. *Au-dé pens*, aux dépens. *En-dé pos*, en dépôt. *Au dé-ce tins*, au destin. *Cueule en-dé, ce tins*, clandestin. *En-dé taille*, en détail. *On-dé vore tout*, on dévore tout.

Engue à-gé, engagé. *Re en-gée*, rangée. *Boule en-gé*, boulanger. *Herbe à-gé*, herbager. *Meux en-gé*, manger. *Pote à-gé*, potager. *A pane à-gé*, apanager. *Beux où-gé*, bouger. *Peule on-gé*, plonger. *Ceux in-gé, sein j'ai*, singer. *Vois, is à-gé*, voyager.

A compe à-gné, accompagné. *Reux au-gné*, rogner. *Ace is-gné*, assigner. *Inde is-gné, in-di-gné*, indigné.

Au-gué, au guet. *Beure is-gué*, briguer. *Dis, ce teux in-gué*, distinguer. *Ce reux in-gué*, seringuer. *Dive à-gué*, divaguer. *Veux au-gué*, voguer. *Au-lé gus-me*, au légume. *Au-lé vite*, au lévite. *Ai tis au-lé*, étiolé. *Ise au-lé*, isolé. *Afe au-lé, à faux l'ai, à faulx l'ai*, affoler. *Ave à-lé*, avaler. *Cage au-lé*, cajoler. *Qu'on ceux au-lé*, consoler. *Rigue au-lé*, rigoler. *Ce reux où-lé*, se rouler. *Vis au-lé*, violer. *Veux au-lé*, voler. *Y c'est en vole ait*, il s'est envolé. *Mis au-lé*, miauler. *Pis au-lé*, piauler.

En-mé pris, en mépris. *En-mé conte*, en mécompte. *En-mé nage* emménage. *Afe à-mé*, affamer. *Ace on-mé*, assommer. *Queux à-le-mé*, calmer. *Ente à-mée*, entamée. *Peule ùs-mé*, plumer. *Reux à-mé*, ramer. *A-me-né*, amener. *Ce peux on-ta-née, ce ponte à-née*, spontanée. *Abe on-né*, abonné. *Boute on-née*, boutonnée. *Deux en-né*, damner. *Ente on-né*, entonner. *Ai ce pis on-né*, espionner. *Peure au-né*, prôner. *Reille on-né*, rayonner. *Sure en-née*, surannée. *Tâte on-né*, tâtonner. *Teurc au-né*, trôner. *Dans le né ans*, dans le néant.

A-pé t'ist, à-pé tis, appétit. *Au-pé is*, au pays. *Un-pé pins*, un pépin. *Ce à-pé tille*, ça pétille. *Ai cueule au-pé*, écloppé. *D'ai veule au-pé*, développer. *Gale au-pé*, galoper. *Gueure in-pé*, grimper. *Le à-pé, le happer*, lapper. *Peux à-le-pé*, palper. *Peux on-pé*, pomper. *Reux en-pé*, ramper. *Atre à-pé*; *à te, rehappe ai*, attrapé; *teure en-pée*, trempée; *teure on-pé*, tromper.

On-qué mande, on quémande. *Ate à-qué*, attaquer. *Beule au-qué*, bloquer. *Cueule à-qué*, claquer! *Eve au-qué*, *Eve au quai, ai voqué* = j'ai appelé, évoquer. *Cueure au-qué*, croquer. *D'ai feure au-qué*, défroqué. *Ai ce cueure au-qué*, escroquer. *Ai ce tome à-qué*, estomaquer. *Inde is-qué*; *Hein, dis qu'ai?* indiquer. *Ce meux au-qué*, se moquer. *Meux en-qué*, manqué. Tout cela se faisait au bord du quai.

En-ré pons-ce, en réponse. *Pris eù-ré*, prieuré. *Time au-ré*, timoré. *Deux au-ré*, doré. *Ai vape au-ré*, évaporer. *A cape à-ré*, accaparé. *D'ai veux au-ré*, dévoré. *One au-ré*, honorer. *Pique au-ré*, picorer. *Save où-ré*, savourer. *Je l'ai, c'est ré*, je l'ai serré, je l'essaierai.

A-té tés, à-té l'ai, à téter. *A-té me oins*, à témoin. *A-la-tée tine*, à la tétine. *Tu l'as au-té*, tu l'as ôté. *A-té ce l'ai*, attester. *Haut ce t'ai, ris té*, austérité. *In-té gris t'ai*, intégrité. *In-té ce tins*, intestins. *Beux on-té, Bon t'ai*, bonté. *Come une au-té*, communauté. *Gigue au-té*, gigoter. *Le ois, is au-té*; loyauté. *Pare en-té*, parenté. *Prive au-té*, privauté. *Queux en-ti-té, cante is-té*, quantité. *Ce en-té, sang t'ai*, santé. *Vole on-té*, volonté. *Aime en-té*, aimanté. *Beure où-té*, brouter. *Deux où-té*, douter. *Ai pouve en-té*, épouvanter. *Suce au-té*, suçoter.

Au-zé, osé. *Au-zée*, osée, osez. *Re au-zée*, rosée. *Ame ùs-zé*, amusé. *Beux ès-zé*, baiser. *Beule às-zé*, blaser. *Ai peux où-zé*, épouser. *Peux au-zé*, poser. *Peure is-zé*, priser. *Reux ùs-zé*, ruser. *Abe ùs-zé*, abuser. *Ave is-zé*, aviser.

A-bré j'ai, abrégé. *Teux in-bré*, timbrer. *A-cré dis t'ai*, accréditer. *A-dré ceux ai*, adresser. *Peure en-dré*, prendrai. *Beux às-fré*, bâfrer. *A-gré abe-le*, agréable. *Meux au-gré ai*, maugréer. *Beux on-gré; meux à-le-gré*, bon gré malgré. *In gré-diens*, ingrédient. *A-pré hende ai*, appréhender. *A-pré sie ai*, apprécier. *Beux au-pré*, beaupré. *En-tré*, entrer. *Où-tré*, outré. *Ce veux au-tré*, se vautrer. *Neux ûs-vré,* navrer. *Ceux ès-vré,* c'est vrai.

Ces quelques pages permettent d'analyser tous les mots et dans toutes les langues, avec de légères modifications dans les sons. Il y a donc deux principes dans la parole : l'analyse du mot montrant sa formation dans un appel et une offre à la bouche. L'esprit et les mots rendent témoignage de la vérité de ce premier principe que connurent les ancêtres, sans y attacher d'importance. Le second principe ou la grande Loi d'après laquelle les mots et les phrases parlent un langage propre, selon l'esprit avec lequel on les considère, ne semble avoir été connu d'aucun ancêtre. C'était le secret de l'Éternel-Dieu.

DE L'UNITÉ DES LANGUES

Ce n'est que pour notre faible intelligence qu'il y a plusieurs langues, l'esprit unique de Dieu qui les a toutes créées n'en voit qu'une, c'est la parole, son fils unique. Lui seul aussi comprend entièrement chaque langue, car le mot et la parole se présentent à ses yeux dans leur caractère d'éternité ; nous, nous ne pouvons examiner ce caractère que par l'étude spéciale de chaque particularité. L'homme animal ne comprend qu'une face de sa propre langue et s'en croit le maître.

Nous allons donner quelques exemples de l'origine unique des langues. En dialecte normand on prononce *haute* comme l'allemand *Haut = peau.* La première *peau* était *haute,* à une extrémité. En français *haute* se prononce comme *ôte* et *hôte*. Donc cette peau *haute,* on *l'ôtait* à *l'hôte* qui était ainsi obligé ; c'était celle du prépuce et tout enfant est un *hôte* sur la terre, où il subit encore souvent la circoncision.

Mord en allemand se prononce *morde* et désigne le *meurtre* ; donc le premier *meurtre* se fit *en mordant. Thor* et *Narr* désignent le *fou*. Le *Thor* se *tord* et se contrefait, le *Narr* est celui qui *narre*. Le premier se reconnaît à ses actes et on le met *à la porte*, qui en allemand se dit également *Thor*, le second divertit par sa *narration*.

L'allemand *Begriff* = *compréhension*. Il est formé de : *Bec griffe* = prends au bec. L'ancêtre griffait pour faire prendre et comprendre. *Demande* se dit *Verlange*. Pour bien indiquer qu'on demande, quoi de plus expressif que de *faire langue*, ou allonger la langue sur les lèvres ? On sait que le dieu allemand ou le *Gott* a vécu en France où le baisait la *bigotte*.

On fait venir le mot *Tramway* de l'anglais, mais ce n'est pas autre chose que le dialecte *Tire à moué*, ordre donné pour se faire tirer sur une branche d'arbre ou autrement.

Le mot *Tréma* signifie *ouverture* en grec. Nous comprenons ainsi les extrêmes, *exe-trêmes*, se touchent. *Exe-trême y t'ai*, extrémité. *Y sent trême, y le centre est me, ils s'entr'aiment*.

La mauvaise prononciation des étrangers, bien loin de causer une perturbation dans l'analyse des langues, en montre au contraire la parfaite unité. Ainsi un Allemand prononcera : *che fous tis*, pour : *je vous dis*. Ce faisant, il démontre l'identité de *che* = *je*, *fe* = *ve* et *te* = *de*. On en peut tirer la conclusion que le mot *schoen* = *beau*, se prononçant *cheune* n'est autre que notre mot *jeune* et *jeûne*, jeunesse et beauté n'est-ce pas même chose ? La jeunesse est la beauté du diable. Aussi les *jeunes jeûnaient*. Ils servaient souvent de pâture aux autres et trouvaient difficilement la leur. *Die Vase* = *le vase* et se prononce = *Fase*. *Donner* = *tonnerre* et se prononce identiquement avec le son *d* au lieu de *t*.

Moïse parle d'un peuple, grand et nombreux (Deut., II, 20) que l'on nommait *les Zamzummins*. L'esprit nous montre en ces *gens humains* un groupe de nos ancêtres exilé vers le Jourdain, et ne sommes-nous pas les *gens humains* de la terre, puisque les premiers nous avons affranchi la nation *israélite qui sera élite* et redeviendra la race élue pour dominer sur terre après avoir reconnu ses erreurs qui ont fait partie de sa mission : Dieu le veut.

Ainsi on voit, par ce peu de mots, que la pluralité des langues et la mauvaise prononciation des étrangers, ne troublent en rien l'unité de la parole, mais en confirment au contraire la parfaite identité par toute la terre. Si cela n'était pas, si deux langues étaient soumises à deux esprits différents, il serait aussi impossible que les êtres se comprissent qu'il est impossible de comprendre les animaux et de s'entretenir avec eux ; tandis que de l'unité de l'esprit de Dieu et de la parole sur la terre, nous pouvons hardiment conclure que dans tous les globes habités, des humains y sont nos semblables corporellement et spirituellement, mais plus ou moins avancés.

DE LA TERMINAISON *ment*

Te mans = tu manges et aussi : toi, mange. Comme c'était une tromperie fréquente, *te mans* devint *te mens* = tu mens. *Te man* = ton bec. *Te mans*, *te mens*, et *te man* ont formé les finales des mots en *tement*. *Sue in-te-man*, *c'ust in-te-man*, suintement. *T'ins-te, mans*. *T'eux in-te-man*. *T'ins, te mens?* Tintement. *Qu'est le tins, te mens? dehors eille*. Quel tintement d'oreille ! Je te pousse *fors, te mens*. Je te pousse fortement. Je te le dis *haut, te mens*. Je te le dis *hautement*. Je te le dis *net, te mens*; nettement. Je lui ai dit *ça n'est, te mens; ça n'êtes, mens*. Je lui ai dit ça nettement. *Aie le vice in-te-man*. Elle vit saintement. *Je vis ceint, te mens?* Je vis saintement. Tu dis *tout ce hautement; tout ce haut, te mens*. Tu dis *tout*, *sot, te mens.* Tu dis tout sottement. *Vis en-vie, te mans.* Viens *vis, te mens?* Viens vitement. Prends *vite, mans.* Prends vitement. *Peure on-te-man;* prends *prompt, te mens?* Prends promptement. *Par peur on te ment,* pars promptement. *Prez.en-te-man; prez-en, te mens; présent, te mens?* présente-m'en, présentement. *Qu'est le abe à-te-man;* qu'est là bat, te mens. Quel abattement! *Afre est, à frais, te mans; affrète-men,* affrètement. Affréter = apprêter. Je l'ai, *j'eus ce, te mens.* Je l'ai justement. Prends *l'ai ce, te mans. Laisse, te mens.* Lestement. Je *lève, le vais? te mens?* Je lève le vêtement. *Vois-tu? mon vœu est, te mens?* Vois-tu mon vêtement? Le sexe sous le nom de vœu est le premier vêtement. Qui porte un vêtement en vertu d'un vœu, affiche sa nudité. Les ancêtres levaient le vêtement pour se glorifier de leur sexe et le vêtement en reçut son nom, comme le voile de : vois-le.

Je fais *bœuf est, te mens?* Tu fais bêtement. *Bœuf est te* = tu es bœuf ou bête, *bœuf êtes,* vous êtes bêtes. L'ancêtre *bœuf* était incomplètement sexué et on le faisait ou mangeait de préférence. On disait dernièrement : nous ne sommes pas *des bœufs,* pour *des bêtes.*

Le port t'ai de roi, le porter droit. Tu ne peux le porter *de roi, te mens.* Tu ne peux le porter droitement.

Ilà j'iz, peule à-te-man; ilà j'iz plat, te mens? Il agit platement. *Y l'est ton bé, happe là;* il est tombé à plat.

C'est un *nœud ai,* c'est un *né, vais, ne mens.* C'est un événement. *L'éve ai, l'ai vez, ne mens.* L'apparition du sexe fut l'événement surprenant et la découverte spirituelle que Dieu nous en fait, est l'événement culminant de l'histoire humaine.

M'ai compte en-te-man. Mécontentement. *A part te mans,* appartement. *Card, car* = regarde. *Ai card, te mens?* Écartement. Le *grand té card.* La grenouille fait naturellement le grand écart et l'homme y revient en s'exerçant, *en sexe air, sens. En sexe hersant. En t'est, te mans, te mens. En-tête mans,* entêtement. *Exe acte, te mens*. Exactement. *Ai trou est, te mens*. Étroitement. *Cons-ce en-te-man*. *Qu'on sens, te mens?* Consentement. *D'ai part, te mans*. Département. *Dis, ce teint que te mans* = ce que tu manges laisse couler le sang et tu en es teint. Les prêtres étaient couverts du sang qu'ils buvaient, la parole le dit distinctement. Je te le dis *ouvert, te mens*. Je te le dis *ouvertement*. *Part faites-m'en*. *Parfait, te mens*. Tu mens parfaitement.

Ne mans = je mange. *Ne mens* = ne mens pas et je ne mens pas. C'est tout *bon, ne mens, le a-vére y t'ai, le a-vé rite ai*. C'est tout bonnement la vérité. *Ce air t'est, ne mens*. *Certes est, ne mens*. Certainement tu le vois. *A-ban donne-m'en*. *Abe en-don, ne mens*. *A-bande, on ne ment*. Abandonnement. *A-beu, abe, on ne ment*. Abonnement. *A feu exe ist, on ne ment*. Affectionnement. *Baille, on ne ment*. Baillonnement. *Bouille, on ne ment*. Bouillonnement. Vois mon *case air, ne mens*. Vois mon casernement. Les premiers soldats se casernèrent, *ce caserne air*, dans les arbres. *En-prise, on ne ment*. *En-prise ons, ne mens*. Emprisonnement. *Entre est, ne mens*. Entraînement. *Étale, on ne ment*. Étalonnement. *Fis, ne mens*. Finement. *Fris-ce, on ne ment*. Frissonnement. Ceux qui étaient frits ou mangés, frisonnaient, *frit son nœud est*. *Gare ne mens; petit gars, re ne mens*, petit garnement. Je suis le *gueu ouvert, ne mens; le gouve air, ne mens*. Le gouvernement doit laisser voir ce qu'il reçoit et ce qu'il donne. Il se présente la gueule ouverte. *Per eau ce terre, prosse terre, ne mens*. Prosternement. Ceux qui sortant de l'eau s'approchaient de terre, se prosternaient devant ceux qui étaient sur le rivage. *Re eille, on ne ment*. Rayonnement. *Qu'est le tâte, on ne ment*. Quel tâtonnement. *En ce iens, ne mens*. Ancien ne ment. Anciennement. *Haut t'es, ne mens*. Tu parles hautainement. *Ce ouvert est, ne mens*. Tu peux juger souverainement. *Vis l'est, vile est, ne mens*. Vilainement. *Quel heureux aise onz, ne mens*. *Quel heureux aise ! on ne ment*. Quel raisonnement !

Je mans et *je mens* on formé la terminaison *jement*.

Je fais ça, *je mans*. Je fais sagement. *A l'ai je mans*. C'est un allègement. Un bon *j'eus, je mans*. Un bon jugement. Le bon jugement mange ce qu'il a à juger et ne juge qu'après avoir digéré. *Au l'eau, je mans*, au logement. *Dans mon l'eau je mans* ; *dans mon lot, je mans*, dans mon logement.

En-man explique *amment* et *emment*.

A bonde en-man, abondamment. *A pare en-man*, apparemment. *Arde en-man*, ardemment. *Coule en-man*, coulamment. *Coure en-man*, couramment.

Ai tonne en-man, étonnamment. *Ai lègue en-man*, élégamment. *Ai vide en-man*, évidemment.

Gale en-man, galamment. *In cesse en-man*, incessamment. *Inste en-man, in ce temps mans*. Instamment. *Mèche en-man*, méchamment. *Peux rude en-man*, prudemment. Prends raide en bec. C'est le langage du méchant ; l'esprit prévient *prudemment*. La prudence veut qu'on se méfie d'autant plus que l'offre est alléchante, pressée, impérieuse ou violente. Un appel chaleureux et entraînant cache toujours l'hameçon trompeur. L'esprit de Dieu dit : Examinez toutes choses. Sondez les Écritures (Jean, v, 39). Prenez garde que vous ne soyez séduits (Luc, xxi, 8).

PRO = PER OU PAR EAU

A per eau pris-le, approprie-le. *Là, per eau preux l'ai*, la propreté. *Nous, à per eau fonde, irons* ; nous approfondirons. *Per eau fond*, c'est profond. *Per eau fonde ait m'en*, profondément. *Profe* = prouve ou éprouve. *Profe onde* = éprouve l'eau profonde. *Per eau grès*, avance par eau, progrès. *Père au-grès* ; le progrès se fit dans l'eau et sur le grès. Le grès est la première formation terrestre. L'esprit voit là, dès le commencement, la première *per eau gression*, progression dans l'eau, vers la première proéminence, per eau éminence.

M'ai neux à-jeu, m'ai nage, en-mé nage, en ménage. Nous sommes *en Mai nageons,* emménageons. Le premier ménage parut en Mai. Le *mé nageait* et *les mées nagèrent*, le ménager et les ménagères. *Le mé,* c'était *l'est mé,* l'aimé; *la mée,* c'était *l'est mée,* l'aimée. *Mé* et *mée* était un appel à moi. On les voyait, *en balade ils nagent,* en baladinage.

Age a même valeur que *nage*. Ainsi *agire,* c'était *à-jeu ire* et nager. On agira, *on nage ira*. Dans *le mare ils agent* = ils nagent dans la mare, dans le mariage. Le ménage et le mariage commencèrent dans les mares et en nageant. La grenouille seule s'accouple en nageant. Dans le *voie y age,* dans le voyage. Le premier se fit dans une voie d'eau. Quand on était *à court d'eau,* on accourait dans les *cours d'eau*. La première *cour* était un *cours* d'eau où se tenait la *cour*. *Au-mouille age,* au mouillage. *A-la-rive age,* à l'arrivage. *Au-sauve age*. La *sauve* était un cours d'eau où se sauvait le sauvage et où il nageait. *Eau je nage, au jeune âge; ô jeune âge!*

Nade = nage, c'est le radical de l'espagnol *nadar* = nager. *Ards-le qu'il nade,* vois-le qu'il nage. *Arlequinades.* Les grenouilles sont des arlequins bariolés. *Là, feu en phare on nade: fanfaron nade,* la fanfaronnade. Dans *la mare ils nadent,* dans la marinade. Les *mées nadent,* les Ménades. *Mé nade* = nage à moi. Dans *les dragues on nade,* dans les dragonnades. L'ancien dragon nageait dans les dragues. *A la cante on nade,* à la cantonnade. La *cante* était le centre d'un canton. *A l'aque ente* = entre à l'eau. *D'ai cante,* décante. *Labe à-cante*. La Bacchante. *Le à-bac ente* = entre dans le bac ou ruisseau. Lorsque *la cante* devenait *aride,* on éprouvait l'effet de la *cantaride*. On chantait dans les *cantes,* lieux aimés de la cantatrice. De ce qui précède, il est clair que *nade* valut *nage*, et par conséquent: *Là, per eau me nade* = ici par eau je nage. La première promenade eut lieu sur l'eau. Va *te pere au mener; per eau mène* le petit. On va *se per eau mener;* où *se per eau mènera-t-on? La paire-homme nade* nous montre une paire faisant la première promenade. Donc le mâle et la femelle portaient le nom *d'on, d'homme*. La grosse *dondon* était un *on* de l'onde. *D'onde on*. Le nom *homme* a là son origine commune et il désignait deux êtres également insexués. L'homme spirituel n'a pas de sexe. Je puis *te le per eau mettre* ; *per eau mets-le-moi*. Je ne *te le per eau mets* pas. D'où *per eau vient* cela? D'où cela peut-il *per eau venir? Que per eau jette-t-il?* On a *per eau jeté* quelque chose. On a *tout per eau fané*, profané. *Faner*, c'était *per eau jeter*, projeter de tous côtés, comme on *fane* le foin ; c'était souiller les eaux. *Per eau jai niture* ou nourriture pour ma progéniture. *Per eau monte (v)oire,* promontoire. On les voit *se per eau mouvoir*. Je te l'ai *per eau posé. Per eau pose-le-moi*. Que me *per eau poses-tu ?* Le vois-tu *se per eau filer?* se profiler = il suit le fil de l'eau. *Per eau* a varié avec *preau* et *préau*. Le *pré-eau* était la mare au milieu d'un pré. C'est dans le *preau* que l'on *per eau créa*, procréa. *Mon preau c'est, per eau c'est,* j'ai perdu mon procès. La question d'eau est une cause continuelle de procès. *La per eau* ou *preau cession* était une procession pour obtenir de l'eau. Les grenouilles n'y manquent jamais. *La per eau éminence* était une éminence dans l'eau où se plaçait qui avait la *proéminence : per eau ai mis nœud en ce*. Puisque *per eau mener* ou promener, c'était nager dans le *preau* ; *mener* signifia *nager*. *Me né* = *moi né, moine ai*. Le moine est un des premiers nés ; *né* et *ner* = nager. *Je nais* et *je nage, jeune est* et *jeune âge,* c'est tout un. *Naître* et *nager* se sont confondus dans le principe. *Je te meus, nais ; je te menais. A-mène, à-méne, amène,* valait donc au bec et à la nage. *A-mène y t'ai,* aménité. On nageait dans *le Maine* et *la Maine* où les eaux étaient agréables et où se plaisaient *les anges vains*. L'eau du Maine formait le domaine, *le d'eau maine. Ce d'eau m'ist, c'ist le ; ce domicile* est le mien. *Eau ai, eau ai, viens eau d'eau d'eau.* Ohé ! ohé ! viens au dodo. Il *me surmène* = il me nage dessus, il me surmène. *Qu'est le sur me nage* = Qui est là me nage dessus. Quel surmenage !

Tout ce langage nous montre une conversation d'êtres vivants dans les eaux et sur le bord des eaux. C'est là que toute la parole a été formée et toute la parole le dira ; nous ouvrons la porte et restons dans le vestibule, au lecteur de se diriger plus avant.

LE RAT ET LE SERPENT

L'ancêtre ne voyait que son sexe, il le voyait partout ; partout c'était la queue qui le frappait. Le mot *rat, re a*, désigna le sexe mâle et le premier qui vit un rat n'en vit que la queue. *Quel re a!* quel rat! Le rat doit donc son nom à sa queue démesurée. *Le rat bat !* — Rabats-le. Et nous avons l'origine du *rabat*. Je vais te le *rat battre*. J'ai *rat battu*, rabattu. J'ai *le rat beau*, le rabot. *Rat beau t'ai*, je vais te le *raboter. Ce rat corde ai*, ils vont se raccorder. *Le rat fermit*, je le raffermis. *En rat j'ai*, je suis enragé. Je *le rat longe*, je le rallonge. *Y rat mol ist*, il ramollit. *C'est un vieux rat, mol ist*, c'est un vieux ramolli. *Au rat, au raton, le tends !* — Aura-t-on le temps ?

Je *bats, le rat pelle*, je bats le rappel. *Man, tan, san* = mon, ton, son. *Man rat pelle, tan rat pelle, san rat pelle*, sont devenus : je m'en rappelle, tu t'en rappelles, il s'en rappelle. *Tu tan rat pelleras ; tu tends, rat pelleras* ; tu t'en rappelleras. La chose dont on se rappelle le plus profondément, si on n'a pas été débauché avant l'âge par la circoncision ou autrement, c'est le pelage du rat, le dépouillement du prépuce. Comme l'ancêtre était surpris par les violentes érections, son *rat pelait, se couronnait* peu à peu, *pape*, et il en éprouvait des souffrances analogues à celle de la vierge déchirée par le rat pelant.

Aussi l'expression : *je m'en rappelle*, est-elle une des plus enracinées dans l'âme française. L'ancêtre avait le bras court, il ne pouvait de sa main *le rat peler*, ni *le rat voir*. Quand un nouveau criait ses souffrances, ceux qui avaient passé par là s'en rappelaient. Le verbe *peler*, *peux l'ai* et *pelle = pais-le = mange-le*, était alors bien formé, car la *pelle* ou *peau* s'offrait à la bouche qui fut la première *pelle* et la grenouille mange *sa peau, l'appeau* qu'elle préfère. Plus tard les enfants des hommes, les gamins se pelèrent le rat et ceux-là disent : *je me le rat pelle, je te le rat pellerai*. Ils se rappellent leur enfance ; mais l'enfance de l'humanité, ils ne s'en rappellent pas.

Le sexe, sous le nom de rat, rendit les dieux radieux, *rat d'yeux*. Ils sont *radis eux*. (*Rade ist =* C'est raide.)

Le radis du mot radieux nous dit que le gland du diable était de la grosseur du radis, c'est aussi celle du gland du chêne. La corolle de la digitale nommée gant de Notre-Dame, etc., nous montre la grandeur moyenne du gant ou sexe féminin des premiers êtres : il y a rapport convenable avec le radis et le gland, on en peut déduire la taille de nos grands-parents : diables et diablesses.

Ainsi que le rat, le serpent est originairement la queue du diable. Le serpent n'est qu'une longue queue traînante. *Le ce air pend, le cerf pend*. Le cerf-volant est bien une queue volante et pendante. L'ancêtre serpent pour inspirer confiance montrait sa queue pendante, il avait alors l'air radouci, *rat doux c'ist* ; *l'air mite*, l'ermite ; mais aussitôt qu'il tenait sa victime trop confiante, il lui faisait baiser la croix, la martyrisait, l'égorgeait et la mangeait ensuite. Sauf le dernier acte, on trouve encore de ces monstres parmi les animaux à face humaine; les souffances des autres font leurs âpres délices.

La force sexuelle est seule créatrice de toute la parole humaine, comme elle l'est de tous les humains. Elle a aussi engendré tous les vices et toutes les vertus.

JE SUIS. L'ÊTRE

Ce eus, ce ûs, sus. Je sus ist, jeu sus ist. Je suis. Je suis, de *suivre,* montre que celui qui *était, suivait* ; et aussi qu'il était *sus* ou *sur* son devancier. *Je suis, qu'on tend* ; je suis content. Vois-tu *ce huis,* suis-moi. *L'huis, l'ûs ist.* L'allemand *bin* = *suis,* d'être. Son rapport avec *biner,* indique un objet redoublé, accouplé. *Biner,* c'était s'accoupler et, après, l'animal débinait sa femelle : *d'ai biné, d'ai binée.* L'allemand *schwimme* et l'anglais *swim* = nage. C'est une variante du français = *suis-mé* ou suis-moi. Donc celui qui était, suivait en nageant. Il suivait sa femelle et les deux faisaient la paire, ils pouvaient *seuls à pert mettre, cela permettre.*

L'italien *sono* = *suis* et je *sonne.* Il en est de même en nos dialectes où *je sons, nous sons,* sont apparentés avec le *son.* Ce fut donc au milieu d'un tapage formidable, au son des cloches, que les ancêtres devinrent des êtres nouveaux, s'accouplant sexuellement. Sur les eaux se mouvait *un être* immense présidant à un *naître* immense. L'homme *n'est, naît,* à toute sa perfection que dans l'union avec sa moitié ; par conséquent, il est d'une logique sublime que le verbe *être* exprime l'union de nos deux ancêtres qui alors étaient *un.* (Le verbe être contient deux propositions. Gr. logique.) Le mâle suit naturellement la femelle ; elle fuit, lui poursuit. C'est encore ainsi chez les enfants du diable ; les fils et les filles de Dieu vont au devant les uns des autres, avec franchise et vérité.

Nous sommes des êtres et le verbe être constitue notre Être éternel. Il est très remarquable que ce verbe est entièrement modifié à chacun de ses temps. Ce verbe nous dit que et qui nous *étions,* des dieux ; que et qui nous *fûmes,* des démons ; et ce que nous avons été, des grenouilles. Cela nous fait trois états radicalement différents et disparus ; nous *sommes* ; *nous, ce homme*, mais nous devons être encore : nous *serons*, car il nous faut achever notre *être*. Les premières périodes sont celles des animaux parlants que nous fûmes. L'homme présent est animal et esprit, conscient de soi par la connaissance de Dieu. L'avenir nous réserve un état de pur esprit, de corps intelligent n'ayant ni chair ni os. Ce corps spirituel nous le portons déjà en nous, car la vie antérieure de l'être dont nous avons le vif souvenir ne peut être anéantie par la vie présente, infiniment plus intense que celle des ancêtres vivant en nous.

ÈRE, AIRE, AIR, ERRE

Aie-re, est re, ès-reu. La première *ère* est celle de la formation du sexe, c'est *l'ère* de la création. Le cri se modifiait suivant les circonstances et *l'air* variait sans cesse : *l'air* du visage se conformait à *l'air* de la chanson. Je n'aime pas *son air* et *son nerf* ; ces idées *sonnèrent* ensemble. Celui qui avait *un nerf terrible* avait aussi *un air terrible*. Quand on offrit le manger à ce cri : *ès-reu* et *en l'ère* = en le bec, *en l'air*, où volaient les mouches et les insectes, ce cri désigna le manger et *l'air* est l'aliment par excellence, celui dont on ne peut être privé même momentanément. Les mères offraient le manger à leurs petits dans des nids qui furent appelés *aires*, ainsi que les endroits où l'on préparait *l'aire*. A celui qui ne savait pas obéir au cri *aire*, l'esprit disait : *erre, tu erres*. Le cri *nerf* se transforma aussi en *naire*, le nom d'un manger : *D'ai bon naire*, débonnaire. *D'ai bon, naire t'ai*, débonnaireté.

Le son *air* comporte toujours l'idée de redressement, d'élévation, de choses en l'air, ce qui est d'ailleurs l'essence de la parole. *La fie air t'ai*, la fierté. *La vie air j'œu, la vie erge*, la vierge. Le diable à ce cri poursuivait *la vierge*. Air *j'ai* a formé *erger* = redresser. *Le queue l'air j'ai*, le clergé. Le clergé est connu pour porter *la queue roi*, la croix. *Ce gobe air j'ai*, le vois-tu se goberber. *Ebe air j'ai*, héberger. *Sube-me air j'ai*. Qui donnait cet ordre submergeait son esclave, il le surmenait. *Y l'ai queue l'air*, il éclaire. *Coude ton nerf*, coup de tonnerre. Pendant l'éclair on faisait remarquer l'inconvenance de *l'ai queue l'air* et l'ordre de *couder* ou rabattre l'objet devint le coup de tonnerre. *Le ton'nœud air*, le tonnerre. Le signe de la queue roi ou de la croix répond, chez les démons, à l'éclair et au coup de tonnerre, car les esprits des grenouilles se gardaient ainsi des premiers éclairs, lesquels furent les créateurs du mot.

AILE, ELLE, ÈLE. LE PÊCHEUR ET LE PÉCHEUR

Aie-le, est le. Appel dans les eaux en agitant les *ailes*, premier nom des bras, donné aussi à l'eau agitée. *C'ist aile, c'ist èle* ou *c'ist elle* valait : c'est de l'eau. Le premier *ciel* fut le sexe donnant l'eau du ciel. *L'eau fit ciel*, c'est officiel, rien n'est plus certain. *Eu* et *eux* valurent aussi *eau*. *Dio, dieu* et *dieux*, montrait l'eau : *Dis eau, dis eu, dis eux*. *L'ist eu* = c'est de l'eau et *l'yeu* n'est-il pas de l'eau ? Le premier *lieu* ou *l'yeu* était au milieu, *eau m'ist l'yeu* = j'ai de l'eau dans l'œil ou le sexe. Cet *œil* faisait ouvrir *l'œil* de l'ancêtre dieu. L'œil de Dieu signifie : le regard de Dieu. L'œil des cyclopes est leur sexe. Dieu est en tous lieux, mieux : en tous *l'yeux*, en tous les yeux. C'est là qu'il faut regarder, si l'on veut voir Dieu face à face. *Le d'yeu* méchant porte en lui un dieu méchant, et le *bon d'yeu* un dieu bon.

Elle, il, eux, ce fut d'abord neutre. Continuons à montrer que *èle* désigna l'eau : *A l'allant d'èle* = au cours de l'eau, *A La Landelle*. *Cité d'èle* = cité d'eau, citadelle. La première était au milieu des eaux. *Fis ce èle* = vois cette eau. Celui qui était ficelle promettait de l'eau et happait avec une ficelle. *Che happe èle*, le sexe est la première chapelle. *Chat pelle* et *chat peau, che a pelle, che a peau,* nous montre un objet, *ça* ou *chat*, recouvert d'une peau. Le premier chapeau fut placé sur le sexe. *Chat* signifie *ça* dans : je n'achète pas *chat* en poche. *Pare à l'aile* ou *l'èle*, ordre de prendre à l'eau et au côté, au bras, alors on était *parallèle*. Le dauphin, fils du roi, est le dernier dieu marin ; car les premiers fils de roi restaient amphibies jusque vers l'adolescence, *la d'eau laissance,* Or, le *dauphin* se dit en italien *delfino*. *D'èle fino* = *d'eau fin*. Les enfants sont toujours de petits dauphins ; mais le désir de se vautrer dans l'eau et la boue disparaît vers l'adolescence. Il est ainsi amplement démontré que *elle* ou *èle* et *aile* ont une même origine dans les eaux : *origine-èle*, originel ; *origine-ale*, original ; *origine-eaux*, originaux ; *èle* = *ale* = eau et eaux.

Eche èle = sors de l'eau, échelle. L'italien *scala* et *escala* = échelle et vaut aussi : sors de l'eau. *Esca là, esca-ala. Esca* = appeau et sors ; *ala* = aile ou eau ; L'expression : *star sulle ale* = être sur les ailes et signifie : prêt à sauter. Or, pour sauter, on ne peut se placer sur les ailes, ni sur les bras ; mais l'ancêtre s'élançait de la surface des eaux à terre. *Le ale* = les eaux. Les premières échelles servirent donc à sortir des eaux, c'est pourquoi les ports de l'Orient se disent : les Échelles du Levant. Faire escale qui indique une sortie de l'eau, vaut également faire échelle ou escalier, *escale y ai*.

Esca présentait donc un appeau et appelait à terre. Le mot *peux esca* ou *pesca* est l'impératif du verbe *pêcher* italien : *pescare*. De rigueur, *éche*, radical d'échelle = *esca* radical de *escala*. *Peux éche* ou *pêche* ou *pèche* dit aussi : prends l'appeau. Pécher et pêcher, c'était un même acte. *Pez ch'ai, pez ché*, péché, pêcher. *y pez chair*, ils péchèren . Le péché était l'offre d'une amorce qui prit le nom de péché. C'était aussi le lieu où l'on pêchait, et où le diable cherchait à faire tomber les faibles. Chacun appelait dans l'élément où il était le plus fort. On détestait le péché, on le craignait ; mais il était plein d'attraits et d'appas. Il fallait fuir ou bien on se laissait séduire et le péché, le piège du diable, conduisait à la mort. Le péché se continua par les hommes tant qu'il y eut des dieux marins que l'on pêchait et que l'on dévorait, c'est pourquoi le péché offense Dieu. Celui qui se laisse tenter et est victime de sa faiblesse, est pardonnable ; son péché ne va pas à la mort. Le vrai pécheur est celui qui, semblable au pêcheur, tend des pièges à celui qu'il veut dévorer, dont il convoite la personne, les biens ou l'honneur. C'est le violent qui tue et pille, c'est le menteur qui ruse et appâte pour saisir sa victime. Pour celui-là il n'y a ni pitié, ni pardon. C'est le diable, le grand premier être de la création. C'est lui qui fut le premier pécheur et le premier pêcheur.

L'esprit du diable incita les hommes à détruire les derniers dieux et à les dévorer. Par conséquent l'homme parricide méritait la mort ; c'est pourquoi l'homme, en la personne de Jésus, a été mis à mort pour satisfaire à la justice de l'Éternel. Mais Dieu, le Père, ayant laissé frapper l'innocent pour le coupable, le pouvoir dans le ciel lui a été retiré et remis entre les mains de l'esprit de Jésus. C'est l'esprit de Jésus qui a toute puissance dans le ciel et sur la terre (Math., XXVIII, 18). C'est l'esprit de l'homme sain d'esprit. Par conséquent le règne du dieu animal est passé, il a été chassé du ciel. Le Dieu que l'homme adore est l'Esprit créateur des dieux et des hommes. C'est l'esprit de l'Éternel-Dieu commandant, dans le ciel et sur la terre, par l'esprit du Seigneur Jésus, par l'esprit de l'Homme.

BARREAU, BARRAGE, BARAQUE, BARAGUE

Ces quatre mots indiquèrent une clôture entourée de barres dans les eaux. Le premier *bar* ou *barre* était un lieu barré, dont on éloignait les étrangers aux cris : *Bars, barre*, valant : *Pars, clos*, va-t'en. Ces ancêtres qui barrèrent les eaux établirent les premières frontières et furent les premiers *barbares*. Plus une frontière est fermée, plus le peuple est barbare.

Age, aque et *ague* ont désigné l'eau. *Peux l'age*, prends l'eau, *plage*. La plage, *l'appelage*, le *happe l'age*, *lappe l'age*. *Les rives age*, les rives de l'eau, *les rivages*. *L'aque* a formé *lac*. *Là veux ague*, la vague. *Beux l'ague*, bois l'eau, blague. La *blague* consistait à offrir une boisson trompeuse, contenue dans une vessie devenue la blague à tabac. On commença à porter l'eau dans ces blagues qui furent aussi appelées : pot et peau, pots et peaux.

Le barre-eau, le barre-age, la barre-aque et *le barre-ague*, c'était donc, dans le principe, une délimitation de la propriété des eaux. Dans le barreau se tenaient des démons très bavards qui défendaient les droits de leur corporation, *corps-peau-ration*, ils dévoraient ceux qu'ils séduisaient par leurs beaux discours. Comprends-tu *ce barre-ague où ils nagent*, ce baragouinage? Voici un *barre à gouin* où *on barre à gouine*. Les maîtres du barreau insultaient les étrangers et leurs ennemis, ils les appelaient *gouins, gouines* et *sagouins*; ils leur barraient les eaux. C'étaient des démons mâles s'arrangeant entre eux, car l'avocat est l'ennemi de l'avocate. Gouine est synonyme de grenouille, au figuré.

On voit que le barreau a une haute origine et que son esprit est toujours celui des premiers temps : l'exclusion des étrangers, une corporation diabolique où on barre à gouin et à gouine. Les premiers qui établirent des barres firent des embarras, *en barre as*. Les avocats en font beaucoup. Ce ne sont pas des fils de Dieu et, comme leur père, le diable, ils ne discernent pas le bien du mal : ils plaident le pour et le contre avec la même inconscience.

FÈRE, FAIRE, FER

Feux aire, feux ès-reu. Fère = prends et bec. Le sexe est le premier *fer*, quand il était *en feu air*, il était *en fer* et les souffrances de *l'enfer* sont dures. Alors aussi les démons croisaient le fer, *queue roi z'ai, est le feu air. Quel en feu air!* Quel enfer! disait-on quand l'air était en feu. *Faire* est un premier verbe *manger*. Rien à faire, c'était rien à manger et l'ancêtre mangeait tout le jour, ou s'ennuyait, s'il n'avait rien à faire. Toute la conjugaison du verbe *faire* nous montre un premier verbe *manger. Faites, fête, faîte*, montre les fêtes où l'on mangeait sur le faîte des loges et des collines. *Fis* et *fils, fissé* et *fils*, montrent le père offrant à son fils. *Ferai* et *frai, ferais* et *frais*, montrent un manger : *le frai* et une qualité du manger: *le frais*. La chose offerte était souvent effrayante. *Ai frais, effraie. Frais y ai*. Je ne veux pas *frayer* avec toi. La commune origine de *fasse* et *face* est évidente. *Ai fasse-le* = *efface-le*. *Ai-facé* = j'ai mangé. Je l'ai effacé. L'écolier *efface* encore sa faute, sa tache d'encre, en la mangeant. *Tout ai facé*, j'ai tout effacé. *Ferons* et *front* ont un ordre de manger pour origine. Le cri *à* montrait le fondement. *A frons* ou *afre ons* était une insulte de bête rampante, un *affront*. L'offre du manger était souvent un piège : *A frons, t'ai là mords*. Qui obéissait, par besoin, *affrontait la mort*.

A fère-le, aferre-le. *En-fère mets*, enfermait, enfermé. *En-fère m'ai*, je l'ai *enfermé*. *Au-fère*, je te l'ai *offert*. *Dans-le en-fère* = Tiens-le en bec. *Dans l'enfer*. Celui que le bec déchirait, que le diable dévorait, était dans l'enfer.

L'enfer est dans la bouche de l'homme. Les pitoyables hommes que la terre a produits seront jugés sévèrement et ce sera leur enfer. Il n'y aura de grands que ceux qui auront combattu pour la parole jusqu'à la mort ; les saints et les martyrs de Jésus.

LE RIRE

Le re ist re, l'heure ist re, le rire. *Le re ist, l'heure ist,* le ris. Le sexe est l'origine des jeux et des ris. *Ris* ou *ri* = raide. Le *ris* marquait les différentes heures et chacun attendait son heure. Les ancêtres se jouaient, *ce jeu où est ?* ainsi dans les eaux et le moindre *ris d'eau*, rideau, les faisait apparaître et disparaître. *Gu'ai ri* valait : *j'ai ri* et est devenu *guéri*. Le malade ne fait la guerre qu'après être guéri. *Rite* = ri ou ris. *Cibe à-rite*, Sybarite. *Je l'iz rite*, je l'irrite. *Gu'ai rite*, guérite. *Fave au-rite*, favorite. J'ai *la margue rite*, la marguerite. *En feu ist te rite* = ta rite est en feu, Amphitrite. *J'ai rite*, j'hérite. La première possession dont on hérita fut celle de la femelle ; pour entrer dans son ciel, il fallait avoir le *rite* qui donnait le droit de s'emparer de l'endroit. Celui qui veut hériter du ciel doit prendre *sa queue roi*, sa croix, et suivre le Christ, ne point fléchir devant la croix d'un autre, ne reconnaître aucune puissance spirituelle visible. *Ai rité* valait : j'ai chevauché et est devenu : j'ai hérité. L'allemand Ritt = la cavalcade, et les rites religieux sont des souvenirs des cavalcades diaboliques de nos ancêtres, les démons ; ce sont eux qui formèrent ce régiment de plongeurs à cheval dont ils nous rabâchent les oreilles pour leur propre amusement. Le *rire* appelait en arrière du rampant. *Derire* = derrière. Tu n'as pas besoin *derire* ou *de rire* ? J'ai été pris d'un *fou derire*. Le fou qui attaquait un mâle par derrière faisait naître *le fou de rire. Ame à-mou in derire*, il cherche à m'amoindrir. *Il se a noins drissé*, il s'amoindrissait. *On le voit ce, à moindre ire*, on le voit s'amoindrir. En parlant ainsi, *à moins de rire*, vous voulez m'amoindrir.

ROITE ET ROIDE

Roue es te, roue êtes = tu es roue ou raide = *roite*. L'ancêtre à roue était roux, analogue à rouge. *En roue ai, ce en roue ai!* Qui jetait ces cris le faisait si fort qu'il *s'enrouait*. Il décrivait des roues avec ses membres et en tournant sur lui-même. On voit que le *rouet, roue est. Roue ai, roue ai de coue* ou de queue. Celui qui était *roué* ou *roi de coue, rouait de coups* celui qui ne voulait point le gober. *Roi te l'ai, roite l'ai*, criait le roitelet. Le roitelet est ainsi dénommé de sa petite queue toujours *roite*. *J'iz roite*, criait l'ancêtre *girouette*, en faisant *la pirouette, la pie roite*. La pie a même origine que roitelet et, en principe, tous les oiseaux du ciel.

La *deul* ou *de roite* est à l'origine la *droite*, car la main droite secourait *la deul roite*, c'est l'adroite. *Le feu roi* était un ordre de roidir le premier feu, et l'on constatait que *le froid* s'y opposait. *La queue fais roide*, tu as *la queue froide*; *la queue fais raide*, tu as *la queue fraide*. Dans notre langue le mot *raide* est emprunté à un dialecte et *froide* à un autre. *Fraid, fraide, raide* et *raite* ou *rête* sont du dialecte normand; *froid, froide, roide* et *roite* ou *rouette*, d'un autre dialecte. Ces deux dialectes se sont confondus ensemble avant qu'il y eût des hommes sur la terre. Il n'est pas besoin de passer les monts et les mers pour t'étudier, ô homme! Tout est en toi, car tu es en tout : Tout est en tout. C'est la croix de ma mère. C'est *la queue roide, ma mère*. Ainsi la queue roide est la vraie mère des humains. Tout objet honorable est un symbole visible de cette animalité honteuse.

HIER, IÈRE, ARRIÈRE, DERRIÈRE, DERNIÈRE

Y aie-re, y est re, ist air, ière, is-ère. Appels en arrière d'un rampant d'où le mot *hier* = *derrière*. *Are ist air, are* = *air*. En italien *air* se dit *aria, are y a. Me aire* et *me are* ont fait : *mère, mer, maire* ; *mare* et *mart*. Marie a pour origine *mart* et *mare ist*. Les enfants de Marie sont des enfants de la *mare* ou du *mart*, du braque.

A-ri aie-re, offre de ce qui était *arrière*, du sexe; et, par conséquent, c'était un animal rampant qui parlait. *A narf ist air,* en arrière, lui répondait-on. L'appelant se portait en avant et soulevait l'arrière pour obtenir satisfaction. *Art ist air,* le premier art fut le sexe du rampant; c'est à reproduire sa forme que *s'exercèrent, sexe air serre,* les premiers artistes. *L'art* et *lard* naquirent ensemble. Le mot *air* prit donc son nom à l'arrière, où l'on montrait *la particulière, la partie cul ist air, la particule ist air.* C'est là que l'on sentit le premier *air* et le premier *vent.* C'est là aussi que se trouve la montagne de la fable d'où il en sort. Le premier *air* et le premier *vent* sortirent à la suite de grondements *souterrains, sous tes reins.*

Le mot *derre* ou *dère* désigne le derrière. L'appel vers ce point *exaltait, exe alte ai, le préféré, le preux ai fait ré. Meus au derre toi,* lui disait *la minaudière, là mis nœud au dière,* et la rage de l'appelé était telle que: *meus au derre, toi,* devenait: *modère-toi. Der* = *le,* en allemand. C'est l'article masculin; cet article, ainsi que le nôtre, était donc au derrière. *Der hier* = le hier, derrière.

Derne est formé de: *der nœud* = le nœud. *Meus au derre nœud,* est devenu *moderne.* L'accouplement sexuel est moderne ainsi que le monde actuel qui lui doit sa vie. Le monde ancien naissait du frai après un collage antérieur à la venue du sexe. *Le derne y ai,* le dernier. *Au derne y ai* = j'ai au derrière. Donne cela au dernier. *Der nœud ist air, la derne ist air*. A cet appel venait *la dernière*. *La queue arrière*, la carrière. Le sexe est la première carrière. Le choix d'une carrière est important. *Ce meus arrière*, à cet appel les ancêtres *se marièrent*. On se *maria, Maria*, d'abord par un accouplement arrière, *à rier, ce mart y ai, ce meux à rier*, on les voit *se marier*.

Nous voyons dans ces mots un appel vers le sexe, par conséquent, il est fait par un rampant. Presque toute la parole présente cette origine et c'est un des points qui se manifesta le premier à notre esprit dans nos profondes pensées. Le cri *que* ou *queux*, surtout, montre un être qui appelle à son cul. *Qu'eus? Qu'eus-le? A que c'est? axe est, accès. Qu'ons ce? ois-le. Conçois-le? Le qu'ons ce ois-tu?* Vois-tu ce que j'ai ici? *Le conçois-tu?*

La grenouille est cet animal qui appelait en arrière de soi, et sur son dos ou sous elle. Ainsi que le prêtre, elle rampe bien sur la terre, mais elle ne peut se mettre sur le dos ; il est même difficile de l'y maintenir et, si on la laisse tomber, comme le chat, elle retombe toujours à plat, sur ses pattes. Dans aucune religion le prêtre officiant ne doit se mettre sur le dos, cela révolterait tous les démons qui sont en lui.

ENVERS, EN VERS, LE VER

Nous avons vu que les ancêtres avaient, en général, une construction inverse de la nôtre. Le déterminatif se plaçait après le nom : *Saumon, mon saut. Bouton, ton bout. Chanson, son chant. École, l'écot. Foule, le fou. Hausse, ce haut. Boursette, cette bourre*. L'adjectif se plaçait avant le nom : grand'mère, bon homme, mauvais sujet, ont précédé : mère dévouée, homme grossier, sujet révolté. On trouve des phrases à deux faces : *jeté je t'ai cela, je t'ai jeté cela ; gelé je l'ai, je l'ai gelé ; vous lavée l'avez, vous l'avez lavée*.

T'eus tu, tu t'eus. Tutu. *Qu'ou cou? Cou qu'ou?* Coucou, etc.

Toutefois l'Esprit ne s'impose ni règles ni lois, la construction de nos ancêtres n'était qu'en partie inverse de la nôtre, assez cependant pour que la distinction du langage des dieux soit l'inversion, c'est pourquoi celui qui écrit en vers place de nombreux mots à l'envers. L'homme *allant droit* a placé les mots *à l'endroit* où ils sont; les ancêtres *allant ver*, allaient en ver, en rampant, montrant le vert de leur dos, les diables verts, et ils mettaient leurs mots *à l'envers*. Ils s'appelaient *à l'envers*, comme le prêtre appelle son servant, en arrière, pour lui agiter la sonnette. Le diable était un *vieillard vert* prenant la *vieille à revers*. Les ancêtres se caressaient et s'accouplaient à l'envers et l'Éternel les y a laissés, ils sont en arrière de nous; bien qu'ils soient les premiers êtres, ils sont les derniers; ce sont de purs animaux, nous ne pouvons les servir sans nous dégrader.

C'est parce que les esprits de ces ancêtres sont déshonorés par la connaissance de la vérité, que l'homme éprouve en lui une répugnance à reconnaître son origine dans les pères que nous lui faisons connaître. Ces esprits que nous portons en nous, sont confus et confondus. Ils sont précipités du ciel où ils trônaient et ramenés à l'état de bêtes qu'ils étaient, qu'ils ne sont plus, bien qu'ils soient (*Apoc.*, XVII, 8).

Veux ès-reu, veux air. Le sexe est le premier *ver*. Le premier qui l'eut fut un verrat, *un ver a*. Ce ver fut le premier verrou, *le ver où?* L'animal ancêtre prit ce nom : Je suis un ver (Ps. XXII, 7). L'appel vers le sexe créa l'esprit de *vers, vers saut, vers ce eau, verseau, verso*. L'offre d'eau et de vers de terre fit donner à la bouche le nom de *verre*. *Ce en-verre gogne*, disait l'ancêtre *sans vergogne*. Les vers furent une nourriture fréquente et de là vient que les enfants en ont si souvent. Le diable vert est bien connu; la peau d'Uranus était aussi verte, analogue au vair, c'était un vairon.

Ver j'ai, vert j'ai, verge ai, ver je t'ai, vert jeté, vergé, vergeté. Ces cris étaient jetés à l'époque des démons vergetés et possédant la verge. Ils étaient couverts de raies et affreusement tachés. Le premier qu'une mère enfanta fut l'agneau sans tache.

Quand le ver perça, l'ancêtre s'écria : *Je perce, ai ver* ; je persévère. *J'ai percé, ver ai* ; j'ai persévéré. Le diable était un *père sévère* criant persévère ; c'était aussi un *père vert*, le vieux pervers. *Qu'est le? per vère sis-té.* Quelle perversité !

FAIM, FIN, FEINT, FEINS

Feins : prends. Offre sans donner la chose, d'où : *j'ai feins* devient : *j'ai feint* et le détrompé crie : *j'ai faim*. Le *fin feint* de donner pour faire approcher, il indique que c'est peu visible, que c'est *fin*. *Fin* désigna la bouche. *En-fin*, enfin je le tiens. *A la fin* je l'ai. Je cède *à la faim*, cède *à la fin*. C'est *la faim* et non *la fin* qui justifie les moyens. *A feint que* je la suive, *afin que* je la suive. Le mot *famine* est né d'une feinte : regarde qu'elle fait ou *fa mine*, de donner et ne donne rien. Regarde qu'elle fa-mine !

Feindre donne *feigne*. Le *feignant feint* de travailler. Le *paresseux* dédaigne sa part et ne se montre pas. *Quelle part est-ce!* Quelle paresse ! Il faut *qu'elle paraisse* et non *qu'elle paresse*. *Feignant, feignante* et *feignantise* sont des héritages de nos dieux ; *fainéant, fainéanter* et *fainéantise* sont des inventions des faiseurs de néant. *Feignant* ne se dit en aucune langue *fait néant*. On peut ne rien faire, on ne peut faire le néant.

Les mots vivants et appelés à vivre jaillissent de l'âme humaine ; les mots savamment fabriqués appellent la juste colère de Dieu. L'esprit sain les a en aversion : ce sont de splendides fleurs artificielles déshonorant et faisant rougir les simples et charmantes fleurs naturelles.

PARE, PART, PARS, PAR, PARC

Pare est formé de : *peux à-reu, à-peu are, peux art*. Le sexe est le premier *art*. *Peux art ai, pare ai*, paré. On *parait* l'attaque de qui montrait son art, *son narf, paré*, je suis *pré paré*, préparé. Nous avons vu que le premier être donnait à son sexe le nom de *pré*. Le prêtre se dit : *il pré*, en italien, c'est un vieux mot. Le prêtre parut le premier : *j'ai pare eu*, j'ai paru. Je *pare être ai* bientôt, je paraîtrai bientôt. Ceux qui n'étaient pas sexués ne paraissaient pas, *ils noeud étaient pas*, ils n'étaient pas. Je commence *à pare être*, le premier qui commença à paraître fut un être *à pare et à part* : il se tint *à part*, comme le fait le prêtre qui est un être *à part*. Les premiers qui *pare eurent*, montrèrent la première parure. J'ai *le pare, eille*. On ne tenait pas à voir un *pare* ou *part* pareil au sien. C'est bon, j'ai le *pareil*. Le *pare* fut d'abord peu apparent et *pare* prit la valeur de sembler que l'on trouve dans *parmi*. *Pare mi*, l'est mort = il me paraît mort. Parmi les morts. *Y le me pare est, qu'on tend*. Il me paraît content. *Ce à ce qu'on pare* = ceci ressemble à ce que j'ai. Ça se compare. Celui dont *le pare* était *fait* était parfait et quand le *pare* était *venu*, on était parvenu. Tout cela se passait dans des parcs remplis d'ombrages et de bassins, le *bat sein*.

Je *te à pare tiens*, je t'appartiens. Tu *me à pare tiens, tu ma part tiens*, tu m'appartiens. Ceux qui *se à pare* ou *à part tenaient* s'appartenaient. Je te *part donne*, je te pardonne. *Part donne-moi*, pardonne-moi. Le don du sexe, puis du manger, indiqua le pardon. *Part don, par don, pars donc. Part tire*, il faut partir. *A part aie ici*, apparais ici. Ils vont *à part être*, apparaître. *Dis, ce part aie et* disparais. *Pars*, tu as ta part, *part ici, pars là, par ici, par là*. *Pare tout* = prends tout. Partout je te vois. *Cette part t'ist,* cette partie. Vois-tu cette *partie qu'eus le ?* Vois-tu cette particule. Les particulières, les parties-culières, les parties cul lièrent avec du lierre. Tout nous dit que l'on voila de bonne heure la particulière.

Pare eù-bleu, par bleu = par le bec. Parbleu. Le *pare* est l'origine de la parole. *Pare l'ai*, parlai, parler. *Pare-le*, parle. *L'a pare au-leu ; là, pare eau le. Peux art au-leu. Pare eau le* = L'eau apparaît. L'origine de la parole se confond avec l'apparition du sexe. Ceux qui n'avaient pas le sexe ouvert, n'avaient pas la parole, leurs cris ne méritaient pas ce nom ; mais les non-sexués apprirent beaucoup des sexués et les uns et les autres s'entendaient parfaitement. Des modifications de la bouche et du nez rendirent la voix des sexués plus claire et plus harmonieuse.

Nous avons ainsi suffisamment démontré l'unique origine du cri *pare*. Nous ne faisons que toucher à des sujets qui demanderaient des volumes. Les œuvres de Dieu sont si immenses que nous ne savons comment les arranger.

OIRE ET IRE

Oire est formé de : *où aie-re, ous ès-reu, où est re, où air*. La première valeur est celle de *prendre*, puis celle de *voir*. *Oire* devint *voir* par l'adjonction de *vœu* ou *veux*. *Veux oire* = prends voir. *Vous air* = prends en l'air. Avoir est formé *avé oire*, boire de *beux (v)oire*, couloir de *coule oire*, miroir de *mire oire*, gloire de *gueule (v)oire*. Elle fait sa poire, *ça peux oire*. On va s'asseoir, *ça se oire*. Ne voit-on pas les anges prendre place et contempler le ciel ? Donc où on s'asseyait, on *ça se eillait*, ou regardait, où les anges s'assoyaient, ils *ça se oyaient.* Ici on s'asseoira, *on ça se oira*. Il est encore fréquent d'employer *oire* pour *voir* : Que veux-tu *oire* ?

Le verbe *oire*, origine de voir et avoir, est le premier auxiliaire : *oqué-ce, y l'ist air*, et le verbe de la vision, de ce qui est à voir. L'œil est l'organe ayant le plus besoin d'aide. L'aveugle réclama le premier auxiliaire. C'est l'auxiliaire *avoir* qui nous aide à voir, en esprit, la formation des ancêtres et de la parole.

Par la même raison que *oire* = voir, *ois* = vois et comme *de* = *te*, dois = *de ois* = je te vois. Cela se disait en désignant avec le *doigt* ceux qui étaient dans le *doit*, le *douet* ou le *doué* et aussi le *douit*. Doit, doué, douet et douit désignent les mares dans l'ouest de la France. Le radical est *doux* et le *Doubs* nous montre une mare en mouvement. *On-doit y ai, on doux est y ai, onde où est y ai*, nous montre où l'on ondoyait. Dans l'onde, dans le doux et le Doubs, dans le doit. *Au doit iens*, appel fait par le doyen, un ancêtre marin. Quand *doi* valait *toi*, la personne à laquelle on parlait était dans l'eau, dans le *doit*; mais quand on dit *toi*, elle était sur le *toit*, *toi* est venu après *doi*. Un *doigt* de vin est une petite mare, le *doit* n'était pas très grand. On se plaisait dans les eaux douces. Le sexe y était doux. *Le doux ai rier*; là, *doux ai rière*. Je suis *doué rier*, *doué rière*. Le douairier, la douairière. Ce disant, le rampant montrait a *rier* ou *à rière* de soi son sexe dont il était doué. Ce fut la première dotation, *dos t'as ce y onz*. Qui criait *à-ma-doué, ame à-doux ai*, amadouait. Mon *doué est re*, mon *doux ai air*, mon douaire. Le sexe est le premier douaire que prenait la veuve sur le corps de son époux, de là est venue la diabolique coutume d'arracher le cœur des cadavres pour en faire un prétendu honorable étalage. Le douaire était aussi une mare possédée par la douairière et le douairier, le *douaire y ai*. Le *douar* arabe a la même origine.

Ois-le = vois-le. C'est là *te ois le*, c'est la toile, c'est *là tout est le*. C'est *l'atout, aie-le*. Langage des ancêtres quand ils commencèrent à cacher leur sexe avec la toile. *Vois-le* se disait aussi en soulevant le voile et la voile. La femme qui soulève son voile montre la nudité de son visage, le sexe ; c'est pourquoi, en Orient, les femmes sont déshonorées, si elles se dévoilent. *Ce d'ai vois-le*.

Le verbe *ire* = aller et est un auxiliaire disparu ; sa première valeur était celle de prendre, le verbe *ire* donne, sous différentes formes, la terminaison de tous les verbes, à tous les temps et à toutes les personnes. Le radical de tout verbe est donc un complément de *ire* ou prendre, un nom ou un pronom précédé d'une préposition exprimée ou sous-entendue, car l'ancêtre ne prenait pas quelque chose, mais à ou de quelque chose. De là vient que les verbes à l'infinitif sont généralement précédés d'une préposition : *à*, *de*, *en*, etc.

Ainsi *savoir* est une abréviation de *assavoir*, *à ce avoir* ou *à ça voir*. Boire est *beu oire* pour *à-beu oire*. Boire = à boire. Puisque c'est en incitant au sexe que les mots se formaient, il est clair que l'on prenait au sexe. Tout mot est naturellement au datif. Entreprendre, c'était *prendre* (à) *entre*. Lire, c'est *le ire*, prendre *le* ou *à le*. Or, on voit que *le* montra le sexe, *l'œuf* primitif. Le verbe *ire* changea assez rapidement sa valeur de prendre en celle de voir et d'avoir, car avant de prendre on voulut *savoir* et *ça voir*, c'est pourquoi l'idée de voir se trouve un peu dans la plupart des mots. C'est l'idée de *voir* qui a formé le verbe aller : *Je vais, tu vas, il va* signifiait : *Je vois, tu vois, il voit*. Pour mieux *voir* on allait et une nouvelle idée naissait. *Vais* est une forme de *vère* = voir qui se trouve dans *verrai*, *vère ai*. *J'a vais* valait : *j'ai vois*. La chose montrée, insecte ou autre, venant à s'échapper ou disparaître, *j'a vais* devenait : *j'avais*. *Ilà ai che happé, bais-le* (*bais* = *vois*). Il a échappé belle. Qui montrait ce qu'il avait happé, en ouvrant le bec, le laissait échapper. L'animal l'avait échappé belle. Le radical invariable de *naître* est *ne*, *neuf* ou *nœud*. *Naître* c'était prendre le *neuf* ou le *nœud*, *neuf* ou *nœud être*. La personne *née* avait un *nez*, avec la venue du sexe une transformation complète s'accomplit. Le *de* ou *deul* qui est une particule nobiliaire (*nœud au-beu, y l'ist air*) se montra avec les parties nobles. *Devoir*, c'était faire voir son *deul*, faire son devoir. Le premier devoir étant de croître et de multiplier, cela ne se peut faire en cachant sa naissance, *çà nœud est, sens-ce*.

Pleuvoir et *plaire* ont pour radical invariable *pleu* ou *pleut, peux-le*. Le *pleu* est le sexe qui le premier commença à pleuvoir, *happe-le oire*; à plaire, *happe-le air*, et et qui *plut* de deux manières différentes. Quand il ne *plut* plus il cessa de plaire. *Le sein pleut*, disait le simple. *Là sein pleut, ici t'ai; le à sein pli, sie t'ai*. La simplicité, comme la charité, ne soupçonne point le mal.

Nous répétons ici la grammaire logique : le vrai radical d'un verbe en est la partie invariable.

LA SALOPERIE

Voici *les salauds pris* ; ils sont dans la *sale eau pris*, dans la *salle aux pris*, dans la *salle aux prix*. Les *pris* étaient les prisonniers que l'on devait égorger. En attendant le jour *des pris* qui était aussi celui *des prix*, on les enfermait dans une *salle*, une eau *sale*, où on leur jetait des *saloperies*. Là, on les insultait, on les appelait *salauds*. Le *pris* avait du prix. On le dévorait et, pour tendre un piège, on offrait du pris et du prix : c'est du prix. — C'est duperie, répondait le sage. N'accepte pas de prix, ô homme, c'est duperie. Les distributions de *pris* ou de *prix* n'allaient pas sans diaboliques cérémonies où Satan préside sur une estrade. S'il connaît un homme, il se garde bien de l'inviter à ses duperies, où l'on voit le résultat de son surmenage, *sur me nage* ; car ses pauvres victimes applaudissent à ses sottes péroraisons, à ses vibrantes allocutions empreintes du plus pur patriotisme, comme les pauvres claqueurs d'un parterre. Pauvres enfants, du matin au soir, stimulés; non pour vous, mais pour leur gloire. Vengez-vous, pauvres anges, de la *salle aux prix*. Crachez sur ces démons qui ont la prétention de faire des hommes et portent de longues robes pour cacher leurs jambes de serpents ; ces aveugles qui mettent la lumière sous le boisseau ; qui ont pris la clef de la science et ne sont point entrés, mais empêchent ceux qui veulent entrer (Luc, XI, 52). Ils sont les ennemis de toute vérité qui ne les encense pas. L'homme ne veut plus être nourris de leurs saloperies. Gloire à l'Évangile que vous avez rejeté et honte sur votre philosophie et sur votre latin, car vous êtes les Romains qui ravagèrent notre pays où s'entend le chant du coq. Vous en avez menti, en affirmant que vous, troupiers romains, vous fîtes oublier à nos mères la langue de nos dieux et, ce faisant, vous avez insulté à nos mères. Qui vous honore accuse sa mère d'être une prostituée. L'homme est fatigué d'être votre esclave et ne veut plus être nourri de vos saloperies. Retirez-vous et faites place à la science de Dieu ; faites place à la vérité et à la liberté, à celle de l'enfant comme à celle de l'homme. Vous êtes les enfants du diable. Vous n'appartenez point à notre patrie ; votre chef est à Rome où se réfugia le vieux Saturne et où nous le retrouvons dans la peau de votre Saint-Père. Ha ! Satan, vieux rusé ! comme tu as su abuser tes petits docteurs ! Comme tu as su donner efficace à l'erreur, en sorte que les hommes ont cru au mensonge. (II Thess., II, 11.)

C'est de tes membres, ô Université, que je parle ; car ils font profession d'être au-dessus des superstitions religieuses et pour bien prouver qu'ils sont plats, vils et menteurs, ils donnent l'exemple de la servitude d'esprit au prêtre; ils lui demandent sa bénédiction et ses services dans la naissance, le mariage et la mort. Ils montrent ainsi qu'ils sont les derniers des esclaves, et qu'ils n'ont pas le modeste courage de conformer leurs actes aux sentiments qu'ils expriment. Ils chantent sur tous les tons : Faisons des hommes! faisons des hommes! — Laisse, ô pauvre Prométhée, laisse à Dieu le soin de faire des hommes et contente-toi de faire des enfants.

LE DRAGON ET LE SERPENT

Nous, dragons; *nous draguons, nous drague ons*. Madrague, ou *ma drague*, nous montre que la drague était un engin de pêche. Les dragons furent dénommés de ce qu'ils pêchaient les ancêtres marins plus faibles qu'eux pour les dévorer. Draguer, c'était traquer. Le dragon roux, le grand dragon de l'Apocalypse, qui est le diable, se voit là cherchant une proie à dévorer. Le dragon était un traqueur *d'ons*, *d'ons me* ou *d'hommes*. Ce sont bien là les fonctions des so dats que les dragonnades ont illustrés. *Der ague on* = L'on ou l'homme de l'eau.

Le lecteur tirera les conclusions qui lui plairont des rapports suivants : *nous, étalons*; nous étalons. *Nous, bouchons*; nous bouchons, *nous bouche ons. Nous, bouffons*; nous bouffons. *Nous, griffons*; nous griffons, *nous griffe ons. Nous, démons*; nous d'aimons On voit que le démon est menteur. *Vous, clairons*; *nous queue l'air ons*; *nous clers ons. Nous, fanfarons; nous feu en phare ons; nous fanfare ons. Nous, maçons*; nous massons, *nous masse ons. Nous, poissons*; nous poissons. *Nous, colons*; nous collons. *Nous, bâtons*; nous bâtons. *Nous, boutons*, nous boutons. *Nous, mentons*; nous mentons. Le mouvement du *menton* est l'indice du *menteur*; il marmonne de prétendues prières; car, comme les païens, il croit être exaucé en parlant beaucoup. (Math., VI, 7.)

Ce air pend. Le ce air pends ou prends. Le serpent montrait en l'air une chose à prendre et c'était un piège, *pis ai-je?* Le dragon et le serpent, c'est toujours le diable ou le prêtre. On sait que le prêtre est le plus fin des animaux humains. C'est le prêtre, sous le nom de serpent dans la Bible, qui séduit Ève; non pas une pauvre femme unique et pour un instant, mais l'Ève éternelle, qui est la femme et est partout soumise à ce monstre et lui amène son triste mari, le malheureux Adam, l'homme. N'est-ce pas aux prêtres que Jésus dit : Race de vipères (Math., xii, 34). Certes, il les considère hautement et les donne même en modèle à ses disciples : Soyez prudents comme des serpents (Math., x, 16). On ne peut penser que Jésus leur propose ainsi la couleuvre ou le boa. Ces serpents et la race de vipères, c'est le prêtre, le premier être, l'ancien serpent, qui est le diable et Satan. C'est ce serpent brûlant, ce serpent d'airain, *ce cerf pend des reins*, sans âme et sans cœur, que Moïse mit sur une perche et ceux qui le considéraient là avec mépris étaient guéris de la morsure et de la peur des serpents (*Nomb.*, 21). Le serpent était ainsi le malfaiteur puni et Jésus a été traité comme ce serpent, il a été mis au rang des malfaiteurs (Marc, xv, 28). Certes, ce n'est point dans cette ignominie que le considèrent ses disciples et ses frères, mais assis à la droite de la Majesté divine dans les lieux très-hauts (Héb., i, 3). L'homme ne sera guéri de ses maux que lorsqu'il élèvera sur une perche ou sur une croix la dépouille du serpent actuel; que l'on attachera au bois infâme la défroque de tous les cultes. On rendra ainsi aux prêtres, ces serpents brûlants, les honneurs qu'ils te rendent, ô Seigneur Jésus! depuis qu'ils te firent crucifier sur le Calvaire.

Le prêtre atteint sa perfection en l'évêque, le premier *Saigneur*, qui se nourrit de ses propres enfants, et leur inspira une terrible frayeur, le diable. Le lieu où le saigneur opérait, où il égorgeait un dieu, en le saisissant en sa bouche, *en seize*, était un *diocèse*, *dis au-seize*, un *dieu saisi* à la bouche laquelle formait une paire de ciseaux, composée de *seize* dents, huit à chaque mâchoire. Ainsi tant que le premier ancêtre n'eut pas de dents ou qu'il en eut moins de seize, ce fut un ange non cruel pour les siens; mais à partir de seize jusqu'à vingt, le méchant se développa de plus en plus. Le nombre *neuf* correspond au *nœud* et au *nœud air*, au *nerf* qui communiqua une force cruelle à cet ancêtre qui, certes, n'était pas sans valeur. Il était infiniment supérieur par son mâle courage, son mépris des souffrances, à la presque totalité des hommes actuels ; c'est pourquoi l'Éternel les a jusqu'aujourd'hui soumis à la puissance de ce maître du monde ancien, le premier père de l'homme, le grand-père.

Ainsi, lecteur, pense bien à cela, tu n'as qu'un père, qui est l'Esprit de l'Éternel, dans les cieux. Sur la terre, tu as pour père, le mari de ta mère, car tu es fils de l'homme. Mais si, par déférence ou choquante familiarité, tu appelles quelque autre du nom de père, tu renies ton Père qui est dans les cieux ; tu honores le serpent, tu es un enfant du diable. N'appelez personne sur la terre votre père (Math., xxiii, 9).

LE TONNERRE

Tonner $=$ donner. *J'ai tonne, ça d'ai tonne*, est devenu $=$ *j'étonne et ça détonne*. Aujourd'hui encore quand ça détonne, l'animal parlant dit volontiers : voilà pour toi. *J'étons né* $=$ je suis né. *J'ai tonné, j'étonnai. Je l'ai, étons né* ; *je l'ai étonné*, je suis étonné. Ce n'est qu'après être né que l'ancêtre tonna, fut étonné et tétonné, pourvu de seins. *Y l'ai ton nerf, il l'ai tonne air, ils étonnèrent, y l'ai tonnerre· Le ton nerf* fut le premier tonnerre, et ce nom passa au voisin qui *donne air, tonne air* et vent. C'est pourquoi on dit facilement quand l'orage est violent : ça pette fort.

L'ancêtre ne fut pas surpris par le tonnerre, son bruit lui était familier, bien avant qu'il pensât à lui donner un nom et, Uranus ou le Ciel ne pouvait donner, au bruit du ciel, un autre nom que celui du son qu'il rendait lui-même. En italien, *il tuono* désigne le tonnerre et tout son de voix ou d'instruments. *Il tuo nod* vaut aussi *le lien nœud* ou *nerf*. C'est ce premier tonnerre que l'on met dans la main des idoles de Jupiter et c'est l'excitation de ce tonnerre qui rendait l'ancêtre hardi, terrible et lui donnait une voix de tonnerre ; c'est aussi le sceptre des rois et le bâton du commandement. Puisque l'on dit d'un homme : il a une voix de tonnerre, il faut bien que le tonnerre soit en lui. D'autre part, le tonnerre est appelé la voix de l'Éternel (Ps. XXIX) et cela est aussi une vérité.

Le premier tonnerre fut donc la voix des ancêtres, la voix des anges puissants et, dans l'*Apocalypse*, les sept tonnerres, *laisse, est ton nerf, c'est ton nerf*, qui font entendre leurs voix, sont des esprits faisant connaître aux hommes le mystère de la création que l'Éternel-Dieu, le Père, avait caché à ses enfants. Les sept tonnerres pouvaient faire cette révélation, car nous sommes tous les enfants du tonnerre ; c'est le nom que Jésus donne aux deux frères : Jacques et Jean (Marc, III, 17). Or, pour que cela soit vrai, il faut bien que le premier tonnerre soit *le ton nerf*. Par une raison semblable, tous les hommes, aussi bien que l'Empereur de la Chine, sont fils du ciel.

LA MORT, L'AMORE OU L'AMOUR

La vie, c'est le mouvement ; la mort, c'est le repos.

Le premier mouvement remarqué fut celui du sexe. La vie sexuelle est l'origine de *l'amore, le à me ore, lame au-reu*. Ce cri se continuait jusqu'à l'absence de mouvement et alors, *l'a meux au-reu*, prenait l'esprit de la mort. Il est mort, il ne bouge plus. Cette mort n'était qu'apparente : la vie revenait pour s'éteindre et recommencer indéfiniment. Le sexe en amour est maître du corps qui doit le satisfaire, par des moyens que l'esprit approuve ou désapprouve ; de même l'esprit de l'homme vivant est plus fort en chacun que l'esprit de Dieu, qui est aussi dans l'homme ; mais aussitôt que le corps est mort, l'esprit de l'homme est entièrement soumis à l'esprit de Dieu, et le souvenir de ses œuvres lui est une joie ou un remords éternels.

Le sommeil est l'image de la mort ; or, dans le sommeil, le corps est mort, mais l'esprit sommeille, *ce homme eille*, il entre dans une vie propre dont nous avons connaissance par les songes et les rêves. La vie n'est qu'un songe ; donc à la mort, l'esprit entre en pleine possession de lui-même. Le songe est fini, la réalité commence. Personne n'a jamais mis en doute que le sommeil ne fût l'image de la mort et que la vie ne fût qu'un songe, car celui qui l'affirme, c'est l'Esprit de la parole lui même, c'est Dieu qui ne peut nous tromper. Il en résulte la certitude d'une vie spirituelle par delà la mort ; pars de là. la mort.

Ce qu'est cette vie spirituelle, nous ne pouvons le montrer d'une manière tangible. Il est certain que nous nous souvenons de l'existence des êtres qui nous ont précédés sur la terre, nous vécûmes donc avec eux tous. Nous devons nous attendre à vivre avec tous ceux qui viendront après nous, mais chacun selon ses qualités ou ses vices ; les simples et les bons, avec les bons et les simples, les méchants avec les méchants ; ces derniers devenant de plus en plus rares, car dans le royaume de Dieu le méchant sera retranché chaque matin.

Tu me fais *moult rire, mou rire, mourir*. L'ancêtre commença à mourir de plaisir, de joie, car on le faisait *moult rire* et *rire mou* ou mollement par des caresses tuantes. Je suis *ré, suce y t'ai*. je suis ressuscité. La première résurrection, *ré z'eus, re exe y onz*, est celle du sexe. Quand, après la sortie des engourdissements hivernaux, la vie rentrait dans les corps réchauffés et que le sang circulait, le réveil sexuel était une vie nouvelle. Mais le sexe n'était pas mort réellement, ni le corps non plus, et c'est l'image de la résurrection spirituelle, puisque les hommes sont tous membres de Dieu. En effet les ancêtres qui ont vécu avant l'homme ne sont pas morts, puisque les premiers êtres, qui sont les prêtres et ceux qui leur sont soumis, sont toujours vivants et que nous, les hommes de bonne volonté, qui ne sommes point soumis aux prêtres, nous devenons des prêtres et des anges, en devenant aussi des Fils de Dieu. Autrement, nous voyons que tout ce qui vivait, avant que l'homme fût, dans des corps vils et abjects, se trouve ressuscité et vivre aujourd'hui dans des corps glorieux, car l'esprit animal de l'ancêtre est glorieux de son corps droit.

Pour que l'Esprit dispose les choses à venir, il faut bien qu'il ait auprès de lui des esprits individuels qui dirigent les hommes à leur insu, selon les vues de Dieu. La vie spirituelle est donc, comme la vie animale, une vie individuelle et une vie générale. Dès cette vie, je sens que mon esprit vit en tous les hommes et en moi, comme l'esprit des vivants et des morts constitue mon propre esprit.

La preuve évidente que les ancêtres animaux sont spirituellement vivants, c'est que tout le monde est plongé dans le mal (I Jean, v, 19) et que Satan est maître du monde, bien que son règne touche à sa fin. Le diable, c'est le mensonge. Or, s'il est bon et honorable de porter des tiares, des bonnets d'évêque, des chapes, de se faire envoyer de l'encens au nez ; de s'accrocher à la boutonnière ou de se passer en licol des rubans, des ordres, de se dire chevalier et toute autre sottise ; de respecter des choses mortes, croix, cadavres, reliques, statues, hosties et autres diableries ; si cela est bon, on doit considérer comme honorable celui qui se livre personnellement à ces infamies. Mais cela n'est bon qu'autant qu'une classe au-dessus de l'homme ordinaire s'en sert pour voler au fils de Dieu, une considération usurpée. Tout cela est l'œuvre de l'esprit des animaux hiérarchisés et menteurs qui sont nos ancêtres. Les esprits des morts sont donc plus forts que les esprits des vivants. Ce qui distingue le Fils de Dieu de ces enfants du diable et du mensonge, c'est qu'il ne porte aucun titre honoraire, aucune marque honorable autre que son image d'homme ; il se fond dans la foule et dans l'humanité, c'est pourquoi Dieu lui soumettra l'humanité. Celui qui s'honore d'un titre ou du port d'un objet visible, fait honte à l'homme de Dieu.

La parole nous certifie encore dans son Livre de vie, avec le verbe *survivre*, que nous *sûr vécûmes* avant que les dieux fussent, que nous avons *sûr vécu* avec les dieux et avant que l'homme fût ; nous *sûr vivions* dès le commencement, et comme il est certain que nous *sûr vivons*, il est aussi certain que nous *sûr vivrons*, quand l'homme ne sera plus. Nous *sûr vivrions* même quand les éléments de tous les globes se dissoudraient, car il faut que nous *sûr vivions* pour repeupler les nouveaux mondes. Il n'y a de *sûre vie* que la *survie*. Ce n'est pas là du *surnaturel* mais du *sûr naturel*. Le surnaturel est pour ceux qui ne connaissaient point ta Toute-Puissance, ô Éternel Pi !

LA DROITE ET LA GAUCHE

Pour trouver la valeur première d'une syllabe, telle

que *gauche*, il faut changer : 1° le son vocal : *gauche*, *guiche*, *gache*, *gâche*, etc. ; 2° la dernière partie : *gaube* ou *gobe*, *gosse*, *gose*, *gogue*, *gole* ou *goule*, etc. ; 3° la première partie : *bauche*, *fauche*, *cauche*, etc. Cela suffit pour qu'on en puisse tirer la conclusion que le cri *gauche* se disait au *gosse* auquel on offrait à la *gole* ou *gueule*. Gauche = *gueu hauche* ou *hausse*. La gauche est donc le côté *gueule* et la droite le côté du *sexe*. Nous en induisons que l'opposition des mots *droite* et *gauche* surgit à l'époque où la mère allaitait son enfant tenu dans les bras, sur les jambes. Elle donnait ainsi le sein et nettoyait de sa propre bouche le visage de son petit, en le dégauchisant : *d'ai gauche, y sens*. Quant à la main droite, elle s'exerçait à nettoyer les parties inférieures du corps.

Si l'on examine, chez les peuples voisins, le mot *droite*, on trouve : *right*, *rechte*, *ritta* et *derecha*, la ressemblance est frappante ; mais *gauche* se dit : *left*, *links*, *manca* ou *sinistra* et *izquierda*, et la dissemblance saute aux yeux. C'est que le sexe est bien antérieur au sein allaitant l'enfant. Le mot *droit* où le *re* domine est apparenté avec le cri *créo* de la grenouille mâle et montre une époque plus animale que le mot *gauche*. Ce dernier constate un défaut que l'on veut corriger ; or, c'est la mère qui la première instruisit et corrigea.

On sait assez que toute mère tient naturellement son enfant en travers devant elle, la figure à gauche et les jambes à droite ; la position inverse est gênante et semble contre nature. Le rapport entre *gauche* et *téter* est encore plus évident, si l'on considère que les mots *tette* et *tête* se prononcent souvent identiquement. La bouche fut donc la première tête. Avoir en tête, c'était tenir en bouche et cela ne se lâchait pas facilement, mais rendait entêté, *en tête ai*. Être en tête-à-tête, c'était être abouché. La tête prit son nom de ce que la mère la saisissait pour forcer à téter et ainsi elle amenaît l'enfant criard à se taire : *Tais-te* = tais-toi, tette.

Les ancêtres de première formation ne discernaient point leur gauche de leur droite. Ainsi que le prêtre à l'autel, qui dans ses fonctions nous montre le diable, ils désignaient la gauche et la droite par des objets voisins : côté de l'épître, côté de l'évangile. Le prêtre ne veut ni évangile ni épître, il les met de côté. La liturgie catholique ne connaît ni gauche ni droite. Les bras des anges s'appelaient des ailes, le diable porte aussi des ailes ; eh bien ! les oiseaux qui ont pris ce nom d'ailes pour désigner ce qui leur tient lieu de bras, ne connaissent pas non plus la gauche ni la droite, car ces mots *gauche* et *droite* ne sont pas en usage en parlant de leurs ailes. Mais les ailes étant le premier nom des bras, le mot *aile* prit le premier la distinction de gauche et de droite : l'aile droite et l'aile gauche. La distinction de la droite et de la gauche est une des plus difficiles à inculquer à l'enfant ; elle est bien moins ancrée dans l'âme humaine que le dessus et le dessous, le devant et le derrière.

PORTÉE DES PREMIÈRES MÈRES

Mai est le mois des amours chez les grenouilles et nous lui avons conservé ce nom, bien que chez nous l'amour soit de toutes les saisons, comme en témoignent les naissances à toute époque de l'année.

La portée des raines-mères était ordinairement de trois petits et durait sept mois, ce que nous allons prouver.

Le mot fraternel : *fera terne, aie-le* = il y aura un terne. L'italien : fraterno : *farà terno*, même valeur. L'espagnol : fraternal dans lequel on voit également *terne, terno* ou *terna*, tout cela nous montre que *terne*, qui indique un assemblage de trois personnes ou choses, a pris naissance en même temps que la fraternité et par conséquent à l'époque des premiers enfantements.

On sait qu'aujourd'hui la femme met encore, très exceptionnellement, trois enfants, à la fois, au monde, et qu'après sept mois de grossesse l'enfant a plus de chance de vivre que s'il vient à huit mois.

Comme il y a sept mois de mai à décembre, c'était donc en décembre, au milieu de la nuit boréale, que naquirent les premiers petits du sein d'une mère. A Noël, *anneau aie-le, à nœud haut aie-le*. Cris des mères appelant à l'aide, à l'époque de la fête de Noël.

La portée étant trois fois supérieure à la portée actuelle et le temps de la gestation moins long, la mise au monde était moins pénible.

Aussi l'Éternel-Dieu dit à la femme (*Genèse*, III, 16) : J'augmenterai beaucoup ton travail et ta grossesse. Or, comme Ève n'a pas encore enfanté au moment où cette punition lui est annoncée, elle ne peut se comprendre qu'en se référant à un état antérieur, qui n'est point expliqué dans le texte sacré, et ne peut l'être, puisqu'il constitue le mystère de Dieu.

Les Dieux, enfants de Saturne, naissaient donc au nombre de trois et la Fable donne à Jupiter deux frères : Neptune et Pluton.

Le monde religieux qui est la figure sensible du monde disparu place ses enfants généralement par trois : élèves des séminaires, des écoles des Jésuites, etc.

La fête de Noël était donc la fête des êtres nés et des étrennés. Noël est la vraie fête des étrennes chez les peuples du Nord et on sait que son origine se perd dans la nuit des temps.

D'autre part, comme Saturne ou le diable dévorait ses enfants, il avait à Noël trois petits agneaux à engloutir. La grande puissance de l'Éternel-Dieu nous montre ce spectacle abominable transporté dans notre monde, car à la Fête de Noël qui est instituée, dit-on, pour rappeler la naissance de Jésus, le prêtre qui devrait se contenter d'un agneau de Dieu, dit trois messes et engloutit successivement trois petits nouveaux-nés.

Il est donc évident que cette fête diabolique ne peut en aucune façon célébrer l'anniversaire d'une naissance unique. Il y a trois naissances, il y a trois sacrifices : ce sont les étrennes de Satan.

La Fête de Noël est l'une des plus belles pompes et une des plus belles œuvres de l'antique Serpent, la bête que toute la terre a suivie étant dans l'admiration (*Apoc.*, XIII, 3).

NÉGATION ET AFFIRMATION

L'origine de tout mot étant un ordre de prendre, les mots qui servent à nier, refuser, rejeter, furent des ordres plus impérieux que les autres, exigeant des choses qui devinrent viles et abjectes. L'ordre fut répété avec l'esprit de révolte, de négation. Le mot *pas* signifiait *prends*. *Pas à-pât*, *pas appât*, *pas appas*. A ces ordres l'ancêtre venait *pas à pas*. Le premier *pas* ou *pât* était un manger, un repas. *Qu'on pas*, ce disant l'ancêtre ouvrait le compas. L'ordre *nœud pas* forma *ne pas*. *Nœud ons* devint *nom* et *non*. Le nœud est l'origine du nom. Qui était sans nœud était sans nom. *Nœud iz, nœud ist*, forma *nid* et la négation *ni*. *Nez* ou *née* créa une ancienne négation qui est du dialecte allemand : faire un nez, c'était refuser avec un visage exprimant le dégoût.

Le mot négatif est généralement plus long que le mot affirmatif, car l'ordre était plus violent : *Peux us-reu*, pure. *Hein, peux us-reu*, impure. *In pure t'ai*, impureté, etc. Le mal est plus impératif que la vérité et il provoque la rébellion.

Poinds fut un ordre défiant de prendre en montrant le *poing* et la négation *point* en découla naturellement.

Le mot affirmatif *oui*, en chaque langue, peut être considéré comme la réponse à une question : *Où ist?* — Oui. *Y est-ce?* Yes. *Ist à?* — Ya. *Ce ist?* Si.

LE SINGULIER ET LE PLURIEL

Au début de la parole tout était au singulier. On n'offrait à la bouche que par unité : une y t'ai ; part une y t'ai. Les témoins en sont nombreux : on, one, an, ane, in, ine, aine, eune, avaient la même valeur que : un, une. Exemple : *N'erre, preux un*; nerprun. *Preux une*, prune. *Come un, come une*; commun, commune. *Age un*, à jeun. *Chaque un, chaque une*; chacun, chacune. Un chacun, chacun un, c'était la règle des ancêtres. *Que aie-le, qu'un*, quelqu'un. *Preux on*, prompt, *Deux one*. *Gueule an*, gland. *Gueule ane*, glane. *Gueure aine*, graine. *Tête ine*, tétine. *Jeux eune*, jeune.

Le pluriel prit son origine avec la venue de deux nouveautés enfermées dans une pelure. Celui qui n'en avait qu'une présentait une lacune : *l'a qu'une, là qu'une!* — *La pelure y est le, le peux lure, y est le*. Le pluriel causa des sensations qui obligeaient à le frotter et ce frottement créa le mot chapelure, *chat pelure*. C'étaient aussi des appels réitérés : *y le r'ai, sie t'ai, ce en-chat peux l'ai, il ré citait*, ou appelait, *son chat peluit*, ainsi le diable récitait son chapelet. Le chapelet est l'image de la répétition et les grenouilles récitent ou crient sans cesse les mêmes sons; il en fut longtemps ainsi, et encore aujourd'hui nous nous répétons continuellement. L'essence de toute pelure est de se scinder, de former un pluriel.

LES NOMS DE FAMILLE

Ces noms nous montrent les ancêtres dans les eaux ou en sortant : Delamare. Dumarais. Desmarets. De la Fontaine, Desfontaines. De la Source. Rivière. *De l'aigue*, Delaygue. Desmares. *Des pré eaux*, Despréaux. *Du puits*, Dupuy. *L'eau noie*, Launois. *L'eau rends*, Laurent. *L'auge y ai*, Laugier. *L'eau t'y ai*, Lautier. *L'eau rio*, Loriot. *Du Seau*, Dussault. *Mare m'ai*, Marmet. *Mare tins*, Martin. *Me eau j'ai*, Maujay. *Mer c'ist ai*, Mercier. *Mon eau*, Monnot. *Me eau né*, Monet. *More eau*, Moreau. *Eau dé, eau d'ai*, Odet. *Eau daim*, Odin. *Dis eau*, Diot. *Raine eau*, Raynaud, Renaud. *Re au bain*, Robin. *Re eau j'ai*, Roger. *Re onde ai*, Rondé. *Re eau z'ai*, Rosey. *D'eau dé, ou dieu*, Daudet. *J'ai rare d'eau*, Gérardot. *Gosse eau*, Gossot. *L'ague où?* L'Agout, Lagout. *Je eau né*, Jaunay. *Eau né*, Aunay. *L'eau né*, Launay. *De l'eau né*, Delaunay. *D'eau né*, Donet. *Eau ré*, Auray. *D'eau ré*, Doré. *Bonne eau*, Bonneau. *Bord né*, Bornet. *Cache à l'eau*, Cachalot. *Che eau vins, chaud vins*, Chauvin. *Que au lait, que eau l'ai?* Collet. *En ce l'eau*, Ancelot. *En eau né*, Annonay. *Cul eau, cul l'eau*, Culot.

Du bois = tu bois. L'impératif *bois* se disait en offrant un *bois* percé, chalumeau ou roseau, qui servait à boire, en aspirant par un bout. *Du bout aie, du bout as* = Prends du bout ou du bec. Dubois. Le premier *bois* était donc une *bouère*, un *boire*, un lieu où l'on buvait. Ainsi, le bois tire son nom de ce qu'il contenait la boisson et c'en est toujours un récipient. Comme tous les sons premiers semblent s'être référés à l'eau, plus ou moins directement, en en faisant successivement la démonstration, on arriverait à prouver que tous les noms indiquent un séjour dans les eaux.

LE CŒUR

Que heure! Que heurt! Leurre-leur l'heure. L'heure, en donnant *le heurt*, donne *l'heure*. C'est avec *l'heure* qu'on leurrait. Qui avait l'heure était heureux, *heure eux*. Tant que l'heure n'était pas venue, on manquait de cœur. Le cœur est aussi : *Le qu'eust re, le queue re*. Le sexe sous le nom de *cœur* heurta et donna le premier l'heure. C'est lui qui donne du cœur au ventre. *Le queue relevé* montrait le cœur élevé. On appelait sans cœur celui qui n'était pas sexué. Le *cœur* prit l'esprit de chose centrale, de milieu, et ainsi ce mot nomma le centre du royaume du sang; mais, au figuré, le cœur est toujours le sexe. Lorsque l'ancêtre avait mal au cœur, il inspirait le dégoût et la répugnance, de même lorsqu'il le soulevait et l'offrait à l'adoration de ceux qui en étaient dégoûtés. Ce cœur était la clef des cœurs qui peuvent s'ouvrir. Ce qu'aujourd'hui nous appelons cœur ne peut s'ouvrir, se montrer ni se donner, et ne le put jamais. Cependant, l'expression paraît naturelle et ne choque pas; mais l'esprit des sots est choqué de ce que la femme fut prise d'une *queue haute* ou côte de l'homme.

On plaçait sur son cœur et dans son cœur, ce qu'on avait de plus précieux et alors c'était sacré. *Ce à cœur ai, ce à creux ai. Ce à creux ai cœur*, nous montre l'union des cœurs, aussi le *Sacré-Cœur* est percé de flèches. C'est une abomination identique à celle des Brames qui adorent l'assemblage sexuel sous le nom de *lingam*. Les cœurs consacrés et toutes les médailles sont des tabous, des images du sexe. Les démons ont toujours leur cœur à la bouche, leur bon cœur; leur cœur si tendre et pourtant plein de fermeté, leur cœur adorable et autres infamies. Ils adorent le Cœur de Jésus et insultent ainsi à celui qui seul doit être adoré : Dieu.

LE SEIN, LE SAINT

Le son *sins* est formé de *ce in* = *en ce*. *Sins* = *sens* ou prends. Le sexe est le premier *sein*. Lorsque le sexe parut honteux, on le repoussa au cri *ceins*. Ainsi le *sein* fut le premier *ceint*. Ceux qui cachèrent leur nudité furent les premiers *ceints* et les premiers *saints*. La mère offrit le *sein* à son enfant par le même cri *sins* et ainsi *les seins* se trouvèrent au nombre de trois, le sexe étant *le sein des seins* et l'image matérielle du *Saint des Saints* et aussi du *ceint des ceints*, le plus profondément caché. Il est aussi la figure de l'homme intérieur qui est le Dieu *trois fois saint,* comme l'homme est extérieurement *trois fois ceint* : à la ceinture, à la gorge et sur le front.

Puisque le *sein* se présentait au visage pour être touché, on faisait remarquer son état, sa propreté et l'esprit donnait au cri *sins* la valeur de *sain*. Le *sein* doit être *sain*. Le *mal* au *sein* est *malsain*. *L'esprit sain* et *l'esprit saint* ont donc pour origine *l'esprit sein* et *l'esprit ceint*. Qui montre sa nudité avec des objets diaboliques, des marques honorifiques ou d'humilité, n'a point *l'espri ceint*, ni *l'esprit saint*, ni *l'esprit sain*.

Sain fait *saine* au féminin. Le sein fut la première chose *saine*, là eut lieu la première *scène*. La *Seine* lui doit son nom ; car l'eau de la nymphe *Seine* qui était *saine*, est la première eau de *seine*.

Ceint fait *ceinte*. La première *ceinte* fut la première *sainte*, et celle qui conçut de *l'esprit sein* fut la première *enceinte* ; on la gardait au milieu de *l'enceinte*. L'esprit de l'Éternel la voit toujours *en sainte*.

Le verbe *ceindre* fait *ceigne*, et *ceigne* est de même origine que *saigne*. *Je saigne*, il faut que *je me ceigne*. Ce fut pour cacher le sang que l'ancêtre se ceignit. Le sexe mâle fut le premier *saigneur* qui fit appeler le diable *monseigneur*. Ce *saigneur* est aussi le *seigneur des seigneurs*, car les plus grands *seigneurs* en ont été les esclaves. La première union sexuelle couvrait de sang. Les cœurs saignaient et les ancêtres honteux se ceignaient. Le *saigneur* saignait le cœur vierge, c'est pourquoi la légende nous dit que c'est là le droit du *seigneur*. La femme reconnaît toujours comme son *seigneur*, son époux, lorsqu'il a été son *saigneur*. Spirituellement son premier *saigneur*, c'est le diable, son séducteur, l'ancien Serpent. *Saigne* = suce. On suçait le sang et il n'y a rien de plus inné. La bouche se porte d'elle-même sur toute blessure qu'elle peut saisir. *L'ace à sein* ou *l'assassin* attaquait par derrière et déchirait le sein. La bouche prit le nom de *sein* et la première poule offrit le *sein* à ses poussins en leur disant : *pous sein*. Ces poussins ont été mis au ciel où ils forment la Poussinière, que les traîtres à nos dieux appellent les Pléiades.

Le premier *seing* fut la marque portée sur l'objet par une morsure ou en faisant toucher la chose au sein. On la présentait ensuite en disant : *sins* ou suce. Or, la morsure et la souillure du sexe inspiraient la répugnance et on respectait l'objet qui avait touché le sein. *Beux-le en-sein*. Le *blanc-seing* était la chose confiée en bouche et dont l'usage était permis.

Le *sein* qui est la cinquième roue de la charrette humaine donna aussi son nom au nombre *cinq*. C'est la cinquième roue de la vision d'Ézéchiel.

L'origine unique du son *sein* est ainsi bien démontrée : *D'ai sein* et *d'ai sins* fit *dessein* et *dessin*, car l'appel vers le sein cachait souvent un mauvais *dessein*, et le sein fut le modèle du premier *dessin*. C'est par le *dessin* du sein que commencent les manifestations artistiques. Le *bassein* ou le *bat sein* donna son nom au *bassin*. Le vaccin ou *vaque-sein* est pris au *sein* de la *vaque* ou vache. Le premier *essaim* fut formé par les ancêtres autour de celui qui cria le premier : *ai sein, ai sins*. On vit le sein *se scinder, ce sein d'ai. Sein j'ai* fit *singer.* Les singeries du singe et les animalités des chiens nous donnent une idée bien légère des us et coutumes de nos prêtres. C'est dans la plus vile et la plus inconsciente turpitude que notre esprit a été formé. Le singulier se gobait : *au sein gule y ai, ce in-gule y ai.* Tout individu qui se singularise est un pauvre diable qui se gobe, un vil démon incapable de parvenir à la stature de l'homme parfait.

Le mot *sexe* nous a montré sa formation et le mot *sein* confirme pleinement la Loi qui est la clef du livre de vie. Un seul son n'a qu'une origine. La parole tout entière n'est qu'un son. C'est *là le son*, la leçon qu'il faut retenir. *Son* est formé de *c'ons = j'ai* et *sons = je suis*. *J'ai* ce que *je suis* et *je suis* ce que *j'ai*. Je suis l'*On* que je possède. Je suis l'homme qui m'appartient, Moi, l'Éternel.

LE SOUVERAIN, LE RAIN, LA RAINE

Le rain ou *le rein, les rains* ou *les reins; les raines, reines* ou *rênes,* montrent que le sexe, sous ces noms, attirait du côté des *reins* et que, par conséquent, les *rains* et les *raines* étaient des animaux rampants. Le *rain* était insexué, il n'avait *rin*, dans le principe, c'était un *serin, ce rain*. Plus tard il prit *un air serein, un nerf ce rain. Re me aide, ce ouve rein* ; remède souverain. *Mats, ce ouvert est nœud, ce ouvre aine,* ma souveraine. *Pa* et *ma* sont d'anciennes appellations devenues : papa, maman. *Le pa-rain* et *la ma-raine,* le parrain et la marraine, étaient père et mère possibles ou probables de ces animaux nés dans le frai. Les disciples du Seigneur Jésus ne connaissent pas ces démons. *Souve = mange,* comme le montre le verbe *assouvir : à souve is-reu, à-souve irc.* Le souverain et la souveraine assouvissaient leur faim et leur vengeance en dévorant les rains et les raines ou les grenouilles inférieures. Ces pauvres diables de laïques avaient pour ces saigneurs la haute considération que les esclaves et les sujets ont pour leurs maîtres et leurs autocrates. Ce sentiment naturel fit que les mots *souverain* et *souveraine* désignèrent des êtres supérieurs. L'italien *il sovrano* et *la sovrana* désigne encore plus clairement la bête rampante, car *sovra-ano = sur anus* et *sovraportare =* supporter. Il fallait donc supporter le souverain sur son anus ou sur les reins et en être dévoré. Le souverain est toujours sur le dos de ses sujets, comme le Pape sur sa *Sedia gestatoria* où trône le grand *gettatore*. Saturne ou le diable fut le premier souverain et est devenu le souverain pontife. Comme le titre d'empereur se confond souvent avec celui de souverain pontife et que la mère de l'empereur porte le titre de douairière, doux ai rière, nous voyons que l'empereur est bien né d'une grenouille, dans le frai.

River valut aussi *manger* : je lui ai rivé son clou. Le souverain et *le rive-rain*, le riverain ; ainsi que la souveraine et la riveraine, *la rive raine*, étaient les mêmes êtres, aussi le suzerain et la suzeraine. Ils étaient tous contemporains : *Contempe aux reins, eau raines*. Ils se contemplaient dans les eaux. *Le con tend (la) peau (des) reins, le comte en peau rain*, le contemporain, il tendait le dos sottement à son souverain. *Vois-le, qu'on tend peau rain ; vois là, qu'on tend peau raine*. Les contemporains tendaient des appeaux, *à peaux*, ou des *peaux de raines* pour s'amorcer réciproquement. C'est ainsi que l'on attire encore les hommes en leur offrant la dépouille, la peau, du contemporain tué, mort ou dépouillé.

Mais la chose sur laquelle nous voulons apporter l'attention, c'est sur l'esprit et les attributions réciproques de l'empereur et du roi. L'empereur est le Titan de la Fable, le frère de Saturne et aussi un souverain pontife ; de là les guerres perpétuelles du moyen âge entre l'empereur et le pape. Ces deux monstres ne peuvent se soumettre l'un à l'autre, car ils sont contemporains, leur esprit est le même. L'empereur est spirituellement un ancêtre du roi, il peut, par conséquent, créer des rois. Le roi se soumet facilement à l'empereur et au pape ; mais malgré qu'il semble être un peu leur inférieur, d'un côté ; d'autre part, l'esprit nous montre le roi comme le chef-d'œuvre de la création, comme étant plus fondé, dans son autorité, que ne le sont l'empereur et le pape. La raison en est que le roi est un fils de dieu ; quant au pape et à l'empereur, on ne les a jamais nommés des fils de Dieu, mais seulement des dieux, un peu inférieurs, ainsi qu'Uranus et Saturne. Alexandre le Grand, roi de Macédoine, fut déclaré Fils de Jupiter ; empereur, il ne se fût pas inquiété de Jupiter, car il aurait été Titan ou Saturne. L'empereur de la Chine est fils du Ciel ou d'Uranus et, par conséquent le Titan, Saturne ou le diable.

Le roi de la terre, celui qui doit la gouverner, c'est le Fils de l'homme.

L'empereur est le chef militaire, par excellence, et le militaire est aussi enclin à la mysticité diabolique. Ce sont les soldats romains qui fondèrent la religion de Rome, dont César et Néron ainsi que Borgia furent souverains pontifes. La République ayant banni le culte officiel de l'armée, le diable a changé de peau et maintenant le *de rat peau* ou le drapeau est devenu un emblème religieux, autour duquel l'officier officie et pontifie. Le soldat de Dieu ne respecte que la parole et la personne de son chef ; son drapeau est invisible. L'étendard, *étends dard*, est, comme on le voit, le frère du drapeau. Les deux font la paire. Respect à l'homme vivant et honte à qui honore des choses mortes. Cette abominable idolâtrie appelle sur les familles et sur les nations la juste colère de l'Éternel !

En examinant de plus près Titan et Saturne, nous trouvons que le droit d'aînesse cédé par Titan à Saturne, fait de Saturne le premier être ou le prêtre ; lequel doit, selon le contrat, dévorer ses enfants, ce à quoi il ne manque pas, se nourrissant de l'agneau de Dieu qu'il crée et immole chaque matin, son pain des anges bien connu.

Vaincu par Jupiter, Saturne se réfugie en Italie dans les lieux où Rome fut bâtie et c'est dans cette ville que nous le retrouvons, maître et souverain des royaumes de ce monde que l'Éternel lui avait donnés, sous le nom de souverain pontife ou pape tenant la place de Dieu sur terre.

Mais puisque Saturne dévore ses enfants mâles, nous ne sommes animalement ni ses enfants ni ses petits-enfants, car la filiation par Jupiter est une filiation surtout spirituelle. Notre filiation animale vient de Titan ; nous sommes les petits-enfants de Titan, ces géants ou ces Titans qui se révoltèrent contre Jupiter, comme les hommes se sont révoltés contre Dieu, et que Jupiter tient dans les abîmes, accablés sous de grosses montagnes; comme Dieu tient les hommes écrasés ou morts dans leurs péchés; nous sommes ces anges précipités dans l'abîme, liés avec des chaînes d'obscurité (II Pierre, II, 4) réservés dans des liens éternels et dans les ténèbres (Jude, 6).

Titan crée des enfants et ne les dévore pas ; ils sont seulement soumis à Saturne ou à l'esprit de Saturne qui est le prêtre et tient le droit d'aînesse ; le droit spirituel supérieur au droit temporel. Or, comme nous voyons en haut l'empereur et le pape, nous voyons jusque dans la plus humble bourgade, ces deux géants de la création : l'aîné, le vrai maître, qui a vilement vendu son droit d'aînesse, c'est le seigneur, le maître du lieu, le maire, trop souvent; et Saturne, qui dévore ses enfants, c'est le prêtre. Le château est la demeure du Titan, et le presbytère celle de Saturne. Au-dessous de ces deux géants s'agite la tourbe immonde des laïques. Cherchez l'homme, car il se trouve dans cette foule et Dieu l'appelle à écraser ces anciens monstres du monde primitif. C'est dans cette foule que l'Éternel choisit le Fils de l'homme auquel il lui plaît de donner le pouvoir, l'honneur et la gloire.

N'est-il pas admirable de voir comment notre Dieu a fait servir à sa gloire et pour amener ses enfants à sa connaissance, aussi bien la Fable que l'Évangile, aussi bien le mensonge que la vérité : *Teste David cum Sibylla.*

L'HOMME FILS UNIQUE DE DIEU

Le premier nom de l'homme est *on*. Le pronom *on*, ainsi que le mot homme, est propre aux deux sexes. C'est cet homme, comprenant la femme, qui est le Fils unique de Dieu. C'est par l'homme que la femme est ; la femme naît de l'homme avant que l'homme naisse de la femme ; c'est pourquoi il a fallu que l'homme fût créé avant la femme.

Le diable vivait de l'homme, un ange primitif, un pauvre agneau : *on mange, homme ange. Mange on, mangeons. Que homme! comme* = viens, mange. Comme tout = mange tout. *Comme et mords ai*, commémorer. L'homme fut l'être le plus vulgaire de la première création, c'est celui que l'Éternel élève le plus haut.

On s'est changé en *homme* par l'adjonction du pronom *me* : *on me* parle, *homme* parle, *on m'*appelle, *homme* appelle ; *on me* lige, *homme*-lige ; si *l'on me* trompe, c'est que *l'homme* trompe. L'inverse montre la chose avec plus d'évidence encore : cet *homme* est désagréable, cet *on m'est* désagréable. Ce dernier mode d'écrire est plus juste : je suis certain que *l'on m'est* désagréable, je ne le suis pas que *l'homme* le soit pour tous.

L'inverse du mot *homme* est *mon* : *me on* = mon homme. Le mot *démon* vaut donc *dé-mon* ou *dieu-homme*. Chez le démon, le dieu se place avant l'homme, à la droite. Dans la loi nouvelle où l'Homme-Dieu domine dans les cieux, e Fils de Dieu, l'homme, est placé à la droite du Père, à la droite de Dieu. *L'Homme-Dieu* est en opposition avec le démon. *L'homme d'yeu* y voit clair.

Puisque Dieu n'habite point dans les temples bâtis de la main des hommes (*Actes*, XVII, 24), c'est le diable que les prêtres y servent. Ils l'appellent : *Dieu-homme, dé-homme, Deum*. Dans ce mot *deum*, comme dans le mot *démon*, le dieu est placé avant l'homme, à la droite. C'est pourquoi après les grandes hécatombes qui sont toujours offertes à Satan, les démons chantent des *Te Deum* dans leurs temples élevés à Satan, puisque l'Éternel-Dieu les a rejetés à toujours, en permettant la destruction du seul temple qui lui ait jamais été édifié, celui de Jérusalem. C'est que l'Éternel-Dieu, depuis Jésus-Christ, ne veut plus être adoré ailleurs que dans le temple vivant qu'il s'est édifié lui-même ; il veut y être adoré en esprit et en vérité. Ce temple est en toi, lecteur ; malheur à toi, si tu vas adorer Dieu quelque part, car tu commets une abomination, tu réponds à un appel du diable. L'horrible guerre ne disparaîtra qu'avec tous les cultes infâmes et avec la destruction des temples et des églises abominables où l'on sacrifie l'agneau de Dieu ; où l'on chante des *Te Deum*, quand on a tué des hommes.

Le mot *homme* se lit encore : *on meut*. Quand on est homme, on doit se mouvoir. L'homme doit se mouvoir pour vivre, pour s'instruire et pour s'affranchir de tous ceux qui veulent le moraliser, le diriger, etc., car l'homme n'a pas besoin qu'on l'instruise (I Jean, II, 27).

De plus l'homme étant un mot désignant l'être humain, plus l'individu se perd dans la foule humaine, suivant sa position ; plus il devient peuple, plus il devient homme, plus il est parfait devant l'Éternel-Dieu. Au contraire, plus l'individu se couvre de décorations et de titres honorifiques, plus il se distingue extérieurement de ses frères, plus il montre l'indigne et vil démon qu'il porte en lui.

L'homme-animal est le plus parfait des animaux, celui

qui domine sur toutes les choses visibles; l'homme spirituel, c'est-à-dire l'esprit qui est en l'homme spirituel, est le plus parfait des esprits, et il domine sur toutes les choses invisibles, à l'exception du plus pur esprit de Dieu qu'il porte en lui et dont il est seulement l'instrument. L'homme est le trône de Dieu, son œuvre de prédilection, son temple, son Fils unique. Mais l'esprit de l'Éternel qui a créé l'homme, l'a fait pour sa propre gloire qu'il ne veut pas donner à un autre (Esaïe, XLII, 8). Pour cela, afin que nul homme ne puisse se glorifier devant lui, il a pris, au fond de l'esprit de l'homme, la partie la plus subtile, la partie divine, et l'a rendue insondable à tous les hommes, jusqu'au jour où révélant son propre esprit à l'homme, il lui montre ce qu'il y a de plus caché en Dieu ou, ce qui est la même chose, en l'homme. Car Dieu, c'est l'homme, l'homme éternel, l'esprit de l'homme qui par la parole se confond avec l'esprit de Dieu. Comme il n'a rien d'animal supérieur à l'homme animal, il n'y a rien de spirituel supérieur à l'homme spirituel, c'est-à-dire à l'esprit instruit dans la science de Dieu. Le monde des esprits dépourvus de corps, est moins parfait que celui des esprits habitant nos corps.

Or, comme Jésus comprend toutes les perfections humaines et divines et qu'il est assis à la droite du Père spirituel qui fut animalement un père charnel; l'homme de bonne volonté est assis avec le Seigneur Jésus sur son trône (*Apoc.*, III, 21). De sur ce trône où il siège au plus haut des cieux, l'homme spirituel adore Dieu en esprit et en vérité, et il contemple à ses pieds les Puissances célestes : Anges, Archanges et Chérubins (Eph., I, 21) lesquels ne sont que serviteurs dans la maison où il est l'héritier, roi de gloire et souverain sacrificateur éternellement, à Dieu son Père, selon l'ordre de Melchisédec. L'homme est véritablement sacrificateur à Dieu son Père, puisqu'en se nourrissant des biens que Dieu lui donne, il entretient en même temps la vie de Dieu le Père qu'il porte en lui. Il est fait semblable à Jésus et peut dire : Celui qui m'a vu a vu mon père. Or, nul n'a su jusqu'à ce jour que le Père, c'était l'Esprit qui est dans l'homme, et que le Fils c'est la parole qui est dans l'homme ; et si nous le savons et l'avons démontré, c'est que le Fils a bien voulu nous le révéler (Luc, x, 22).

Dans cette haute retraite auprès de Dieu, le Fils de Dieu, qui est l'homme, chasse les démons. Le diable et l'enfer, non plus que la mort, n'ont prise sur lui, mais les puissances du diable tremblent devant l'homme qui les enchaîne. L'homme ne peut mourir, car son corps mortel ne lui est qu'un vêtement qu'il rejette au moment convenable ; il est dans son corps déjà un pur esprit, un esprit éternel, car il se meut dans le temps, sans commencement de jours, ni fin de vie, puisqu'il est semblable au Fils de Dieu (Héb., vii, 3), et véritablement ce fils unique que Dieu a donné afin que le monde ne périsse point, mais qu'il soit sauvé par lui (Jean, iii, 16 et 17). En effet, sans l'homme qui maintient le monde, le monde aurait péri entièrement avec les dieux ancêtres, lesquels continuent à vivre avec leurs enfants, le dieu avec l'homme son fils unique.

FORMATION DE NOTRE MONDE

L'esprit dont nous sommes l'instrument pour faire connaître aux hommes leur origine, nous inspire aussi puissamment de montrer comment il créa notre monde. Les cieux furent autrefois créés par la parole de Dieu, aussi bien que la terre qui fut tirée de l'eau (II Pierre, iii, 5). Les choses qui se voient n'ont pas été faites de choses qui parussent (Hébr., xi, 3).

Tout l'espace dont le soleil occupe le centre, jusqu'à mi-chemin des étoiles les plus rapprochées, était rempli de ténèbres et d'atomes invisibles. Au point central de ce vide, l'esprit s'enflamma et un éclair jaillit, se scindant en deux et commençant à tourner sur lui-même. Rapide comme la foudre, ce tournoiement s'étend bientôt jusqu'au-delà des plus lointaines planètes. L'électricité attire toutes les molécules sous forme d'eau et l'eau retarde le mouvement circulatoire. Les parties éloignées restent en arrière, des globes de feu se séparent de la masse et l'eau les entoure de tous côtés, s'élève dans les airs et retombe dessus en torrents formidables. Ainsi se forment peu à peu les terres entourant le soleil et chaque terre est, à son début, un soleil qu'éteignent les eaux abondantes.

Le tour vient à notre terre, son globe dépasse de beaucoup la lune et comme la terre s'est détachée du soleil, la lune se détache de la terre. Les eaux se précipitent sur ce satellite rasant les nuages et les eaux de la terre, de sorte que les nuages lunaires et les nuages terrestres se confondent; mais la terre se resserre de plus en plus et les eaux qui s'évaporent de la lune, attirées par celles de la terre, ne retournent plus à ce corps perdu dont le feu central jaillit de tous côtés et y produit des bouleversements que l'on y peut découvrir. Toutes les eaux frappent donc notre terre et y déposent peu à peu ses fondements, ce n'est extérieurement qu'une immense goutte d'eau et de vapeurs, mais cette goutte d'eau se resserre et le sommet des plus hautes montagnes émerge sous forme de petits îlots. Les eaux de la terre qui en sont aussi les os, car ce sont les eaux qui la tiennent unie, la pénètrent de plus en plus. Les îlots s'élèvent et deviennent des montagnes; tout autour s'étendent des continents et la vie commence à se développer à la surface terrestre aussitôt que son état le permet, le pôle nord étant le premier point habité, ce qui est cause que des esprits d'ancêtres poussent les hommes à y retourner, ce qui est absurde.

Le soleil est toujours entouré d'eaux et ce sont les eaux qui, dans des chutes formidables, y font apparaître ces taches que les astronomes y découvrent. Il est possible qu'un jour une nouvelle terre s'en détache et s'empare des eaux qui restent là. Alors la lumière du soleil deviendra plus éclatante et sa chaleur plus forte, malgré une légère diminution de son volume.

Les planètes les plus éloignées peuvent être habitées par des êtres doués de la parole, car si la chaleur du soleil y est moins forte, celle de leur globe peut y suppléer. La croûte terrestre peut être moins épaisse, les mers moins profondes et une chaude humidité peut y entretenir une vie puissante et active.

Les corps planétaires enferment donc en leur sein un feu ayant l'électricité pour base. Quand la terre se fend et s'entr'ouvre par suite d'une longue sécheresse, l'électricité s'en échappe, se répand dans les airs et y appelle les eaux ; alors l'orage fait rentrer le feu électrique et les eaux resserrent la surface terrestre. Le feu électrique et l'eau sont les deux puissantes créatrices des mondes et de tous les êtres. L'esprit intelligent de l'Éternel agit sur l'électricité comme l'esprit de l'homme agit sur les membres de son corps.

URANUS OU LE CIEL

Uranus, comme nous le savons, est le plus ancien des dieux, c'est le père de Saturne. *Ure* désigne le sexe dans sa première fonction ; c'est le radical du verbe *urer*, devenu uriner, *urez* est devenu *urée*. J'ai besoin *d'urer*, je ne puis *durer*. Ce endurez, sang d'urée, est sans durée. *Ure* marque la plus reculée des époques. *L'ure-être* ou l'urètre est l'être primitif. Le sexe mâle qui se développa le premier, n'était pas percé, d'où des érections douloureuses auxquelles on mettait fin en rognant ou tondant l'extrémité : *Tonds ce ure, ton ce ure,* c'est l'origine de la tonsure, une espèce de circoncision. Le premier curé fut un *qu'urait. Me ure = j'ure* ou j'urine. Le sexe prit ainsi le nom de *mure* et de *mur mitoyen, me ure mis-toi(v)iens.* Lorsque l'abcès urineux perçait, c'est qu'il était mûr et alors il pissait. Ceux qui ne pissaient point, n'étaient pas mûrs, homme mûr. On cacha le sexe par une feuille qui fut l'origine des mots : *mur, murale, muraille, murer,* aussi de *mûrier* et de *mûrir.* Ceux qui muraient leur sexe *mure muraient,* murmuraient contre ceux qui les recherchaient ; ils étaient *mure murant,* murmurants. *Le mure me ure =* mon sexe urine. **Entends-tu le murmure du ruisseau,** *du rut ist ce eau.* On continue à uriner contre les murs. *Ce eau me ure, ce au mur,* c'est de la saumure.

La valeur de *ure* étant ainsi bien établie, il est de toute évidence que *Ure-anus* ou Uranus désigne l'être qui urine par l'anus. Or, c'est par l'anus que la grenouille urine et émet son frai. C'était donc une insulte à l'adresse des êtres non sexués. Jusque vers la fin du troisième mois de sa conception, l'embryon humain n'a que l'ouverture de l'anus pour l'écoulement de sa vessie ; il n'a point d'apparence sexuelle, c'est donc un petit Uranus. Il arrive aussi quelquefois que l'urètre n'est pas perforé à la naissance. Cette analyse et ces remarques qui n'ont jamais été faites, sont une preuve d'une telle force pour la connaissance de notre origine, que l'ensemble des ouvrages de tous les naturalistes ne peut être mis en comparaison. Ce n'est ici qu'un léger hors-d'œuvre.

Le mot *anus* a le mot *âne* pour radical. Une grossièreté populaire confond le mot *âne* et le mot *cul. Anus* est donc bien français. En italien l'*anus* se dit *ano* et Uranus, Urano. La valeur exacte est donc celle de : cul pisseux. En grec Ouranos désigne Uranus et le ciel. Le ciel est donc dénommé de ce qu'il nous envoie la pluie, à l'instar d'Uranus. On sait que quand il pleut, ça pisse. Les premiers êtres pisseux furent les prêtres. Ce leur était une joie de lancer leur eau sur les pauvres Uranus qui en étaient émerveillés et lui attribuaient des vertus. Les prêtres ont gardé ce goût hideux et les esprits des grenouilles n'ont pas changé. Si le prêtre aime à lancer son eau à la figure des gens, on sait qu'il n'aime pas à en recevoir : il n'en envoie pas sur son évêque, c'est son supérieur. Le prêtre est ce diable qui se débat dans le bénitier, c'est pourquoi il n'y en a pas du côté réservé à son entrée dans l'église. Autrefois, comme aujourd'hui, on jetait volontiers l'abjection sur les autres, mais on n'en voulait pas pour soi. Le lecteur aura déjà reconnu dans ce premier être pisseux le bœuf Apis qu'adoraient les Égyptiens. L'époque qui s'étendit du moment où le sexe rendit son eau jusqu'à celui où il fut apte à la reproduction animale, constitue le véritable âge d'or. *As jeu dehors?* C'est alors que furent formés les mots les plus purs, l'âge de l'innocence parfaite, l'époque des anges qui sont devenus de purs esprits.

En notre langue le premier ciel fut matériellement le sexe, l'eau du ciel fut l'eau sexuelle avant d'être la pluie. Les oiseaux du ciel de la Bible sont les êtres sortis du sexe, les hommes. *L'ai ce en ciel, l'esse en ciel* est l'union essentielle qui maintient la vie humaine à la rage des démons. *Au sis aie-le*, au ciel, nous montre que le ciel était le point où l'on *sis* ou sied.

Nous avons déjà vu que *c'ist èle* signifie, c'est de l'eau. La parole nous dit avec évidence que *l'eau fit ciel*, c'est officiel ; *l'eau fit cieux*, c'est officieux. Dieu a tout *per eau créé*, procréé. Tout est *par eau venu*, provenu de Dieu. C'est donc l'eau qui a formé l'immensité qui porte les noms de cieux et de ciel.

Ces mots remontent à Uranus ; Saturne ou le diable est vieux, mais Uranus ou le ciel est *plus vieux* et *pluvieux*. Ceux qui rendent grâces au ciel ou l'implorent sont les serviteurs de la primordiale grenouille. Dans la Bible, nul ne s'adresse au ciel.

Le cri *us* a formé *hue* quand on hua ce qui avait plu. C'est le mot *eus* = *ai* du verbe *avoir*. *L'us rine* disait : l'eau ou le sexe coule. *Rinne* = coule, en allemand. *Ce rine*, disait la *serine*. *Eus re* valait : j'ai raide. *Re cus* et *re ust* formèrent : *rut, ru* et *rue*. C'est l'origine du ruisseau et de la rue. La première rue fut la suite d'une *queue rue*, d'une crue. Les premières rues étaient des cours d'eau. L'eau sortie du sexe est l'origine des eaux, mers, lacs, océans, fleuves, rivières et fontaines, car l'ancêtre ne vit ces choses, ne les distingua, que lorsque l'étude de son être, *de son naître*, lui eût créé des mots et des images qui se reportaient sur des analogies. C'est pourquoi les fleuves et les rivières, etc. sont représentés par des dieux ou des déesses, des nymphes, qui laissent couler l'eau de leur cruche.

Ai tend, ai tends, ai tant! étends, ai temps, étang. La tension urineuse est l'origine du premier temps, du mot *temps* se référant à l'état du ciel. C'est pourquoi : le *ciel* est beau, et, il fait beau *temps*, sont des idées de même nature.

Uranus se changea définitivement en Saturne à l'époque postérieure des érections créatrices. Ces dernières plus violentes, impérieuses et irrésistibles, rendirent Saturne ou Satan, cruel et méchant, meurtrier et assassin.

Vesta est une déesse, mère, épouse et fille de Saturne. Si on analyse Vesta, *veste a* = qui a une veste, ou bien le nom en italien, *vè sta* = *sta* (le) *vé* = tiens-toi levé, il s'ensuit que *veste* = *beste* = *bête*. *Beste y a* = *bestia* = *bête*. La première *veste* était le sexe de l'ancêtre rampant que l'on forçait à se tenir levé. Le diable est donc fils, époux et père d'une bête, d'un animal rampant. L'expression : remporter sa veste, nous montre celui dont la bête ou le sexe est repoussé, dont l'objet est dédaigné.

SATURNE OU LE TEMPS

Le tends = je le tends = j'ai *le tends* ou *le temps*, la tension. *Le tends long, le teu en long*, le temps long. Le *temps* est plus ou moins long, jamais court = on ne peut tendre court, car ça ne tendrait plus. Saturne s'analyse : *ce à ture neux, ça t'eus re nœud*. Ceci nous montre cet ancêtre saturé ou rempli, parfait. C'est le Satyre, *ça tire*; Satan, *ça tend*; tenant son sabbat, *ça bat*. Saturne ou Satan, c'est donc l'érection violente, l'orgueil de la chair et de la chaire; il appelle à soi et trouve le temps long, car sa tension le gêne. *La tension* de Satan lui fait exiger *l'attention* de ses élèves. On n'a jamais assez d'attention pour cette bête-là qui abrutit ceux qui l'écoutent. Cette tension du premier être est l'origine de la *pré-tension* et le prêtre est la *prétention* personnifiée.

Nous voyons donc ici que *le ciel* existait avant *le temps*; dans le ciel, à l'époque d'Uranus, et avant la perfection sexuelle de Saturne, l'idée de temps n'existait pas. Les premiers ancêtres ne connaissaient nullement l'attente, l'impatience, l'ennui ou la durée. Ainsi dans le ciel il n'y a plus de temps (*Apoc.*, x, 6) et aussi Saturne ou le Temps, Satan, n'y a pas de place.

Saturne montre *Urano* au complet, car *Saturano* et *saturino* sont des formes de l'italien *saturare* ou saturer, et saturer, c'est *urer* ou *uriner* à plein. Saturne est l'abréviation de : *ça t'urines?* de l'extrait de Saturne ou analogue.

Le cri *tends* valant *tiens* a donc formé : *temps, tant*. C'est *temps, tends*; c'est tentant. *Tends t'ai*, tenter. *Tends, t'as ce y onz*; tentation. L'ancêtre le *Temps* était bien et est le tentateur. *In ce temps*, instant. *In ce temps mans*, instamment. *In ce tends-m'en. A-vec, in ce temps-ce*; avec instance. *In-ce temps t'en ai*, instantané. *In ce temps tan-*

nez-m'en, instantanément. *Tannez-m'en* = tenez-m'en, prenez-en, donnez-m'en. *Tanner*, c'était exiger; c'est pourquoi on n'aime pas à être tanné. *Moment t'en ai*, je t'en ai pour un moment, c'est momentané. *Moment tannez-m'en*, momentanément.

Si nous arrivons en retard, nous ne serons pas *à temps dû*, attendus. Nous étions bien *en temps dû*, car on s'était bien entendu. On est *assis ce temps-là*, assistant là. Je reste *pour temps*, pour un certain temps, *pourtant* je reste. Il est arrivé *tout tremble au temps*, tout tremblottant. Regarde *au temps*, les *autans* se font sentir. J'ai froid, *l'est neige dans temps*. — Où sont les neiges d'antan? On ne s'inquiète pas des neiges de l'an précédent, car c'est un caractère des neiges d'être éternelles et surtout de durer au moins d'une année à l'autre. L'ancêtre, sensible aux variations de la température, sentait *dans le temps* les neiges invisibles à l'œil, comme on les sent toujours. Cette expression montre la confusion des deux idées de temps.

Le mot *temps* comprend *la durée* et *l'état du ciel*. Les langues germaniques ont deux mots pour ces deux choses : Wetter et Zeit. Eh bien! il n'est pas possible que nous fabriquions un mot nouveau pour indiquer l'état du ciel. Les personnes instruites elles-mêmes confondent la durée du temps et l'état du ciel dans une même idée; c'est toujours le temps, l'un ne va pas sans l'autre. L'homme est borné dans son esprit par les mots que Dieu lui a créés. Les savants qui fabriquent des charabias ne créent pas pour cela des idées nouvelles, mais ce qui serait clair en langage humain, ils le rendent obscur, et c'est là une marque de l'esprit des ténèbres. On voit ainsi de plus en plus la vérité jaillir de la Fable, comme de la Bible. Tout a été écrit en vue de la gloire de l'Esprit de l'Éternel, sous lequel rien de ce qui existe n'a été fait.

GÉOVAH, JUPITER OU GIOVE

J'ai haut, va ou vois. *J'ai ova* ou des œufs. *J'eus pis terre* = j'ai pris terre. *J'eus pite air* = prends en l'air.

L'analyse de Géovah et de Jupiter nous montre un être appelant à terre et dans les airs, dans les arbres feuillus et élevés où il cherchait des œufs dans les nids, des fruits, et était là souvent invisible. Ainsi l'esprit communiqua aux animaux inférieurs l'idée d'un être supérieur et invisible, vivant dans le ciel. L'italien *giove*, radical de *giovane* ou jeune ; de *giovare*, aider et servir ; de *gioviale* ou jovial, nous présente un être joyeux, serviable et toujours jeune. Giove est le Jupiter italien. Le vrai Dieu est éternellement jeune ; son ancienneté ne le vieillit point. Le dieu vieillard, c'est Saturne ou le diable. Il est interdit de donner une figure au vrai Dieu ; car, ou ce serait celle de l'animal ancêtre, ce qui serait hideux ; ou celle d'un jeune homme, ce qui serait un mensonge.

Une pensée plus profonde nous montre ces dieux non enfants de Saturne, mais bien leur ancêtre Uranus ou Saturne en sa jeunesse. *Le jet eau va*, Géovah, nous montre un être pur, ou émettant l'eau pure. *J'eus pite air*, Jupiter, montre le premier piton en l'air. *Giove* est la jeunesse et, la vraie jeunesse, c'est celle des êtres innocents qui prirent le sexe et créèrent la parole. Ainsi Géovah, comme Jupiter, sont bien enfants de Saturne ; mais leur nom, leur véritable être, est aussi ancien qu'Uranus. C'est pourquoi Daniel nomme le vrai Dieu, l'Ancien des jours. Il s'ensuit que la parole, dans toute son essence, fut formée par les premiers êtres, ceux que la terre enfanta et non par les dieux engendrés de Saturne ou du diable. Ceux-là eurent besoin que leur mère, la grand'mère de l'homme, leur apprît l'art de parler.

MOISE ET JÉSUS

Les créations animales de l'homme comportent deux degrés. Le premier animal, l'ancêtre de l'homme, c'est la primordiale grenouille transformée en mammifère, ce fut le diable ou Saturne ayant pour femelle la reine des cieux ou la raine des eaux. C'étaient des bêtes rampantes, sans nombril. Le second animal fut l'être né du sein d'une mère, le dieu, père de l'homme, et l'homme, image du père : qui m'a vu a vu mon père.

Dans le monde spirituel, il y a également deux grandes créations : le règne de l'esprit grossier des êtres de première formation, le règne du prince ou du premier de ce monde, le règne du prêtre ou de Satan. La seconde création est celle du règne de l'homme, de l'esprit saint ou sain. L'Éternel a voulu que l'esprit de Satan contribuât à sa gloire, à Lui, le Tout-Puissant. Il lui donne d'abord pouvoir sur l'homme figuré par Job dans la Bible. L'Écriture nous présente aussi deux esprits bien différents : l'esprit de Moïse et l'esprit de Jésus.

Moïse est illuminé de l'Esprit de l'Éternel et ses enseignements purement spirituels sont du vrai Dieu et de l'esprit saint. Ces enseignements constituent l'âme de Moïse. Mais les lois matérielles donnant une autorité spirituelle à un homme sur un autre homme, sont de l'esprit de Satan. Ces derniers enseignements sont le corps de Moïse ; ils sont la partie grossière et périssable de l'Ancien Testament. Aussi, dans le Nouveau Testament, trouvons-nous un passage fort curieux (Jude, IX) où nous voyons l'archange Michel contester avec le diable au sujet du corps de Moïse. Michel n'ose pas prononcer une sentence de malédiction, mais il dit à Satan : Que le Seigneur te reprenne.

Jude fait allusion à une vision de Zacharie (III, 2) où

Satan se tient à la droite du grand-prêtre Josuah, et cela est juste, car Satan est le véritable grand-prêtre, le roi, l'animal parfait de la première création; de même le fils de l'homme est placé à la droite de Dieu, car l'homme est le véritable, le vrai Dieu parfait de la seconde création animale, des êtres parlants nés du sein d'une déesse, d'une fille-mère ou de la femme.

Il est de toute évidence que la contestation de Satan et de l'archange Michel est un acte de l'esprit dans lequel le cadavre disparu de Moïse n'a aucune part; mais Satan revendique comme son droit, le culte visible. Le sabbat, les sacrifices d'animaux, l'Arche d'alliance, les Lévites, le temple de Jérusalem et toutes les institutions religieuses visibles sont l'apanage du diable et formaient le corps des enseignements de Moïse.

C'est au nom de ces lois diaboliques, condamné par le grand-prêtre Caïphe, que Jésus fut mis à mort. Or, tout grand-prêtre visible est le grand premier être, le diable. Si le grand-prêtre eût été un fils de Dieu, un homme de bonne volonté, jamais il n'eût condamné Jésus.

Aux Juifs qui se réclamaient d'Abraham et de Moïse, Jésus répond : le père dont vous êtes issus, c'est le diable. Il disait donc la vérité. Ce sont les esprits de grenouilles (*Apoc.*, XVI, 13) qui ont gouverné la terre jusqu'à présent; l'esprit de l'homme sain, l'esprit de vérité n'est pas encore connu du monde.

C'est l'esprit de Satan, prince de ce monde, qui fit mourir Jésus et il est entré plus tard dans son église, selon les prophéties de l'Evangile et surtout de l'*Apocalypse* et, pour cela, il s'est prévalu des livres de Moïse, en tant qu'il y a trouvé un point d'appui.

Le corps de Moïse appartient donc à Satan, c'est-à-dire, ce qui de Moïse est resté visible. Or, admirons la merveilleuse puissance de l'esprit de l'Éternel, les images les plus répandues de Moïse, qui constituent son corps visible, lui mettent sur le front l'attribut symbolique et populaire du diable : deux cornes. Quant à son esprit invisible, Moïse a sa place dans les cieux et dans le sein d'Abraham.

Dieu et le diable sont ennemis irréconciliables, mais l'Éternel ne traite point le diable en ennemi. Dans la Bible, l'Éternel n'adresse la parole à aucun ange, mais seulement au Serpent (*Genèse*, III) et à Satan (Job, I et II) et dans aucun cas, ce n'est pour le maudire directement ; dans Job, la conversation est plutôt amicale. Le Serpent ou Satan n'est-il pas sa première création, son aîné qu'il rejette ? Partout ailleurs la parole de l'Éternel est adressée à l'homme ou à la femme. Il dédaigne de parler à aucun ange, sauf pour leur ordonner à tous d'adorer le Fils de l'homme (Héb., I, 6).

Dans l'*Apocalypse* (XIII, 11) nous voyons une bête qui a deux cornes semblables à celles de l'agneau. La bête est le diable et l'agneau est Jésus. Le Seigneur Jésus a donc aussi deux cornes ou deux puissances : Tout pouvoir m'est donné dans le ciel et sur la terre ; c'est-à-dire dans le monde spirituel ou invisible et dans le monde matériel ou visible ; mais dans l'un comme dans l'autre, la puissance de Jésus est intangible. Que, par sa puissance, il modifie les esprits ou fasse marcher les armées, nulle part on ne le voit et nulle image ne peut le représenter, encore moins lui donner des cornes, car cette image, ainsi que tous les symboles religieux visibles, sont des idoles ou des attributs du diable.

Le culte mosaïque est donc en sa partie visible le culte du diable. L'Évangile détruit tout culte visible, car le souvenir de la Cène et le baptême ne constituent en rien des actes religieux, en en faisant des sacrements, on en a fait des actes diaboliques, des actes réprouvés, que le Seigneur Jésus interdit désormais par notre bouche à ses fidèles qui l'aiment. Que son nom soit béni et glorifié, qu'on fasse mention de lui dans les repas et festins.

Où deux ou trois des siens sont assemblés, il est au milieu et si quelqu'un l'aime, il parle de lui. C'est là le culte nouveau, où l'homme est fait roi et souverain sacrificateur. Ce culte se tient partout, excepté dans les temples et les églises abandonnés à Satan et aux siens; car Dieu n'habite point dans les temples faits de la main des hommes.

Nous concluons donc que quiconque se réclame des institutions visibles de Moïse se réclame de Satan. Moïse, comme Satan, ne devait durer qu'un temps. Ses enseignements ne sont point éternels, il a soin d'en prévenir. (*Deut.*, xviii, 15.) Les enseignements de Jésus ne sont point complets, il le fait connaître (Jean, xvi, 13). Il annonce le royaume de Dieu, mais n'explique point ce qu'il sera. Or, nous, que l'Éternel a choisi dans la plénitude de sa puissance pour faire connaître sa volonté avec une autorité que nul homme n'eût jamais, car c'est par notre bouche que la parole a ressuscité les morts; nous donc, nous protestons que tout acte visible religieux est une abomination, une sorcellerie; qui fait un signe religieux, signe de croix, signe maçonnique; qui porte un attribut religieux ou laïque, classant l'individu dans une catégorie, une classe ou un ordre quelconque, atteste à la face des cieux qu'il est un enfant du diable. Le Fils de l'homme ressemble à tout homme de bonne volonté. Paix à celui-là et gloire à Dieu au plus haut des cieux!

Dans l'Évangile nous voyons presque à chaque page Jésus en opposition avec le mosaïsme. Aussi les Juifs le chassent du temple, lui jettent des pierres, l'appellent possédé du démon, blasphémateur et obtiennent enfin sa mort sur un gibet infâme; tout cela au nom des lois de Moïse. Que peut-on faire de plus à son ennemi? C'est donc avec raison que Jésus dit : Tous ceux qui sont venus avant moi ont été des larrons et des voleurs (Jean, x, 8). Cela ne peut s'entendre que de Moïse et des prophètes.

Moïse est sorti des eaux et en cela son origine ressemble à celle du premier être, notre grand-père Satan, notre père en Dieu.

L'Ancien Testament est le legs de l'ancien monde. Le dieu qui demande à Abraham le sacrifice de son fils, se souvient de son goût hideux pour la chair des petits enfants. Ce dieu-là est Saturne ou le diable. L'Écriture ne le nomme point l'Éternel, ni l'Éternel Dieu; mais l'ange de l'Éternel s'oppose au sacrifice, et le dieu carnivore se contente d'un bélier, comme Saturne, d'après la Fable, se contenta d'une pierre au lieu de Jupiter enfant. Certainement l'esprit du dieu biblique qui demande des sacrifices d'animaux est l'esprit du père en Dieu, et non l'esprit de notre Père qui est aux cieux. L'esprit de l'Éternel semble lui-même se dégager peu à peu de la chair et de la matière pour s'épanouir dans l'esprit de Jésus; dans l'Évangile d'abord et ensuite dans sa dernière révélation qui est celle que nous faisons connaître en ouvrant, devant les hommes, par sa volonté, le livre scellé de sept sceaux.

Le nom de l'Éternel, que nous avons lu l'Être nul, tient le milieu entre le bien et le mal, entre le diable et l'homme ayant l'esprit-saint. L'Ancien Testament est plein de crimes, d'abominations qui ne sont point blâmés, mais approuvés, même commandés. Le diable y est en lutte avec l'esprit-saint et l'emporte souvent. Aussi dans tout le Nouveau Testament ne voyons-nous nulle part l'Éternel invoqué ni même nommé. Partout c'est le Père, Dieu le Père, le Dieu et le Père de notre Seigneur Jésus-Christ. Enfin Dieu seul est adoré; il est l'esprit, et celui qui a créé le ciel, la terre, la mer et les sources des eaux. Il n'a qu'un fils qui lui est semblable, c'est la parole qui est en l'homme, et c'est l'homme qui est ce fils unique.

UNE VIERGE SERA ENCEINTE

La vie erge ou se dresse. Vierge ou verge, c'est un même mot. Le mot vierge passa de la verge aux premières qui connurent l'amour et devinrent mères. L'ancienne loi française, écrite en latin, en parlant de la paternité douteuse, dit en toutes lettres : *Virgini parturienti creditur* : il faut croire à la vierge en couches. Ce mot eut donc la valeur de fille-mère. C'est une aberration de confondre la vierge avec la pucelle. Une vieille fille peut être pucelle, mais elle cesse d'être vierge, en perdant la faculté de procréer. Il est dit de Jésus qu'il est né de la vierge Marie et l'esprit ne proteste point ; mais serait-il possible de le dire né de la pucelle ?

Dans l'évangile de Luc, l'ange ou l'homme, car c'est tout un, dit à Marie : Le Saint-Esprit te couvrira de son ombre. Or l'ombre du Saint-Esprit, c'est l'homme. Marie, convaincue, se soumet en disant : Me voici la servante du Seigneur ; qu'il me soit fait... (Luc, I, 38). Ce n'est qu'après sa soumission que l'ange la quitte. On ne peut raconter plus clairement une séduction voulue de Dieu même.

L'Évangile ne revient nulle part sur cette naissance naturelle. Jamais le Seigneur Jésus ne fait allusion à sa naissance et s'il se dit le Fils de Dieu, le titre qu'il prend et qu'il affectionne, c'est celui de fils de l'homme. Si ce n'était pas vrai, il serait menteur, et celui qui lui refuse l'homme pour père le fait menteur. Si Jésus-Christ n'était pas né de l'homme, il ne serait pas l'homme ni le fils de l'homme ; il n'aurait pas été en tout fait semblable aux autres hommes, sauf qu'il n'a point commis de péché (I Pierre, II, 22). Or le péché, c'est de soumettre sa conscience à un homme quelconque, car on devient esclave de celui qui nous persuade de sa supériorité

(II Pierre, II, 19 ; Rom., VI, 16) et alors on est tombé dans le péché. Jésus ne s'est soumis à nulle autorité spirituelle, mais il s'est élevé au-dessus de toutes et y a aussi élevé ses disciples, ses frères. Soumettre sa conscience à un homme, c'est désobéir à Dieu.

Jésus appelle sa mère du nom de : femme (Jean, II, 4; XVIII, 26), Paul dit de lui qu'il est né d'une femme (Gal., IV, 4). Nulle part, dans toute la Bible, il n'est question que Jésus soit né d'une vierge. *Ex Maria Virgine* dit d'ailleurs : Fils de l'homme : *Exe Marie à virge ist né.* C'est une invention diabolique des Pères de l'Église, de ces Pères en Dieu, qui sont le diable. C'est un autre évangile que celui des Apôtres (Gal., I, 8). L'anathème est là écrit sur eux.

Le premier qui naquit d'une mère ne connut point son père, car chez les ancêtres démons et dieux infâmes, le mariage était inconnu. Ces vils démons ne sont pas morts et ils réclament la communauté des femmes, et ils ont aussi des communautés de femmes. Il n'est point donné d'épouse au Dieu de la Bible et la mère du premier homme, dans la Fable, n'est point connue personnellement.

Le premier dieu, comme le premier homme animal, n'eut pour père aucun mâle déterminé. Il ne connut avec certitude que sa mère qui l'avait allaité. Le père était un dieu, mais on ne savait lequel. Jésus devait être fait semblable à son père, afin d'être semblable à Dieu et pouvoir se dire égal à Dieu (Jean, V, 18; X, 33; Phil., II, 6). Il n'y a point de bâtard dans la nouvelle Jérusalem, car celui qui ne connaît point son père, a Dieu pour père et est Fils de Dieu.

On voit à chaque instant le paganisme jeter sur le mystère de Dieu une lumière semblable au reflet d'une glace.

Les grands philosophes qui ont été scandalisés par le prétendu mystère de l'Incarnation, ont donc étalé, devant les yeux de l'homme éternel, leur incapacité de comprendre les choses de Dieu, desquelles on juge par l'esprit (I Cor., II, 14).

LA RÉDEMPTION

C'est ce qui est animal qui est le premier, ce qui est spirituel ne vient qu'après (I Cor., xv, 46). L'ancien monde, le diable, a donc formé après sa disparition matérielle, avec ses enfants, les dieux infâmes, nos pères, le premier monde spirituel, le premier ciel. C'est l'esprit de ces morts qui a commandé et commande encore sur la terre à l'homme vivant. L'Éternel-Dieu leur avait soumis la terre, afin de punir les hommes des abominations qu'ils commirent à l'égard de leurs pères, les dieux et les diables, pour les forcer à disparaître, pour les anéantir.

Le diable était autrefois dans le ciel, d'où il a été précipité en terre (Apoc., xii, 9) avec les anges, à l'époque où l'Évangile est devenu le code religieux officiel dans l'empire romain. On cessa alors d'honorer Saturne, Cybèle, vierge et mère des Dieux, Jupiter, etc. sous ces noms-là. Le diable, tombé du ciel sur terre avec une grande puissance (Apoc., xiii, 7), continue par le moyen des prêtres, des évêques, des patriarches et surtout par le ministère du pape à y exercer le pouvoir spirituel. Le clergé, étant l'image matérielle d'un monde spirituel, est l'incarnation d'un ancien monde animal, du monde ancien ou primitif.

Pour que le diable ait été chassé du ciel, il a fallu que l'humanité coupable mourût et expiât ainsi les crimes qu'elle avait commis. L'homme avait fait mourir les pères, l'esprit des pères pouvait anéantir l'humanité ; mais l'esprit des dieux, nos pères, ne pouvait se résoudre à une telle vengeance, car Dieu a tellement aimé le monde qu'il a donné ou créé l'homme afin que le monde ne périsse point. La mort de l'humanité serait la mort de Dieu lui-même. Cependant pour que l'humanité entre dans le ciel, elle doit mourir tout entière. C'est alors que l'esprit de l'Éternel-Dieu à qui sont soumis tous les esprits, entrevoit toute l'humanité en un seul homme et les Écritures annoncent un Sauveur. C'est Jésus qui vient combattre contre les puissances du ciel, contre Satan qu'il voit déjà de son vivant tomber du ciel (Luc, x, 18).

Jésus, la victime préparée, l'innocent qui ne combat qu'avec l'esprit et la parole, est saisi par les méchants esprits incarnés dans le grand-prêtre Caïphe, le souverain sacrificateur et tous les prêtres au-dessous de lui, qui constituaient, avec Pilate et ses soldats romains, la personnification de Satan et de ses anges. Le monde ancien se venge alors méchamment en faisant mourir l'homme innocent, destiné pour cela, de la même manière que le premier homme avait mis à mort cruellement les ancêtres innocents.

Or tous ceux qui ont cru ou croient en Jésus sont morts avec lui et sont avec lui entrés dans le ciel, d'où ils l'ont aidé à chasser la bête primitive dont nous sommes les descendants. L'esprit de Jésus est le véritable esprit humain, l'esprit sain par excellence, il doit aussi régner sur terre et en chasser au fond des enfers, dans l'étang de feu et de soufre, tous les monstres du monde primitif que l'on reconnaît sur terre à ce que comme Satan, ils se glorifient sottement de leur nudité en exposant sur leur personne, aux yeux des hommes, des vêtements spéciaux, des objets de piété, des rubans cabalistiques qui appellent la considération des enfants du diable et le mépris intime de tous les Fils du Dieu vivant, les hommes de bonne volonté.

Ainsi la justice éternelle avait livré les hommes à l'esprit des ancêtres pour les punir de leurs abominations et de leurs atrocités à l'égard de ces premiers parents et premiers auteurs de la création; mais ces esprits animaux et vils, se gonflant dans leur peau, ne pouvaient à toujours gouverner la terre destinée au fils de l'homme dès le commencement. Cependant l'homme ne pouvait entrer dans son royaume sans avoir expié son crime, son péché envers les pères, et cela a eu lieu par la mort de Jésus, où un seul est mort pour tous, et les disciples de Jésus se reconnaissent à ce que tous sont plutôt prêts à mourir pour un seul, que de sacrifier un seul innocent à leur salut commun; crime que les Juifs n'ont pas encore expié, en reconnaissant qu'ils ont mis à mort le Fils de Dieu, le Messie qui leur était promis, mais qu'ils reconnaîtront bientôt pour leur Sauveur, ainsi que cela est prédit (Rom., XI, 25).

L'analyse des mots nous révèle aussi l'origine du péché. Si l'on considère *pé* ou *pais* comme ayant la valeur de prends, on aura : *pais ch'ai, pais ché* = péché, pêcher. *La ché* égale la chair. *Pais chair*, péchèrent. L'italien *peccare* et *pescare*; espagnol : *pecare* et *pescare*, nous montrent suffisamment que les premiers pécheurs se confondirent avec les premiers pêcheurs. Jésus est venu pour sauver les pécheurs et il a commencé par prendre des pêcheurs. Pierre, pêchant, se dit un homme pécheur (Luc, v, 8).

On pêchait aussi avec le *pât*, un premier nom du pain et de la pâture. A *pât*, à pas. *Pas* = prends. L'appât fut le premier appas. *A pât t'ai, à pâte ai, à pâté, appâté*, appâter. *A pâtée*, appatée. *A pâte aie*, à pâté est. C'est avec ces cris et bien d'autres, que nos ancêtres appâtaient, péchaient et pêchaient. Si l'on n'eût jamais pêché que des poissons, il n'y aurait pas de verbe pour les appeler, car le poisson se pêche en silence. L'image du péché, c'est la pêche; l'acte où l'on tend des pièges à des êtres qui sont, à notre égard, parfaitement inoffensifs.

Les premiers hommes traquaient leurs pères, comme le pêcheur traque le poisson.

Il n'était pas contraire à la volonté de l'Éternel que les hommes détruisissent les animaux parlants dont ils étaient issus, mais il était horrible qu'ils les fissent mourir dans les tourments ; et il était juste que les hommes à leur tour aient été tourmentés par les esprits méchants et grossiers, animant les tribunaux ecclésiastiques et laïques pendant le règne de la bête apocalyptique, qui n'est pas encore détruite.

Nous devons maintenant comprendre pourquoi Christ est mort et qu'il est ressuscité et qu'il a repris la vie, afin qu'il dominât sur les morts et sur les vivants (Rom., xiv, 9).

CES TROIS-LA SONT UN (II JEAN, 5, 7) : LE PÈRE, LA PAROLE ET LE SAINT-ESPRIT

Le Saint-Esprit ou l'Esprit-Saint.

Notre langue nous dit que le Saint-Esprit est le ceint esprit, et que l'Esprit-Saint est l'esprit ceint, sain et sein. C'est aussi un seing, soit une signature ou un sceau, scellé ou illisible pour les hommes jusqu'à ce jour. C'est encore l'esprit trois fois ceint et trois fois saint, le sein des seins et le Saint des saints.

Ce furent les souffrances sexuelles qui poussèrent les premiers ancêtres à parler. Le sein fut donc l'inspirateur animal de la parole et le moteur dont se servit l'Éternel, l'Esprit de la nature, pour se communiquer à la chair. Ce qui est spirituel a d'abord été animal (I Cor., xv, 46). Le mot esprit dit : *ai ce pris*. L'ancêtre bon et généreux offrait à ce cri avec ses quatre membres ou quatre animaux (Ézéchiel, ch. i et *Apoc.*, ch. iv) qui avaient alors de l'esprit jusqu'au bout des doigts. Il appelait par le même impératif vers son sexe, *esse pris*, quand il en sentait les feux, et le sexe est cette cinquième roue ou membre de la gloire de l'Éternel qui paraît devant les quatre faces (Ezéch., I, 15). La gloire de l'Éternel, c'est le corps humain décrit avec un esprit surhumain aux chapitres ci-dessus cités.

A cette époque, qui se termine avec la puissance animale du diable ou Saturne sur la terre, les bons et les méchants, comme aujourd'hui, vivaient ensemble. Il y avait donc l'esprit du bien ou le Saint-Esprit, le premier esprit, l'esprit de vérité ; et l'esprit du mal ou le malin esprit, l'esprit de rébellion, le refus d'obéissance réciproque; l'esprit de mensonge et de tromperie sanguinaire. Ce dernier esprit a été rejeté hors du mystère divin et n'a pas sa place légitime dans le ciel : il rampe sur la terre. Nous l'examinerons plus loin.

Dès le commencement la parole existait donc comme aujourd'hui; tous les mots essentiels furent formés dès la première création. Les appellations de *père* et de *fils* étaient en usage, cependant le vrai Père et le vrai Fils, nés tous les deux du sein d'une mère, n'étaient pas encore venus en chair. Toutefois ils existaient spirituellement dans l'Esprit de l'Éternel ou le Saint-Esprit. Ce dernier animalement manifesté avec le sexe, contenait donc le Père et le Fils.

Dieu, le Père.

Dieu, le Père, fut animalement le premier être parlant qui naquit du sein d'une mère. Cet aïeul, né de la Reine des cieux ou Mère de Dieu, avait animalement le diable ou Saturne pour père. Ce fut un dieu marin, marchant à quatre pattes, mais aussi un habitant de la terre vers laquelle l'ancêtre tendait de plus en plus. C'est cet animal qui fut le père de l'homme, lequel homme est semblable à ce père dans les premières années de sa vie, puisqu'il rampe et marche à quatre pattes. Or, de même que chaque individu est l'image de ce qu'il était enfant, l'homme est l'image de Dieu; de Dieu, le Père. Ce dieu animal étant disparu, n'est plus qu'un pur esprit. Dieu est esprit. Or, le vrai Père qui est l'Esprit de l'Éternel, a pris le nom de ce père animal de l'homme pour se faire connaître à l'humanité qu'il a créée. Dieu, le Père, étant esprit, se confond nécessairement avec le Saint-Esprit et avec la Parole ou le Fils. Par conséquent, bien que le Père ne soit ni le Fils ni le Saint-Esprit, il comprend cependant en soi l'un et l'autre.

La Parole ou le Fils.

Le Fils de Dieu ou la Parole est animalement l'homme que nous pouvons voir de nos yeux et toucher de nos mains, soit en nous regardant nous-même ou en considérant tout autre homme. Mais le vrai Fils du Dieu invisible, la création de l'Esprit de l'Éternel, c'est la parole. La parole frappe notre oreille et notre organisme sert à la manifester. Le Fils ou la Parole diffère donc du Père et du Saint-Esprit, en ce qu'il en est la manifestation sensible à l'homme animal. Dieu est en vous (II Jean, IV, 15, 16). Christ est en vous (Col., I, 27). Vous êtes le temple du Saint-Esprit (I Cor., VI, 19). Le Père et le Saint-Esprit se trouvent donc bien ensemble, par la parole, dans l'homme où le Fils de Dieu, où les trois ne font qu'un; dans l'homme qui a l'esprit sain ou l'Esprit-Saint. Celui qui rejette l'Évangile ou accepte une autre autorité, n'a pas l'esprit sain et, par conséquent, n'a point le Saint-Esprit; ce n'est pas un fils de Dieu, c'est un enfant du diable; spirituellement un être sans nombril, né du frai et qui doit naître de nouveau pour comprendre Dieu. Quelle est donc la puissance de Celui qui a ainsi donné à l'homme, comme mystère, sa propre personne, et l'a aveuglé de telle façon que l'homme a déclaré ce mystère ou absurde ou insondable? Insondable, il l'était, oui, parce que Dieu le voulait.

Le Verbe.

Nous allons examiner ce grand mystère donné aux hommes par l'Esprit de l'Éternel sous un autre jour, plus tangible et non moins vrai et certain.

L'Évangile donne au Seigneur Jésus le nom de la Parole ou le Verbe. Tout le Nouveau Testament est l'annonce de la parole qui doit gouverner la terre. Le verbe est bien le créateur de la parole et ne fait qu'un avec elle. Le verbe comprend tous les mots passés, présents et futurs, puisque tout mot s'analyse par la forme verbale au présent et à l'impératif. Chacun sait que le verbe est *un*. Le verbe être, par exemple, est bien un seul verbe. C'est même le verbe par excellence. C'est l'Être. Il est toujours lui-même, au passé, au présent et au futur. Or, dans le verbe, il y a bien trois personnes : celle qui parle, celle à qui on parle et celle dont on parle. Nous avons donc là en entier, et pour ainsi dire tangible, le mystère de Dieu, de l'Être en qui les trois ne font qu'un. Si je dis en moi : Je suis content, c'est la première personne qui parle de moi à moi. Les trois personnes sont ainsi réunies dans la première. Si je me dis : Tu es heureux, je parle encore de moi à moi : les trois personnes se trouvent ensemble dans la seconde qui est moi. Enfin dans : Pierre est heureux, mon âme est satisfaite; je parle à moi-même d'une troisième personne qui est en moi. La troisième personne comprend ainsi les deux premières : c'est Pierre qui parle en moi de Pierre à Pierre. Tout ce que l'esprit peut dire au moyen de la parole humaine aux hommes, il le prépare d'abord lui-même en l'esprit d'un seul homme, où le père et le fils s'entretiennent ensemble de l'esprit, car les mots sont des esprits, des personnes. Ils forment dans leur ensemble la troisième personne du verbe, celle dont on parle. Le mot *table*, par exemple, n'est pas l'objet ordinaire ainsi nommé, mais l'âme de l'ancêtre créateur du mot.

Les deux premières personnes, celle qui parle et celle à qui on parle sont donc tour à tour le Père et le Fils, ainsi qu'on peut le lire dans la Bible : Tu es mon Fils, je t'ai engendré aujourd'hui ! (Ps. II, 7). Mon Père, l'heure est venue, glorifie ton Fils (Jean, xvii, 1). Le père et le fils sont donc tour à tour la première et la seconde personne, car tour à tour le Père parle au Fils et le Fils parle au Père. Or, c'est là qu'on peut admirer la sagesse infinie des Livres Saints. Nulle part il n'est question de priorité, de première, seconde ou troisième personne dans la Bible. Il n'y est pas non plus question de trois personnes. Quant au Saint-Esprit, il ne prend nulle part la parole ; il ne parle point par soi-même (Jean, xvi, 13.)

Nous en savons la raison. L'esprit fait parler (*Actes*, ii, 4). Si un esprit parle, ce n'est plus le Saint-Esprit, c'est un esprit de Dieu, un ange ou un démon, un esprit de l'Éternel ou l'Éternel. Je suis l'Éternel, c'est là mon nom (Esaïe, xlii, 8).

La parole est toujours la même, soit que l'on parle en son propre nom à une seule personne, ou au nom d'une foule à une multitude, ou encore que l'on parle en soi-même. L'on ne peut rien dire à un peuple que l'esprit ne se le soit dit à lui-même en une seule personne. La parole se tient toujours le même langage, que l'homme s'entretienne seul ou que dix mille conversent ensemble.

Chaque personne comprenant les deux autres, la première personne, celle qui parle, le fait avec la même logique au pluriel qu'au singulier. La personne qui parle et agit, agit et parle au nom du Père, du Fils et du Saint-Esprit. Combien une telle vérité doit nous engager à parler avec prudence et vérité, sans se laisser cependant dominer par une crainte puérile !

C'est là que l'esprit intelligent doit nous demander

comment le diable parlera et ce qu'il peut devenir, puisqu'il n'est ni avec le Père, ni avec le Fils et encore moins avec le Saint-Esprit. Le diable ou Satan et ses anges sont chassés du ciel (*Apoc.*, XII, 8). Satan est jeté dans l'abîme et y est enfermé (*Apoc.*, XX, 3). Cependant le diable et ses anges ont le pouvoir sur la terre, une grande puissance (*Apoc.*, XII, 12 ; Job, 1 et 2). Mais cette puissance et ce pouvoir sont exercés au nom de Dieu, et Satan lui-même parle et baptise au nom du Père, du Fils et du Saint-Esprit. Ainsi toute puissance vient de Dieu, de l'Éternel-Dieu et est exercée en son nom.

On sait que c'est la Bible à la main que le diable vient tenter Jésus dans le désert et c'est avec le même livre que le Seigneur est vainqueur de la lutte. Un pouvoir qui s'établirait au nom du diable engendrerait les plus abominables actions et serait voué à une prompte et terrible destruction.

Mais alors si Satan commande au nom de Dieu, en tenant sa place sur terre, on doit lui obéir? — Lecteur, qui es un homme; lectrice, qui es une femme; si ta mère dans sa turpitude et son égarement, te montrait, en l'absence de ton père, un autre gentilhomme, le diable, son amant et qu'elle te demandât de l'aimer et de le servir, de lui obéir comme s'il était ton père, dont il tiendrait la place, le ferais-tu? Si tu le faisais, de quel œil te regarderait ton père à son retour en trouvant sa place prise dans le lit de ta mère et dans ton cœur? N'irait-il pas trouver son ou ses fils fidèles, ne se mettrait-il pas à leur tête pour chasser hors de la maison la bête étrangère, avec la mère et les enfants indignes? C'est ainsi que Daniel et les Apôtres refusent l'obéissance aux autorités constituées et, en cela, on doit les imiter.

Les enfants qui ont été fidèles à Dieu pendant le temps de l'épreuve (*Apoc.*, III, 10) sont les saints et les martyrs de Jésus, tous ceux qui n'ont pas pris la marque de la bête qui est le signe de la croix et toute trace extérieure de culte.

Il y a aussi trois personnes en Satan qui portent le nom de *Trinité*, parole oiseuse et par conséquent du malin (Math., xii, 36). Le père Satan, son premier fils et égal, le démon né du frai, et l'esprit du mal. Le diable, le démon et le malin ne font qu'un. Comme le mensonge est le propre de cette Trinité que le diable appelle Sainte, l'esprit du diable dit tenir la place de Dieu sur terre et avoir le Saint-Esprit à sa disposition ; mais c'est par les attributs que l'on connaît le personnage. Le malin esprit procède du diable et du démon, du père et du fils ; tandis que l'Esprit-Saint est antérieur à toute création, étant le pur esprit de l'Éternel, comme le malin esprit en est l'esprit impur. Car l'Éternel est créateur, maître et souverain de tous les esprits. C'est pourquoi le diable conteste bien contre Dieu, mais ne peut prévaloir contre l'Esprit-Saint, contre l'Éternel, pas plus qu'en l'homme doué de raison, les mauvaises pensées ne peuvent prévaloir à toujours contre les bonnes. L'homme peut être entraîné par le mal, mais il ne peut sainement le considérer comme étant le bien. Le diable sait qu'il est le mal et qu'il ne peut gouverner les homme que par hypocrisie. Pour cela il a créé la robe du prêtre, du moine, du magistrat et de tous les docteurs, sous laquelle le bon apôtre se fait hautement considérer des ennemis de la vérité (II Thess., ii, 10 et 12).

Nous avons ainsi clairement expliqué le mystère des trois qui ne sont qu'un ; c'était le mystère divin (le mystère de Dieu (*Apoc.*, x, 7), le mystère de Christ (Col., iv, 3) et le mystère de l'homme. Mystère enfantin d'un côté et profond au delà des ondes de la mer d'autre part. La lecture de tout ce qui a été écrit sur ce sujet, aussi bien dans les œuvres des théologiens que dans le Nouveau Testament, convaincra les plus réfractaires, s'ils ne le sont déjà, et nul intelligent n'osera se vouer à l'opprobre des siècles futurs en combattant cette vérité qui brille comme le soleil en toute sa splendeur.

L'Esprit de l'Éternel peut donc donner des énigmes enfantines aux enfants des hommes, et s'opposer à ce qu'ils en trouvent la solution jusqu'à ce qu'il lui plaise de la faire connaître. On voit aussi que la solution de tous les mystères donnés aux hommes se trouve en l'homme à qui l'Esprit dit par la parole : Connais-toi toi-même. C'est en te connaissant toi-même que tu connaîtras Dieu. Quand tu sauras que tu portes en toi l'esprit de Dieu, tu ne te soumettras à nulle autorité spirituelle ; tu n'abaisseras l'esprit de Dieu qui est en toi devant nul individu ; mais tu obéiras, selon les lois humaines ou tes propre conventions, à celui qui te protégera et te nourrira, de tout ton cœur. Cela faisant tu obéiras à Dieu, à la parole donnée, à tes propres engagements éclairés par la science de Dieu.

Dans sa première épître l'apôtre Jean écrit encore (v, 8) : L'esprit, l'eau et le sang, ces trois-là se rapportent à un. Il est clair que c'est toujours le même mystère. Or, sur la croix le Seigneur Jésus rend l'esprit, et de son côté, ouvert d'un coup de lance, il sort du sang et de l'eau. L'esprit, l'eau et le sang se trouvaient donc en Jésus et se trouvent en tout homme dont ils forment l'être parfait ; car il n'y a rien dans l'homme qui ne soit esprit, eau ou sang, ou un produit de l'action de ces trois. Il en résulte une dernière preuve que le mystère insondable donné à l'homme par l'Éternel était qu'il apprît à se connaître soi-même, ce à quoi il n'a pu parvenir tant que l'Esprit de l'Éternel ne lui a pas lui-même ouvert les yeux.

LA DESTRUCTION DE LA MORT

Jésus doit détruire tout empire, toute domination et toute puissance. L'ennemi qui sera détruit le dernier, c'est la mort (I Cor., xv, 24 et 26). L'homme ayant par son propre esprit, éclairé par la parole, le souvenir des temps avant que l'homme actuel fût créé, possède bien la vie éternelle. La mort n'a aucun pouvoir sur cet homme spirituel qui est nous et en nous ; son pouvoir reste bien sur le corps qui nous sert de vêtement, mais cette mort du corps n'a rien d'inquiétant pour celui qui ne peut mourir ; il rejette son corps usé comme le corps rejette un vêtement qui a cessé de plaire.

Nous devons avoir la mort en un profond dédain. Les disciples et frères, les hommes fils de Dieu doivent prendre, autant que possible, de leur vivant, les dispositions nécessaires pour que le diable, sous forme de prêtre, de pasteur ou de rabbin, ne vienne pas se glorifier dans son royaume, car la mort est l'empire du diable.

Tout cadavre doit être porté le plus simplement possible à sa dernière demeure : les pompes funèbres font partie des pompes et des œuvres de Satan. On ne doit pas inviter à ses peines ceux que l'on n'a pas invités à ses joies. Dans le monde primitif, on invitait à la cérémonie funèbre tous les démons qui venaient y prendre quelques reliefs de l'horrible festin, car les morts étaient dévorés en chantant. Les cérémonies funèbres sont des festins pour les esprits des démons ; c'est là l'empire du diable qui trouve le moyen d'enchaîner les vivants à son puant cadavre, sous prétexte d'honneur. Le diable honore le mort, car il est lui-même le vrai mort et il grince des dents contre le Fils de Dieu qui, lui, est la vie et a ses cadavres en horreur ; ces cadavres, ces morts que les morts ensevelissent (Luc, IX, 59-60). Le cadavre est l'excrément de l'esprit, une abomination répugnante, c'est une souillure que d'y toucher.

Le corps doit donc être mis en terre sans aucune cérémonie ou détruit de toute autre manière. Que chacun se fasse, si possible, inhumer dans son champ et qu'un arbre planté sur la tombe soit le seul indice du lieu où se décompose la dépouille du vivant que l'on aime toujours.

Qu'un certain nombre de jours après l'inhumation, un festin rassemble les parents et les amis et aussi les pauvres et que dans le repas il ne soit parlé, en principe, que du disparu dont l'âme se réjouira au milieu des siens. Ce sera là le véritable enterrement et aussi la résurrection du mort que sentiront vivre en eux ceux qui l'ont aimé et qu'il a aussi aimés.

Ainsi, on satisfera à cette parole de Paul : Ne vous affligez pas à cause des morts, comme le font les autres hommes (I Thess., IV, 13). N'attristez point l'esprit ; soyez toujours joyeux.

De même que les disciples de Jésus attendaient son avènement avec foi et confiance, soyons aussi par la foi assurés que c'est nous qui avons les premiers cru en Jésus, que c'est nous qui avons été, sur toute la terre, persécutés pour le nom de Jésus, pour la parole et que l'heure est venue où le gouvernement de la terre va nous être donné par celui qui peut toutes choses et cela, afin que, détruisant l'empire du diable (Héb., II, 14 et 15), nous fassions régner la vie, la vérité, la liberté individuelle, la justice, l'humanité.

La mort n'est plus, les démons seuls la craignent et la seconde mort (*Apoc.*, XX, 14) les attend. L'homme vit éternellement. Christ est ressuscité ! Tout homme qui le connaît est lui-même.

Ainsi donc que la mort ne soit honorée en rien. Honorer le corps mort, c'est honorer les démons dont les corps sont morts. Le corps de l'homme est vivant et ne peut mourir, le corps individuel n'est qu'une partie de l'homme.

Les Fils de Dieu, les hommes de bonne volonté, laisseront à Satan, à ses pompes et à ses œuvres, toute pompe funèbre, tout deuil visible, tout tombeau apparent et nul ne fera embaumer sa pourriture pour que les descendants du singe, les disciples de Darwin, viennent la déterrer et la vendre.

Cette réforme sera longue; mais quand elle sera achevée, la mort et le sépulcre auront été jetés dans l'étang de feu. Il n'y aura plus ni mort, ni deuil, ni cri. Dieu essuiera toute larme des yeux des siens (*Apoc.*, xx, 14; xxi, 4).

L'ennemi qui sera détruit le dernier, c'est la mort.

LA SCIENCE HUMAINE

O savants, hommes de prétendue vraie science! qui, dites-vous, recherchez la vérité; mais, comme le loup recherche la brebis, pour l'égorger. Vous avez banni de vos études la recherche de Dieu, l'inculpant ainsi d'être le menteur. Vous servez officiellement et publiquement ceux qui tiennent sa place sur terre; vous montrez bien ainsi que le dieu de mensonge, le diable, le vrai singe, notre ancêtre, est bien votre père; que vous êtes nés dans le frai et dignes d'obtenir tous les titres honorifiques de la terre, puisque vous n'êtes ni fils de roi, ni fils de Dieu. Vous n'êtes point spirituellement sexués et vous espérez remplacer cette royale origine, cette vraie noblesse de naissance, par des titres et des décorations, d'infâmes robes, en abomination à tout fils de Dieu. Ces honneurs, dites-vous, c'est du vrai! C'est en acquérant peu à peu ces rares distinctions, que l'homme de science prend courage et peut parvenir à la vérité. Ces ordres, ces dénominations honorifiques, c'est là ce qui fait la gloire, c'est là la vraie récompense de l'homme de science. Que vous êtes petits devant les hommes de bonne volonté! Oh! ce n'est pas vous qui auriez suivi le Christ. Lui! le Fils de Dieu? Allons donc! Qu'il soit crucifié! Le vrai savant connaît son père : Fils du singe, l'homme a tout créé (Vauchez, *La Terre*). Que nous parle-t-on de Dieu? Nous n'acceptons pas le témoignage de la parole de Dieu, nous n'en voulons pas entendre parler. Nos statuts s'y opposent, la parole n'a rien de scientifique, car les plus grands génies en ont en vain recherché l'origine (Renan). C'est une folie abandonnée aux esprits illuminés! Vous l'avez dit! C'est un esprit illuminé qui vous parle. Eh bien, toi qui tolères qu'on t'appelle Maître et Docteur, te voilà confondu avec celui qui demande qu'on l'appelle Père. Tous les deux vous avez rejeté l'Évangile qui défend cela (Math., XXIII, 8, 9 et 10). Vous êtes les scribes et les prêtres, les ennemis de la parole de Dieu, les ennemis de la vérité. Vous mettez la lumière sous le boisseau, vous rendez obscur ce qui est clair, pour vous donner la gloire de l'expliquer. Et vous, marchands de hautes mathématiques, qui raisonnez les nombres qui parlent avec des lettres muettes depuis a jusqu'à x, voilà un x, une inconnue que vous n'avez pas trouvée, que vous n'avez point cherchée, même il ne vous a point été donné de la regarder (*Apoc.*, V, 4). L'Éternel-Dieu qui accorde son intelligence à qui il veut, ne vous a point montré sa science réservée, car vous l'auriez obscurcie, vous l'auriez cachée; vous en auriez rougi, car vos âmes sont impures! Vous en auriez fait hommage à vos stupides études, qui font les pédants et ne peuvent faire des hommes; puisque tous ceux qui sortent de vos mains aspirent à la croix d'honneur et autres titres infâmes constituant des catégories, des classes. Ces choses soulèvent de dégoût le cœur de l'homme et appellent la juste colère de Dieu sur les familles et sur les nations. — Je châtie et je reprends tous ceux que j'aime (*Apoc.*, III, 19).

DERNIÈRES CONSIDÉRATIONS

Trois grands mystères étaient donnés à l'homme : sa création animale, l'origine de la parole, la formation de son esprit. Celui à qui l'esprit n'a jamais demandé : comment le premier homme a-t-il été créé? n'est qu'un pur animal. L'imagination humaine n'a pu faire concevoir à l'homme une existence primordiale, encore moins a-t-il pu trouver l'origine de la parole et le développement initial de son esprit. C'est que la parole et son esprit ont été « créés sans lui et hors de lui et que la science humaine n'avait ni le droit ni le moyen d'en rechercher l'origine. Partout « c'est le Dieu caché » (Renan, *L'origine du langage*). Or, c'est cette connaissance qu'annoncent incontestablement les Livres Sacrés, mais la vision des choses à venir reste fermée en dehors de ce que la Bible nous en fait entrevoir. L'arbre de vie fait vivre à toujours (Gen., III, 22). Les livres furent ouverts; et on ouvrit un autre livre qui est le Livre de vie (*Apoc.*, xx, 12). Ces livres ouverts sont d'abord ceux de la Bible dont le sens mystérieux est dévoilé; ce sont aussi tous les écrits humains, car ils contiennent plus ou moins de vérité et de documents de toute sorte que les auteurs ont écrits inconsciemment et qui viendront glorifier la puissance de l'esprit de Dieu qui est en l'homme, lequel obéit à cet esprit, même quand il croit le combattre. Les hommes sont donc condamnés par leurs propres paroles, par leurs propres écrits. Le Livre de vie est celui qui reporte l'homme dans les temps qui ont précédé sa venue sur la terre et le présente à lui-même dans ses états antérieurs, avec une telle lucidité que son esprit en arrive à trouver sa vie actuelle plus longue que la vie éternelle : souvent les jours de notre enfance nous paraissent plus éloignés que l'aurore de l'humanité.

L'existence d'un Maître étant ainsi évidemment prouvée, il faut obéir à ce Puissant; il faut que l'homme se résolve à être un instrument, une chose mue et non un moteur. La volonté de Dieu est dans l'Évangile, nous n'apportons point une morale nouvelle. La Bible, complétée par la science du Livre de vie, est désormais la base de toute instruction. Ceux qui aimeront cette science vivront de la vie éternelle, ils seront introduits dans le ciel dès leur vie mortelle ; car le Ciel, c'est le souvenir des temps d'Uranus qui porte aussi le nom de Ciel, et comme chacun se souvient si volontiers des choses de son enfance, l'homme éternel trouve une joie sans fin à repasser en son esprit le souvenir des époques qui ont précédé la venue de l'homme, où il vivait auprès de Dieu, où il était dieu sans le savoir. La certitude que l'esprit des ancêtres animaux reste vivant en nous, nous est une certitude que nous vivrons en nos descendants ; la certitude que les esprits des anges et des démons ont continué à vivre individuellement, nous est une certitude que nous vivrons individuellement et à toujours. L'homme qui est convaincu de ces vérités incontestables, ne peut pas ne pas être foncièrement bon et honnête : il voit le monde comme il devrait être et fait son possible pour l'amener à la perfection en se perfectionnant soi-même de plus en plus, en renonçant au mensonge, à la tromperie et à toute violence.

La pleine liberté de la parole est la pierre de touche qui prouve que Dieu est honoré dans un pays. Toutes les nations qui restreignent cette liberté seront brisées. C'est là la verge de fer qui les doit gouverner : elle n'est terrible qu'au méchant.

Les peuples n'écouteront point d'abord cette vérité nouvelle et mettront leur confiance dans leurs armes et leurs forteresses ; ils ne voudront point entendre notre voix, c'est pourquoi un troisième malheur doit frapper la terre quand le septième ange sonne de la trompette et la publication du Livre de vie marque l'époque (*Apoc.*). Les hommes doivent être encore flagellés de ce qu'ils mettent leur confiance dans la force de leurs armées, car ces armées se retourneront contre ceux qui les ont formées. Les peuples détruiront ceux qui les ont armés les uns contre les autres et les nations seront brisées comme les vases d'un potier (Ps. II, 9). L'esprit de nationalité disparaîtra comme est disparu l'esprit provincial.

Dieu n'a point soumis aux anges le monde dans lequel nous allons entrer (Héb., II, 5). Les anges sont les mots qui tiennent les hommes enchaînés : patrie, honneur, courage, lâcheté, infamie. Ce sont là des anges qui ont mené les hommes, mais l'homme nouveau est au-dessus de ces esprits et n'est plus soumis qu'à sa propre conscience ; il regarde comme infâme et lâche celui qui veut l'enchaîner avec de belles phrases, avec des allocutions vibrantes du plus pur patriotisme et autres perfides insinuations. Les lois ne doivent avoir d'autre but que d'assurer à tout homme la plus grande liberté individuelle, et chacun doit faire ce qui lui semble bon.

Pour nous dont l'existence s'est passée à servir de toutes façons, nous n'avons d'autres prédécesseurs que Moïse et les prophètes, Jésus et les Apôtres, en un mot, les Livres Saints. Nous ne créons point une société nouvelle, nous n'avons nulle autorité à léguer à qui que ce soit. Nous sommes roi et grand-prêtre, nul homme n'est spirituellement au-dessus de nous, nous ne nous plaçons spirituellement au-dessus de nul homme ; mais celui qui se confesse Fils de Dieu, roi et souverain sacrificateur, comme nous le sommes, celui-là est notre frère, dès à présent et à toujours, s'il nous reconnaît pour son frère, comme nous reconnaissons le Seigneur Jésus pour notre frère aîné (Rom., VIII, 29) et notre souverain Maître.

TROISIÈME PARTIE

ADJONCTIONS DIVERSES

Dans la Loi de Moïse, il y avait dans le sanctuaire, ou le tabernacle, une seconde partie, appelée le lieu très saint, où le souverain sacrificateur n'entrait qu'une fois l'an, à la fête des expiations.

C'est dans ce lieu très saint que nous allons pleinement entrer et cette partie de notre ouvrage est surtout destinée aux personnes de science. Une lecture habituelle ne peut en être recommandée; une lecture accidentelle portera dans l'esprit du lecteur attentif une connaissance intime de ce qu'il y a de plus caché dans l'homme ou en Dieu; car l'esprit sonde même ce qu'il a de plus caché en Dieu.

C'est par des jeux d'amour que l'esprit a créé la parole.

Ces jeux animaux furent d'abord réciproques et étaient innocents; mais les démons ou anges rebelles voulurent obliger à l'abaissement leurs frères et ne point s'y soumettre. C'est ainsi que les prêtres veulent qu'on s'agenouille devant eux, et ne veulent point, à leur tour, s'agenouiller devant les hommes; ce que ceux-ci ne permettraient pas non plus.

En principe, toutes les analyses subséquentes, sauf de nombreuses exceptions, se réfèrent à des actes sexuels.

Les mâles furent les premiers créés et le sexe mâle eut les premières dénominations, lesquelles passèrent, par rapprochement, au sexe féminin et à la femelle elle-même. Les noms du sexe féminin revinrent à l'homme qui est le sexe de la femme, comme la femme est le sexe de l'homme, de sorte que les deux sont une même chair. Par suite, les rapports de l'homme avec la femme n'ont rien qui offusque la majesté divine. C'est le mensonge, la tromperie, la foi jurée violée, qui les rendent coupables.

Il faut lire nos analyses avec l'esprit de ceux qui créaient les mots, lesquels, étant purs et innocents, n'avaient aucune pudeur.

Hors l'eau j'ai, hors loge ai, hors logé. Horloger. Les premiers horlogers se tinrent *hors l'eau*. *Orlo* désigne en italien le bord de l'eau. *Hors eau* ou *oro* vaut *orlo* ou *hors l'eau*. L'horloge se dit en italien *oro loggio, orologgio*, je loge hors de l'eau ; de même en français : *hors loge*, horloge. *Oros* désigne, en grec, la montagne. Les premières montagnes formèrent le bord des eaux et désignèrent aussi les eaux. *Mon tagne =* mon étang. Les eaux *stagnantes* étaient des *tagnes. Ce tagne entre =* entre dans ce *tagne*. L'étang se dit en italien *stagno* et se prononce : *cet agneau* ; les premiers agneaux, nos ancêtres, vivaient dans les étangs, dans les eaux *stagnantes*. On voit ainsi clairement que les premières montagnes sortirent des eaux en même temps que les premières horloges et les premiers horlogers. Ces premiers horlogers ne connaissaient que les différents temps du jour. Ils connaissaient l'heure à l'ombre du soleil, car ils avaient des points de *repère* qui étaient leurs *repaires*. Quant à ceux qui entraient dans l'eau, qui perdaient la *boue-sol, la bout-sol*, car au *bout* du *sol* il y a la *boue* ; enfin, quant à ceux qui perdaient pied, ils étaient *désorientés*. L'italien dit perdre la *tramontana*, c'est la *terra-montana* ou la montée à terre ; par conséquent, la *bout-sol* ou la boussole. Perdre la *tramontane*, c'est perdre la *boussole*. On appelait à monter à terre, ceux qui involontairement s'enfonçaient dans les eaux.

En allemand, les mots *Uhr* et *ur* (*oure*) désignent l'heure et l'horloge et ce qu'il y a de plus profondément perdu dans la nuit des temps (*Uralt* = *archivieux*). Les ancêtres s'enquirent donc, dès le principe, de connaître la marche du temps.

L'eau in = *en l'eau*. Il est bien *loin*. Dans *le l'eau in, tins* ou *tiens*. Dans le *lointain*. Ce qui est dans l'eau est bientôt loin ; cela, aussitôt qu'on ne peut l'atteindre. De plus l'eau courante emporte l'objet dans le lointain. Le *Loing* est une rivière. *Loin* et *oin* = eau. Les parents de *loin*, sont les parents de l'eau. Les prêtres sont nos pères de loin. *Que eau in! Que où in!* = *Ici en l'eau*. Où = eau. Le mot *coin* vient de ce que l'eau sortit d'un *coin* ; d'un *cou, hein! Co in* = encore en ce lieu. Les ancêtres recherchaient les *coins* ; ils y avaient des *à-coups intenses*, des *accointances*. *A coin tends ce ; à cou, inte en ce ; à cou, in temps-ce. Où indre* = *ici entre*. Le mot *où* indique le sexe et l'eau. Pour cette entrée, il fallait *oindre*. On commença à *oindre* avec de l'eau, de la salive et des corps gras plus tard. *Oins-le. Je oins le, joins-le*. Dans le *jeu oins*, dans le *joint*. *Le qu'on joins*, le *conjoint. Ce oins, soins. A vec ce oins*, avec soin. Les *soins* chez les ancêtres se rendaient avec le bec.

A jeu indre, il commence *à geindre*. L'entrée au jeu fit *geindre* le *gendre*, le *jeu endre* ou *entre*. *Peux-le indre*, il faut le plaindre. *A cœur indre, à creux indre*, il n'y a rien *à craindre*. *Fais indre*, tu ne fais que *feindre*. Ainsi on voit que *indre* = *entre* ou entrer, ouvrir.

Le mot *âne* appartient à l'allemand qui l'écrit *Ahn* et ce mot désigne l'ancêtre allemand, aussi bien que le français. Les *dieux mânes* (*me ânes* = mes ancêtres) sont les dieux ancêtres. L'ancêtre âne travaillait peu. Tu *fais l'âne*, tu *flânes*. La fête de l'âne, en usage dans les églises au moyen âge était la fête de l'ancêtre âne, une fête du diable. Le mot *âne* est formé de : *as nœud? As nœud rouge!* Donc l'âne rouge l'avait *rouge*, ce qui le rendait méchant. L'âne actuel est dénommé d'un certain rapport sexuel avec l'âne notre ancêtre. L'ancêtre âne mangeait de l'herbe et entre autres le *pas d'âne* ou mieux le *pât d'âne*. L'individu malhonnête qui appelle quelqu'un *âne*, le compare involontairement, au fond de son esprit, à l'ancêtre âne.

Puisque ce mot *âne* est méprisé chez nous et honoré chez les Allemands, c'est que ces derniers sont plus jeunes que nous. L'homme méprisait l'âne, mais ceux qui n'étaient pas sexués l'admiraient.

Le mot *Râne*, *Re as nœud*, désigne la grenouille et le sexe en érection. *Le queue râne* rendait *crâne*, le *cœur âne est crâne*. Tu le dis, *cœur as, ne mens*. Tu le dis *crânement*. Ainsi l'âne avait du cœur et cela le rendait crâne. Quand il était crâne, il levait la tête et la tête prit le nom de *crâne*. Entends-tu les *ânes rient*, les *âneries?* — Un *âne est-ce?* — Non, c'est une *ânesse*. Ainsi, sous le nom d'ânes, nos ancêtres eurent à souffrir de nous.

Yeu. Le *mot yeu* est le *moyeu* de la langue française, il en est le milieu, *le mist l'yeu. Ai ce yeu, esse yeu, essieu*. L'essieu pénétra dans *l'esse-yeu* qui se trouve dans le *moyeu*. L'essieu réunit deux roux ou deux roues. *Ai cieu, l'ai cieu*. L'essieu se nomma aussi un *cieu*. Ce mot *cieu* est devenu le *monsieur*. *Cieu* est le singulier de *cieux*. *Ai cieux, essieux. M'ai cieux* = je possède les cieux. Que sont ces cieux? *C'ist œufs*. Les œufs sont dénommés de leur forme, en rapport avec les deux premiers œufs de coq. Messieurs, vous possédez les cieux. Monsieur, Messieurs. C'est ainsi que s'interpellent les Fils des dieux. Cette appellation, hautement honorable, convient au premier, comme au dernier des hommes. Ceux qui admettent toute autre dénomination, citoyen ou camarade, ne sont pas encore parvenus à la haute dignité d'homme.

Peux yeu, pieu. Ordre de prendre le *pieu* au moment où il *pieut. Il pieut* = il pleut. L'ancêtre donna le nom de *pieu* aux mares dans lesquelles il déchargeait son *pieu*. C'était là aussi qu'il allait au *pieu*, pour dormir. Chacun avait son coin qui fut marqué par un pieu et par une suite de *pieux*. Les habitants de ces lieux étaient *pieux* : ils pissaient avec une certaine réserve. *Ai pieu*, épieu.

Le ciel ayant la même origine que les cieux, nous venons, par ces analyses, d'être enlevés dans les cieux. Le ciel et les cieux se trouvent au-dessous de nous; nous nous asseyons dessus; ils forment notre trône, *tire au nœud, tire aune,* et la terre est notre marchepied. L'homme doit imiter Jésus et ne point craindre de se faire égal à Dieu, son père.

Le temps pleut, viens dans *le temple*. Le premier temple était dans les eaux, ainsi que le pieu. Plus tard on fit des temples avec des branchages pour s'y mettre à l'abri de la pluie. *Le teu ample* est aussi *le temple*. Le temple de Dieu est dans la bouche de l'homme. O homme! ouvre la bouche et adore Dieu dans son temple.

L'est te = c'est toi ou à toi. *Laite*. Le sexe mâle fut la première *laite* ; il en sortit le premier *lait* et la première *laite*. En effet la *laite* a précédé le *lait* : le mot *lait* est plus court et, par conséquent, plus ancien que *laite*. Un certain sang blanc constitua le premier *lait* que montrait le vilain *laid*. La première *homme laite* fut la première *omelette*. Les parties contribuant à la formation de la laite sont d'ailleurs les premiers *œufs*. C'est pourquoi le mot *eux* ne se dit que des hommes. La *toi laite* m'oblige à faire ma *toilette*.

La laite rie, la lettre *i* est la première lettre tracée. *C'est droit comme un i ; c'est de roi communie*. La première *queue* homme *union* eut lieu avec Satan, *droit comme un i*. On sait que la communion est un mariage mystique et tous les mystères sont des inventions du diable. La grande prostituée porte sur son front ce nom : Mystère ! *De la laite ust*, de la laitue sort une espèce de *laite* ou de *lait* : *lait t'eus*. Il y a de la *laite en ce*, de la laitance. *A laite ait, à lait t'ai*, allaiter. La *laite* inculpa le coupable : *Sûr là c'est laite ?* sur la sellette. Le premier lait fut léché et non bu. L'allemand écrit Milch, mais le peuple prononce : *m'ist liche*. Combien tout cela est admirable. Notre animal se nourrit du lait paternel bien avant que le lait de la mère soit nécessaire.

L'huis luit, c'est *lui*. C'est à *l'huis* que l'on voyait *luire* la lumière, et là on reconnaissait celui que l'on attendait : *L'ùs ist*, le premier *huis* donna naissance à *eu*, *eus* et *hue*.

Qu'as ? fors tu ist ; c'est un *cas fortuit*. *Fors tu ist, te meus en, te mens* ; c'est arrivé *fortuitement*.

Faut retirer, fais hors trait ; tu es fors trait, fortrait. *L'ùs ist le*, l'huile ; *à l'huis l'ai*, à l'huiler. *A l'ùs ist treu*, à l'huître. *Le treu où ?* le trou. *En de huis*, enduis-le. *Au pert, opère, tu ist* ; au pertuis.

Je peux huis, je puis le puits. Le premier *puits* donna la première eau. *A puits ist*, appuie. *Le à puits ist, sens ce ; le à puits ist sang ce*. La puissance. Il y a deux puissances : celle de l'eau ou la puissance spirituelle, et celle du sang ou la puissance temporelle. Dans l'*Apocalypse*, l'esprit se dit : l'ange des eaux (XVI, 5). Ainsi le verbe *pouvoir* fut créé pour exprimer l'acte d'uriner. Je *pus*, *jeu pue* ; c'est du *pus*. Que *je puisse* ou que *je pisse* ont même origine. Je ne peux plus, dit : je ne pisse plus, au second degré. Les premiers qui *purent* donnèrent l'eau *pure*. C'était du *pur purin*, avec une couleur *purpe-urine*, *purpurine*. On voit pourquoi le pouvoir spirituel ne peut verser le sang, il est trop faible. Lorsque le pouvoir temporel se soumet au pouvoir spirituel visible, il ressemble à l'homme qui se laisse mener par un enfant. Le pouvoir spirituel est cependant le premier et Titan l'a perdu en cédant son droit d'aînesse. Les royaumes du monde sont spirituellement soumis à Satan, au diable, le destructeur ; ou bien au Fils de l'homme, le pacificateur. Le pouvoir de Satan va être précipité.

C'est *un champ, je mans ;* c'est *un chant, je mens ; che ange ment ; c'est un changement.*
Par là cheminez, par la cheminée, parle à cheminée. Les premières loges ressemblaient à des tours, et l'ouverture était dans le plafond. On montait à la tour par la cheminée ; c'est pourquoi les légendes nous disent que le diable s'en va par la cheminée. On s'appelait sur le *toit* : *est toi le ?* étoile. C'est par cette ouverture que l'on voyait les étoiles. Les premières étoiles furent les ancêtres. On sait que l'entrée des maisons religieuses possède un tour et une sœur tourière.

Ainsi que nous l'avons déjà dit, lorsqu'on veut connaître exactement la valeur d'une syllabe dont la signification paraît obscure, il faut la comparer avec le plus grand nombre de syllabes semblables, en changeant soit une voyelle, soit une consonne. Soit la valeur de moume ; on écrira : môme, meume, même, méme, mime, mume, mame, mâme. On trouve ainsi que *moume* a la valeur de téter. Le môme mame la mamelle de la maman, *mame en*. Un mamelon, *mame l'on*, fut le premier pris au bec. *Mame, l'on né* ; mamelonné. Le mime fut le singe de cet acte. On *mamait* ce que l'on aimait. Il m'aime, moi-même. Être *à même* de quelque chose, c'est pouvoir le sucer.

S'il *même*, c'est qu'il m'aime. Il est ainsi bien clair que *aimer*, c'était manger. On ne mange volontiers que ce que l'on aime. Ce qui fit que nous mûmes, c'était le besoin de prendre la mamelle. *Moume* n'est pas un son français ; en allemand, on le trouve dans Mummerei = momerie. La momerie demande qu'on la gobe.

Celui qui fera des exercices d'après ce moyen, sera bientôt entièrement convaincu, s'il ne l'est déjà, que tous les mots ont été sucés, tétés, aspirés, léchés et qu'il n'en est aucun qui ne soit entré dans la bouche par une de ces actions.

Que signifie la syllabe *Poque*? En changeant le O nous trouvons : *pique* et *ponque*. *Ponque* dans ponction nous montre que *ponque* et *pique* ont même valeur. *Poque* doit aussi signifier : *pique*, de piquer. En changeant le *p* on relève : *boque, coq* ou *coque, choc* ou *choque, toc* ou *toque*. Donc *poque* était une *pique* que portait l'ancêtre *coq* et cette pique faisait *toc toc* et *choquait*. Changeons encore le *que* final. Nous avons *poche, pote, pose*. Donc cette *pique* qui *choquait* devait vouloir entrer, se *poser* dans la première *poche* ou *coche*. Quelquefois elle manquait le *coche*.

Voyons maintenant cette syllabe en elle-même : *Peux au-gueu. Peux eau que, peau que, pot que*. Le *poque* était donc une *peau* d'où sortait l'*eau* du *pot*.

Époque, ai poque. Cela valait : *je bats, ce que j'ai frappe*. Ce fut un premier appel à l'amour suivi *d'effet, d'ai fait*. Cela faisait *époque* et l'ancêtre s'en souvenait toujours. Cela n'arrivait qu'une fois dans la vie : le commencement seul est difficile. Comme c'était surtout au printemps que notre ancêtre prenait ses *ébats, ai bat, ai bat* ! L'époque commençait avec *l'année, la née*. Celle qui était *née. En, an ; en-née, à-née*. Année. Mats, *nœud est, sens ce. Me à nœud est sang ce*. Ma naissance. L'époque se confondait donc avec une première naissance, qui n'était pas sans effusion de sang et avec le commencement de *l'an* et de *l'année*. Les ancêtres comptaient les années en se classant d'après leur époque. Chacun connaissait celui qui avait fait époque en même temps que lui, ainsi que ceux à qui cela était arrivé l'année précédente et l'année suivante. Dans une commune où tout le monde se connaît à peu près, tous les habitants se classeront avec sûreté selon l'époque de leur mariage. Ils pourront ainsi compter le nombre de leurs années.

Si nous comparons le mot *époque* en entier avec ses analogues, tout deviendra encore plus clair : chant *épique, épine, épouse, éponge, épave.*

Humer, hamer, homer, aimer, imer, etc. sont des verbes ayant eu la valeur de *humer*. C'était un ordre pressant d'avaler, de manger. Cet ordre fit naître la défiance exprimée par : *hum! ham! hom!* Il est *parfait, hume ai;* il est *parfumé*. Une *part feu humez*. Ce n'est qu'une *part fumée*, une *parfumée*. Il m'a *part fait humer*, il m'a *parfumé*. Il est *fait humé*, il est *fumé*. *Parfait, part fais, hume-toi; parfume-toi. Part fais un,* c'est un *parfum*. Les fraises, frambroises, etc. ont un *parfum*. On offrait un fruit à la fois, et l'haleine fut la première *parfumée*. Il y a aussi une *part fumée* dans les viandes fumées. *En feu humez.* C'est parti *en fumée* et je suis tout *enfumée. En feu hume,* tu *m'enfumes. La coue te hume,* c'est *la coutume*. Nos ancêtres chiens avaient cette coutume; c'est par suite de cet antique usage qu'on s'incline en s'abordant. *Peux-le hume, plume. Peux-le humer*, il est *plumé*. On pouvait *humer* les petits oiseaux *plumés*. Il a les yeux *à le humer, allumés. En-reu hume ai,* je suis *enrhumé*. L'animal, créateur du mot, crachait son *rhume, rehume,* à la gueule des autres animaux. La personne enrhumée fait toujours éprouver un dégoût. *A mer te hume? Quelle amertume! Peau ce t'ai, hume;* c'est un enfant *posthume. T'e hume la tume, tu me la tue me, tume la tume.* Un débris perdu, mais populaire, nous faisant voir la première *tume*. *T'ume ai, sens-ce*; c'est une *tumescence*, il y aura de la *tume-essence*. *Te hume heure, tumeur*, tu meurs d'envie. *Là le hume, l'allume, la lume ist air*, viens à la *lumière*. Celui qui voulait faire voir son *allumette*, se mettait à la lumière. Mais la lumière qui nous fait voir dans la nuit des temps, comme en plein jour, c'est le cierge qu'allumait Satan pour séduire la vierge. *Le lume ist nerf, le lume in air, le luminaire. L'ùs c'ist, fais air; L'eus c'ist fer, Lucifer*!

Hame ce ons, hameçon. Hame ore ce ai, amorcer. *Hame eau,* hameau, *Hame èle,* hamel. Pas d'eau, pas de hameau. *Ame à-le-game,* amalgame. On se *hame à-le-game,* on s'amalgame. *A-la-game aie-le,* à la gamelle. *A-feu hame ai,* tu es *affamé. En-teu hame-le,* entame-le. *Qu'on ce hume-le,* consume-le. *Qu'on ce home-le,* consomme-le. Il a *tout qu'on ce humé, tout qu'on ce homé,* tout consumé, tout consommé. L'homme, l'humain fut le premier *consumé* et *consommé. Vis que te ime* = vois que je t'aime; *victime*. C'est ainsi que le diable parle à sa victime. *Te hame, t'ame;* tamtam. C'est un appel à l'amour. *T"ame* = je t'aime. *Le cœur aime, le chrême. La queue air est me,* voilà de *la crème. Le sein crème,* nous allons avoir du *Saint-Chrême*. C'est faire beaucoup d'honneur à Satan, que de donner à ses abominations la même origine que celle de l'Éternel-Dieu, dont le nouveau nom est Pi.

Comme une vache espagnole.

Pagne trouve sa valeur dans *peigne, pogne, pigne, pugne* et dans : *pane, pène, pine, pune*. C'est l'ordre de prendre le sexe en *pigne* ou pignon; en panne, où on le laissait; *en pène* ou *en peine*, ce qui était pénible. Il faut suivre ce chemin pour arriver à la vache espagnole.

J'ai ma queue on pagne, j'ai ma compagne. A *la cam-*

pagne, on a *la queue en pagne. Ma queue on pagne ai*, veux-tu *m'accompagner? Les queues on pagne ont* les compagnons. *Hauler* formé de *haut l'ai* est un verbe ayant valu *lever. Ce pagne haule* = cette queue lève. Là vois tu *ce pagne hauler, se pagnoler* : elle se promène en levant la queue. Comme la vache lève rarement la queue et que c'est un spectacle comique et ridicule, c'était et c'est encore un terme de comparaison fréquent. Comme une vache elle *se pagnole* = comme une vache elle lève la queue. C'est bien là le langage de la campagne. Celui qui parle mal, rarement, et d'une manière ridicule, parle *comme une vache elle se pagnole*, comme une vache espagnole.

L'espagnolette, *ai ce pagne haulette*, est une petite queue qui se lève. L'italien *spagnolleggiare* correspond à notre ancien verbe *se pagnoler* ou *espagnoler*. *L'Espagnol se pagnole*, c'est du moins sa réputation. Il est toujours à se battre avec les vaches, car il ne peut leur pardonner de lever la queue plus haut que lui.

Le verbe *espagnoler* n'était pas mort, il dormait et nous l'avons ressuscité. Il est trop parlant pour ne pas revenir en usage, dans le lieu convenable.

Un certain trèfle porte en un dialecte le nom de pagnolée, *pagne haulée*; il est dénommé de sa queue allongée; les mots pagnoler, espagnoler, sont donc bien de notre langue.

Faire des châteaux en Espagne, *en esse pagne*, c'est faire des châteaux en queue relevée : ils n'ont pas de durée. Le premier château, *che hâte eau*, est un appel à l'eau que lançait le châtelain, qui avait du *lin* sur la *châte*, comme la châtelaine y avait de la laine. Faire des châteaux en Espagne, c'était : faire des pissées en l'air. Cela rendait l'ancêtre heureux un moment.

Châte = *te chas* = *ton chas*. Celui qui avait le *chas tiré*, était *châtré*. C'était un châtiment : *un châte!* il ment; *un châte ist? mens.* Celui qui présente une fausse queue mérite un châtiment. La *chas-teigne* ou démangeaison du *chas* fit connaitre les premières *châtaignes.* Le *chas t'y ai, le châte y ai*; on va le *châtier. L'ai châte,* vous le *léchâtes* : langage du châtelain et on voit clairement ce que fut le premier château, *château, châte haut.* Il en résulte que notre explication des châteaux en Espagne est parfaite.

Il n'est rien de caché qui ne doive venir à la lumière. Il faut bien que cette parole de l'évangile s'accomplisse. Il faut, antique pourceau, que l'on te mette le nez dans tes ordures.

Orne, ourne, eurne, erne, irne, urne et *arne* sont des abréviations pour : *arine, ourine, eurine, errine, irine, urine* et *arine.* Tous ces mots ont donc l'acte d'uriner pour origine et se réfèrent à l'instant où le sexe perça et montra sa première puissance, qui est d'émettre de l'eau.

Hors nœud, eau rine, orine, orne. La rivière de l'Orne doit son nom à une déesse ornée. *Oriné, orine ai, ore ist né, orné. Orinée, ore ist née,* ornée. C'est mon *orinement,* mon ornement. Le sexe ornait, ce fut le premier ornement. *L'orinière, l'orine ist air,* l'ornière est ici bien visible. Les hommes sont sortis de l'ornière. L'ancêtre urinait aussi dans les ornières. C'est *sa qu'orine,* sa Corinne, sa corne. *L'aque orine,* la corne. Il est écrit : Il élèvera sa corne. *Les qu'ornent,* les cornes. Les premières cornes furent les appendices du sexe. L'*Apocalypse* donne deux cornes à une certaine bête, ainsi qu'à l'agneau qui est Jésus. Les deux cornes indiquaient les deux puissances sexuelles : l'eau et le sang, la puissance dans le ciel et la puissance sur terre. Comme les démons s'attaquaient à ces objets sensibles, on donna le nom de cornes à ce qui permettait de les défendre. Les ongles et les orteils. C'est pourquoi les animaux ont de la corne aux pieds. Avancer deux doigts, en signe de défense, c'est faire les cornes. Les choses pointues prirent aussi le nom de cornes chez *quelques insectes et chez les bêtes* à cornes.

Il n'est pas *encore né, encorné, en corps né*. C'est clair, les *encornés* étaient *en corps né*. On donnait le nom de veaux aux êtres que les plus forts dévoraient de préférence. *D'ai veau*, le dévot aime le veau. Le veau n'était pas *encorné*, c'est ce qui le distingue du bœuf. Or, les encornés ou les sexués se respectaient généralement. *Me orine* = mon urine. Morne. La mauvaise urine rend morne. *Me ore ist né*. C'est un *enfant (me oriné) mort-né*. *Me orine ist, fais-le*; mornifle. La mornifle se donnait à qui montrait sa nudité. *Mot, re nid fais-le* = Tais-toi, rentre cela au nid.

T'ourine toi, tourne-toi. *Dé t'ourine toi*; détourne-toi. On faisait tourner et détourner celui qui urinait en face. Une belle *jeu ourinée*, une belle *journée*. *J'ourine ale*, journal; *j'ourine eaux*, journaux. *J'ourine, ale y ai*; journalier. *J'ourine, ale ist air*; journalière. *J'ourine, aie-le-m'en*, journellement. Elle dit *j'ourine, elle ment*; elle dit journellement. Tout ce qui se rapporte au jour vient de l'acte d'uriner. *J'oure* = j'urine. Il fait jour. Uriner, c'est le premier acte du jour. *Dis, urine*, Diurne. *Dis, urine ale*, diurnale. *Diurne* et *journalier* sont frères, ces mots ont même origine; mais comme nos ancêtres n'attendirent point pour pisser que les soldats romains vinssent leur apprendre le latin; ils ne les attendirent pas non plus pour appeler le jour jour, et la nuit nuit. La raison qui a fait dénommer le jour en français, a sans doute agi de même en toutes les langues.

N'arine = j'urine, *narine*. *L'aine d' rine*. Les narines sont dénommées de leur écoulement qui coïncida avec celui de la chose *née*, d'où le *nez* tire son nom. *Au née, au nez, aunez*. *Au né. Auner*. On commença par auner en mesurant la née. Chacun mesurait et mesure les autres à son aune, au nœud. C'était le vrai point de comparaison, l'unique *étalon, état long*. Il en est de même aujourd'hui. Les autres sont plus grands ou plus petits, plus gros ou plus minces; ils ont plus ou moins d'esprit ou de talent; mais chacun se sert de sa toise, de son mètre, de son pied-de-roi, de sa chose enfin.

Arine eau, Arno, Arnault. La petite *qu'arine*, la petite *carne*. *Mon qu'arine ai*, mon carnet. Le mot *carne*, ainsi que le mot chair, s'appliqua d'abord au sexe. *T''arine*, c'est le Tarn. *L'eus carne*, c'est ma lucarne. *In qu'arine ai*, c'est un diable *in carnet*, incarné. *Me arine*, marine, Marne.

La raie nœud, l'arrêt nœud. La raine désigna tout d'abord l'objet mâle, ainsi que *la traîne*; *là tire, est nœud*. La femelle n'ayant pas de traîne naturelle, s'en faisait une artificielle. C'est pourquoi les reines portent des traînes. C'est une *très-née*; ce titre honorable est devenu injurieux : C'est une *traînée*. *Entre est née*, elle est entraînée. *Entre aine ai, entre est né*; il est entraîné. Ces analyses nous amènent à une autre époque que celle se référant aux émissions d'eau.

L'eau rain et *l'eau raine* sont devenus lorrain et lorraine. *L'eau rain* était le diable et un proverbe en fait encore foi : Lorrain traître à Dieu et à son prochain. Ce proverbe nous montre notre ancêtre aussi méchant avec les siens, qu'avec ceux qu'il combattait. Nous voyons ainsi confirmé une fois de plus, que Dieu et le diable étaient ennemis; que le diable était une grenouille transformée et arrivée à sa perfection. Chacun a un *l'eau-rain* pour ancêtre. Ce proverbe bien connu est dans la voix du peuple qui est la voix de Dieu.

Les syllabes *ore, oure, eure*, etc., ont aussi la valeur bien évidente du verbe uriner. Les premiers animaux qui urinèrent en furent si fiers qu'ils ne trouvaient rien de plus solennel que de lâcher leur eau bénite, *au bec nite*, sur les pauvres diables de laïques qui d'abord tendirent le bec, mais ensuite baissèrent honteusement la tête, comme aujourd'hui.

Eau rit, ore ist, oris. J'is nœud, gine. *Oris gine* = la gine urine, *l'eau rit gine. Au rige ist nœud.* Origine. L'écoulement de l'eau est à l'origine de la parole. L'inversion de *oris* est *rio*, et *rio* ou *rit eau*, c'est le ruisseau. Quant au mot *gine*, il s'appliqua bientôt à la femelle : *tu te limes a gine?* Tu te l'imagines. *Je me lime, a gine est?* Je me l'imaginais. *On ce, l image ist né*; on ce, *lime d gine ai*; on se l'imaginait. *Lime a gine, d sillon*; *l'image ist, nœud à sillon*; *l'image ist, n'ai à sillon*. L'imagination est née d'une erreur, *erre heure*. Souvent l'imagination est plus enchanteresse que la réalité. Il se comprend que tant de personnes prennent *limage, l'image,* pour une vérité. De même que seuls les petits animaux primitifs s'y trompaient, il n'y a que les esprits inférieurs qui ne voient pas que *l'image,* c'est *limage.* La parole est la vérité et la vie. Toutes les idées que les hommes se sont faites du ciel, c'était de l'imagination. Il n'est pas au-dessus des nuages et des étoiles, il est en nous. Plus les hommes se pénètrent les uns les autres, plus ils deviennent intimes en esprit, plus haut ils montent au ciel. Mais le ciel le plus parfait, c'est l'âme de l'homme et de la femme profondément unie et ne faisant qu'un. C'est alors l'union éternelle ayant ses racines dans le ciel retrouvé.

Le mot *heure*, ci-après, désigne le sexe : *Eau d'heure*, odeur. L'urine est la reine des odeurs. *Lique heure*, liqueur. *Pose heure*, poseur, *peu oseur. Fume heure*, fumeur. *Encense heure*, le cheval fut le premier encenseur. *Là fais l'heure, l'affleure,* la fleur. Le sexe fut la première fleur, on l'affleurait et le fleurait. *Bien faite heure*, bienfaiteur. *Mal faite heure*, malfaiteur. *J'ai nerf à te heure*, générateur. *Sa grande heure*, sa grandeur. *Ris heure*, rieur. *In t'ai ris heure*, intérieur. *A l'exe t'ai, ris heure*; tu es à l'extérieur. *Au poste et ris heure*, au postérieur. Le premier poste était sur le dos du camarade. *Pus d'heure* engendra pudeur. *Heïn! pus d'heure*, impudeur.

Rouge heure, rougeur. *In géne ist heure*, ingénieur.

Mine heure, mineur. *Mage heure*, mageur. Mine = petit, Mage = grand. Le mage est une Grandeur. *Me ente heure*, menteur. Le menteur n'était qu'un être sans force, il entait un mensonge. *Qu'est, le meus en son jeu*. Quel mensonge !

Les premiers qui *la natte eurent*, eurent *la nature*. Or, la première *natte* fut une queue. On dit une natte de cheveux. La *Natte* désigne le serpent, en allemand, et c'est aussi une queue. *Le nate ure èle* = le sexe urine de l'eau. Voilà le naturel. La personne qui urine prend son air naturel. Alors le prêtre prend volontiers un air important.

Ore se change en *hors*. *Hors du rier*, ordurier. *Hors du rière*, ordurière. *Hors de ure*, c'est une ordure. *Fais hors ce né*, il est forcené. *Fais hors, fors, fors d'ici*; tu ne sais pas forer, tu n'as qu'un *faux ré*, qu'un foret. *Tu fais hors nique as*, tu forniquas. *Tu mens, dehors;* tu m'endors. *Ce hors d'ici, sors d'ici. Sors!* Elle lui a jeté un sort. *R'ai ce hors*, c'est un ressort. Le ressort tire. Tu le fais ressortir.

Assiette, asse, y est te, assis êtes. On s'asseyait dans son assiette et on y mangeait. La première assiette fut la partie du corps ainsi nommée, laquelle, lorsqu'on était assis dans la terre glaise, y dessinait sa forme. Chacun se trouvait bien dans son assiette. Son premier nom était le *sis*... A *sis êtes*. Assiette. Mange, *pis qu'assis êtes;* mange, pique-assiette. On engage ce dernier puisqu'il est déjà assis.

Le sis ai-je? Le siège. *Aussi ai jeu*, au siège. Celui qui sur *le sein siège* est sur le Saint-Siège.

Un *gros bœuf êtes*, un *grob êtes*. Tu es un *gros bête*. *Grob* = grossier, en allemand, et, on le voit, aussi en français. *Grob* valait donc : gros bœuf, gros beu, gros bec. C'était une injure aux oiseaux à *gros becs*. Quel fin tissu les langues forment entre elles!

Aque l'ai, à clé ; *Lac l'ai*, la clé. On fermait à clé déjà dans l'eau. Quelle était cette clé ? *Clé est, claie*. La première clé fermait donc les champs, les eaux, les pays et l'on dit la clef des champs, la clef du pays. C'était une claie.

Peux eau me, paume. La paume de la main servit à prendre de l'eau. *Peux haut me* = enlève-moi. On enlevait aussi les petits sur la paume des mains.

Regarde *le marde qu'a fait, le marc de café*. L'ancêtre savant, comme un bon praticien, connaissait le malade et son mal au *marde qu'a fait*. C'est un esprit de grenouille qui porte les devins à regarder *le marc de café*. Il y a un malentendu.

La cueule hauche, la cloche, *haucher* = hausser. La gueule de l'ancêtre fut la première cloche. *A-cloche pis ai* = Prends à la gueule ce que j'ai. *A cloche-pied*. A ce cri l'ancêtre venait en boîtant pour se faire arracher une épine du pied, ce qui le faisait boiter ; ou pour offrir un manger tenu à la patte.

Bout aie t'ai, le vois-tu *boiter*. *Bout, boîte* ; c'est le bec. *En bout t'ai*, je l'ai embouté. *En-boîte ai*, emboîté. *Pous ce ai à-bout*, il me *pousse à-bout. A-bout aie*, il aboie. Le chien aboie, si on lui présente ce qui ne lui plaît pas.

Sur *ta pis*, mets le *tapis*. — Où *ta pis ist* ? — Elle est tapie. C'est *ta pie-ce* ; c'est *ta pisse* : tapisse-la. *Ta pisse ai*, t'a pissé. Il faut la tapisser. *T'a pisse rie*. Sur *ta pis-*

serie, mets la *tapisserie. Ta pisse ist air*, ferme la tapissière. On a vu qu'une personne *mûre* fut le premier *mur* ; un *mur* vivant. Il est admirablement logique que la tapisserie cache la nudité du *mur*.

Té ce t'ist qu'eus le. Exactement : voilà pour toi.

Le vent. Je le veux en, je *le vends, le van, levant, le vent.* L'ancêtre *se vantait, ce van t'ai*, de son *van*. Le premier *van* s'agitait naturellement devant, *de van*, de vent, comme le *van* vannant le grain. Ce *van* fut le premier objet de vente, de commerce. Ce *van* rendait *vain* et fournit aussi le premier *vin* et la première *eau* et le premier sang. Lorsque le *van ventait*, l'animal *se vantait*, il agitait son corps et son objet. Il faisait *du van* et *du vent* ; c'est ce que l'on disait en voyant les roseaux et les plantes agitées et faisant un mouvement analogue. C'est donc au mouvement des plantes que l'on connut et que l'on connaît encore le vent. Le vent s'élève, *ce ai lève*, et s'abaisse, *ça baisse*, ainsi que le faisait le premier *van* qui fut le premier *vent. Veux en-neu. Vane.* La vanne d'où l'eau s'échappe est une image de même origine que *van*. On se *peut à vane*, on se pavane. *Veux à nœud y t'ai, vane y t'ai.* Vanité des vanités, tout est vanité. L'orgueil de la chair est la vanité par excellence, *par excès lance*. Le proverbe est parfaitement juste. Nous n'écrivons que des vanités, mais la vie en est faite, et la vie est une puissante réalité.

Vère et *vérc* ont la valeur de vrai, regarde ; car on fait voir le vrai. *Qu'est le sais, vére y tai* ; tu vois *qu'elle sait vérité ; quelle sévérité !* On lui a dit *ses vérités, sévérité*. Je le *dis, sais vère, mens* ; tu le *dis sévèrement. Y m'attends, sais vère, te mens* ; il m'a tancé vertement. Je l'ai repris, *vère, te mens ;* vertement. *Fais rond, sais vère ;* front sévère. Celui qui montre le vrai parait toujours sévère.

Unis vère = approche voir. Univers. *Re me aide, unis*

vère, c'est le; remède universel. *Unis-té*, nous ferons une unité. Ceux qui vont unis d'esprit ne font qu'un. *Unis sons-nous ?* Unissons-nous. *Unis vère, sis l'ai; Unis vère, sis-té;* université. La première université s'assembla pour examiner une union. C'est la première et la plus utile des connaissances, hors laquelle il n'y a pas de con-naissance. Au reste, ce mot université est charmant, c'est l'univers cité ou appelé ; c'est la cité de l'univers. Toute la terre ne doit former qu'une université, où chacun sera professeur.

Eve, Eva, le nom donné par Adam à sa femme, parce qu'elle a été la mère de tous les vivants (*Gen.*, III, 20); ce nom signifie : grenouille. Nous le démontrons en examinant la phrase suivante, bien populaire : Eh ! va donc, grenouille. Car nous entendons : *Eva, donc grenouille. — Ève, adonc grenouille. — Evadons, grenouille.*

Eve à nous ist, elle est évanouie. La grenouille, dans les herbes s'évanouit ou disparaît facilement. *Eve à cul ai*, on va te faire évacuer. *Eve est ch'ai*, évêché = j'ai une grenouille. *Eve est que*, évêque, c'est une grenouille. *Eve y t'ai*, éviter. On doit éviter la grenouille.

Comme *ève* = *èvre* = ouvre, ce nom fut créé à l'ouverture du sexe. Il est fort possible que quelque part sur la terre, la grenouille se nomme encore : *Eve, Eva*. Vois-tu *çà l'Eve*, ça lève.

Au jour du ist, c'est aujourd'hui qu'il faut me satisfaire, je viens *au jour d'huis*. L'huis ou la porte avait un jour, un judas, par lequel on traitait les affaires.

Pater noster, paterne austère. On voit que le latin se moque de Dieu le père.

T'as ce, tasse. Au cri de *t'as-ce* on emplissait la première tasse qui est la bouche. *En-tasse*, entasse. *En tasse ai*, c'est entassé. La bouche est la tasse où l'ancêtre entassa tout ce que nous possédons.

T'as té? — Il est à me tâter. *T'as te?* tâte. *Tâte ai.* Tâté. *T'eus tâte?* — *Tu tâtes.* Regarde où tu *te hâtes,* où tu tâtes. *T'as ton nœud?* Qu'est ce que tu *tâtonnes? T'as ton né?* Il ne fait que tâtonner. *T'âte honneur, t'as ton heure,* tâtonneur. *Qu'est le tâte, on ne ment;* quel tâtonnement.

Le sexe est le premier *car* ou *care* et le premier *écart.* Le mot *tiers* s'applique au derrière et le mot *quart* au devant. Delà l'expression : Il se moque du tiers comme du quart. Comme cela n'a aucun rapport avec les quantités, tiers et quart, cela ne peut se traduire exactement en une langue étrangère. Il y a ainsi une quantité considérable d'expressions en toutes les langues.

Ce care ist, cela *se carie.*

Car est ce ai, caressé. *Cards, est ce ente, car est sente,* caressante. *Le care touche,* le cartouche. *J'ai le care né,* le carnet. *Ce care ai, ce cards ai,* regarde-le se carrer. *Care meut, cards me,* carme. Que veux-tu *faire au care?* frocard? *Cards me in, Carme in,* Carmin. *Cards, m'ist né;* c'est carminé. *Cards nœud,* c'est ma carne. *Carne avale, le care n'avale,* le carnaval. C'est une *care haute,* carotte.

Où est le *care ton?* Où est le carton. Le carton cacha le *care* et la carte, *carte on. Ai carte,* écarte. *Pends carte,* pends la carte ; sur la carte, mets la pancarte. Tout ce qui peut couvrir, cacher, montrer, exhiber a d'abord pris son nom en couvrant, cachant, montrant, exhibant le sexe.

Gard ou *gards* = *cards* ou regarde. *Ai gard, ai gards;* égards. *Ist eux, à gards;* yeux hagards. *Eux,* c'étaient les dieux, les ennemis. On se regardait avec les yeux hagards. *C'ist gards,* c'est mon cigare. *Gards en ce,* c'est de la garance. *Gards ce on,* garçon. *Gards-ce,* garce. *On ce gards,* on se gare. *T'eus, m'ai gards;* tu m'égares. *Ce ai garé,* il ne faut pas s'égarer, s'éloigner de ce qui est garé, caché.

Gards gu'œu. Gargue = regarde et désigne la gueule.

Gargue en tu as, Gargantua. La *gargue haute*, la gargotte. *Gargue haute y ai*, gargottier.

Je t'attends *au saut du limon, petit*; *au saut du lit, mon petit*. On sautait de bas en haut : *y saute air, y saut terre*.

Descendre indique toujours, en esprit, la direction de haut en bas. Par conséquent : descendre à l'hôtel, à l'auberge, chez quelqu'un, indique que l'hôtel, l'auberge et le quelqu'un étaient dans un lieu bas, dans *l'eauberge*. On dit aussi descendre à terre. La première *terre* était au fond des eaux, c'est là qu'on se terrait ; c'est là que s'enterrait et s'enterre la grenouille. Les eaux formèrent la terre en leur sein avant que le sec parût (*Genèse*, I, 9). Le pourtour des eaux prit le nom de bord, c'est là que l'on montait : *monte à bord*. *A bord d'ai, abe ore d'ai*. On s'abordait en s'offrant quelque chose à la bouche, et c'est l'origine du baiser.

On n'aimait pas les figures inconnues que l'on voyait à bord. *Les abords ils gênent*, disait-on de ces étrangers qui ne comprenant pas, nommaient Aborigènes ceux qu'ils voyaient et entendaient. C'est ainsi qu'*aborigène* vaut *étranger* : nul n'est aborigène en son lieu. Si arrivant dans un pays, on nous crie: *Va-t-en, va-t-en*, les habitants seront des *Vatans*. Le français s'appelle *Didon* à l'étranger, car c'est son appel habituel : *Dis donc*.

Faut pas ! faut pas ! Elle a fait un *faux pas*. *Fais ôter, fais ôter*, tu vas fauter. *Fais ôte*, c'est une faute. Elle a dit : *C'est ça, fais haute*, c'est sa faute.

Fais en fend, fais enfant, fends fends, Fanfan. *En fend t'ai, en fente ai, enfant t'ai*. J'ai enfanté, car j'avais en feu enter. *En feu antre ai, en corps*; j'enfanterai encore. *En fend tins*, regard *enfantin*.

Fait à tu y t'ai, fatuité. Il se *fait au filet, ist ce faux filet*. Il se faufilait pour fuir le filet.

Fais haut, ce t'ai; *fais hausse-té*; fausseté. *Le feu ai, rehaut-ce*; le féroce. La bête *fait rehaut ce*; la bête féroce. *Quel feu ai, rehaut ce y t'ai*; quelle férocité. *Le à feu est-ce, le à feu aie-ce,* la fesse. Ce mot s'appliqua d'abord au sexe et signifiait fendu. *La queue on fesse y on,* la confession, *J'œu le queue on fesse,* je le confesse. *A queue on fesse, à qu'on fait est-ce?* à confesse. La confession est une des abominations de la grande prostituée : c'est l'amour des démons.

C'est un fesse tins; c'est un festin. Dans les festins on mangeait une fesse ou un jambon. *Le fesse ton,* le feston. Le premier feston cachait le sexe.

En feu est te, en feu êtes, en fête. *Le à feu êtes,* la fête, Le faite et la fête. Les personnes faites montaient sur les faites et faisaient la fête. Fais-tu ? je n'ai qu'un fétu. *Quel feu ! l'ai eau ; l'ai haut.* Quel fléau ! Le sexe en feu est le premier fléau. *Le à feu lèche,* la flèche. Fais *l'exe is-bleu,* flexible.

Faut faire hommage, faut faire au mage; faux fromage. *N'ai en, n'ai an,* c'est le néant. *Tu es à né, en t'ist*; tu es annéanti.

Le *feu.* L'effet du *feu* est une brûlure. Or, aussitôt que l'on s'est brûlé, on porte avec une impétuosité incoercible la brûlure à la bouche et le feu est soulagé. Le *feu* fut ainsi *mangé.* Dans toutes les langues, on trouvera un rapport certain entre le nom du feu et l'acte de manger. C'est ainsi que le verbe *faire, feu air,* est un premier verbe *manger.*

Fils, fis; fis-ce, fisse. Le diable mangeait son *fils* et le *fils* recevait aussi à manger par la même parole. *Ça queris, fis-ce; çà, queris fils-ce,* sacrifice. *Ça queris, fils ai, fis ai*; je l'ai sacrifié. Lorsque l'on donne à manger quelque chose à regret, on fait un sacrifice. Les mères regrettaient donc les petits qu'elles sacrifiaient. Les Juifs sacrifiaient leurs enfants, dans les torrents, sous des rochers avancés (Esaïe, LVII, 5) et en bien d'autres endroits.

Bien certainement, ils devaient le faire avec regret ; mais c'était pour obéir au diable qui les menait, la loi de Moïse défendant cela.

Paternité, maternité, fraternité.

Terne, te air ist nœud, t'errine, terrine. Ainsi *terne* désigna le sexe urinant. Les yeux *t'errinent*. Les yeux en eau sont *ternes*. *Sube à-le-terne*, se disait au subalterne. *A-le-terne ait*, on va alterner. *Le en-terne ai*, il ne faut pas lanterner. *D'où le heurt in-terne*? douleur interne. *Exe t'errine, exe terne* ou tourne, externe. *C'ist t'errine, c'ist terne*, citerne. S'il a l'air *si terne*, c'est que sa *citerne* est épuisée. *T'errine* forma *terrine*, car l'ancêtre *errinait* au lieu où il était assis et où son assiette formait la première *terrine*. *Terne* est l'abréviation de *terrine*. Le père, appelait, en disant : *Pais, à terrine y t'ai ; pais à terne y t'ai*, paternité. *Mets à terne y t'ai*, maternité. *Faire à terne y t'ai*, fraternité. L'esprit du mot *fraternité* est pacifiant, car les petits étaient enclins à se voler la part les uns des autres. Ce mot nous commande donc de respecter les biens que le Père a donnés à chacun de nous. Or, les frères ne faisaient pas cela ; comme aujourd'hui, ils ne pensaient souvent qu'à s'emparer de tout. Ils étaient souvent *en,fer air*. Le premier traître fut un frère ; Caïn tue Abel. Celui qui mange du pain avec moi, a levé le pied contre moi, dit Jésus de Judas (Jean, XIII, 18). Le mot *traître*, en allemand, ressemble à notre mot *frater* : *Verraether*. Ne soyons pas des traîtres, nous mangeons tous à la même table, sous l'œil du Père ; respectons la part des autres : Fraternité.

Comme il y avait ordinairement trois petits autour de la *terrine*, le mot *terne* désigna un nombre de trois. Ce nombre de trois était aussi : le père, la mère et les petits ; le soleil, la lune et les étoiles.

Mais ce nombre est encore représenté chez l'homme

seul, car là, *la terrine* se transforme en *la trine, latrine* et *la trine y t'ai*. Le mot *trine* désigna la *traîne* du mâle qui comporte une trinité. Laissons *cette trinité ceinte* et ne faisons pas comme les idolâtres qui représentent le Dieu unique avec la figure de deux individus et d'un oiseau par dessus. L'esprit sain de l'homme y voit une abomination appelant sur les peuples la juste colère de Dieu. Quant à ce que l'on mangeait sur le sein des parents, le mot *table* le confirme ; car c'est là aussi qu'était la première table. *Le table y ai, le tablier* est l'ornement de la mère de famille ; la table était dans le tablier. *A l'ai table*, à l'étable. Les premiers dieux avaient leur table à l'étable. Jésus étant le fils de Dieu est né dans une étable. On peut dans les étables être heureux comme des dieux. Je suis bien *étable ist, établie*. Vois mon *étable ist, ce mans* ; mon établissement. *Ai pouve en-table*, le manger était quelquefois épouvantable : il suffit d'une grenouille pour épouvanter les serins. *Ce qu'on voit table*, c'est convoitable. Il exprime *ses regrets table*, c'est regrettable : s'il ne voulait pas qu'on mange son père, il ne devait pas le tuer.

User. *Us z'ai. Us z'œu. Use ai.* User = frotter, lécher, etc.
Tu *ma queue use*, tu *m'accuses*. Il est *à queue usé*, il est *accusé*. Comme la queue fut la première criminelle, quand elle avait commis un crime, elle se trouvait usée : des écorchures, des traces de sang, etc., accusaient le coupable. *La queue use à sillon*, l'accusation. On se détourne de celui qui est *à queue usé*, accusé. *Qui sexe queue use, sa queue use* ; qui s'excuse, s'accuse. En effet, qui use sa queue, accuse son impuissance. *Je me suis exe queue usé, excusé. Exe queue use*, excuse. *R'ai queue usée*, récusez-moi. *On sexe queue use*, on s'excuse, lorsqu'on manque de force pour accomplir un acte sottement entrepris. Il est honteux d'avoir à s'excuser et l'esprit, caché dans ce mot, s'est bien longtemps dérobé à nos investigations.

N'use pas ta queue, lecteur ; mais si tu le fais, tais-toi ; laisse les pourceaux dire à l'oreille du diable : Mon père, *je ma queue use, je me à cul use*, je m'accuse. Je suis *la queue usée*. — Et moi, *l'accusée ?* Ce sont là nos origines ; celui qui rougit de ses parents pauvres, ne mérite pas d'être Fils de Dieu.

Le *mot, me eau* (*m'oz* = j'ai). Le *mot* montrait son objet émettant l'eau, avec l'esprit du mot *j'ai*. Il ne dit *mot*, c'est ne pas dire : j'ai, c'est à moi. Si tu ne dis *mot*, on va te le prendre. Or, ce qui vient le plus fréquemment à l'esprit, dans la conversation, c'est le besoin d'affirmer notre autorité sur ce qui est à nous. La parole *mot* disait cela.

Me eaux, meus haut, m'oz haut. Mots et *maux.* Les *mots* vinrent du besoin de montrer le sexe pour en soulager les *maux*. Les mots utiles sont des maux utiles et les mots inutiles, des maux inutiles. Créateur de mots, créateur de maux. Les maux de l'humanité disparaîtront avec les mots du diable, avec les mots créés pour obscurcir la science. Les paroles vivantes sont belles et réjouissent l'âme. Leur nombre est infini et, pour l'esprit puissant, les langues étrangères constituent une richesse que nul homme ne peut parcourir en entier. Pourquoi alors inventer des mots qui obscurcissent la lumière et la vérité ; des mots qui offensent la Majesté divine de la Parole, qui est Dieu ? — Ceux qui apportent des mots nouveaux, apportent de nouveaux maux. La vraie science n'a qu'un désir, qu'un but : se mettre à la portée des plus simples.

Le sépulcre. *Le sais, pue le creux.* La bouche est le premier sépulcre et c'est aussi un creux puant. Que de morts mis dans ce sépulcre, en sont déjà sortis !

Ale a fait eune être, à la fenêtre. Regarde *là, feu naître. Ce feu en* se fend. Le premier être s'étant montré sous forme de trait ; un être ou un trait, c'était même chose.

Plus tard, par cette fenêtre, fut *fait eune être* différent. C'est pourquoi les enfants arrivent à la maison par la fenêtre. Les premières fenêtres n'étaient guère que des fentes.

Fais à cul le t'ai. — C'est que tu as une grande faculté. *L'est fait à cul le t'ai.* Les facultés ne cherchent qu'à le mettre à leurs disciples. *Fais à culte ai*, elles enseignent les cultes différents qui sont les différentes manières d'offenser Dieu ; aussi Dieu ne leur a pas donné la vérité. Restez donc où vous êtes, Facultés ! *fais, accule té.* Continuez vos absurdités. Elles pueront au nez des hommes de bonne volonté. Les Fils de Dieu ont des écoles, les démons ont des facultés. Le Fils de Dieu vous vomit de sa bouche (*Apoc.*, III, 16).

Miauler et *piauler*. Nous lûmes d'abord dans ces deux verbes une demande d'eau ; ce fut notre première vision dans le monde disparu et l'esprit qui nous éclairait, nous convainquit immédiatement de tout ce que nous avons depuis démontré si lentement. Nous allons les examiner de nouveau. *Y m'ist haut le* = ça lève. *Y mis eau le* = mets à l'eau. *Y mis eau l'ai*, et... *y m'ist haut l'ai*. Ce fut donc l'amour qui d'abord fit *miauler*. Les cris amoureux du chat ont une certaine analogie avec la création de ce mot. Le chat *mis eau là, miaula*. Le petit chat, *mis eau l'ai* ; car il *miaulait*. Dans l'eau agréable, les petits chats, nos ancêtres, se taisaient ; mais si l'eau déplaisait, ils miaulaient : *y mis eau l'est*. D'autre part, le chat *mis à l'eau, miaule* ; aussi le *rat, mis à l'eau, miaulera*.

Y pis haut l'ai, y pis eau le ; il piaule, il piaulait ; *y pis eau le rat*, il piaulera. Tiens, *pis eau l'ai* ; il ne fait que *piauler*.

A pis au lait, petit, pous sein. Qu'as-tu à piauler, petit poussin ? Ainsi parlait la mère poule. — *J'ai le petit chat mis au lait*, car mon petit chat miaulait. Ainsi parlait la mère chatte. Les premières mères donnaient donc à leurs petits les noms de chat et de poussin. A cette époque apparurent les chats et les poules actuels qui ont gardé l'image de ces premières familles et une partie de leur langage propre. Le mot poussin dit certainement *pous. sein*: or, la poule n'a jamais dit cela à ses petits poussins.

Le soleil, la lune et les étoiles.

Ce haut le, eille. Soleil. Le premier soleil est le sexe mâle que ce dernier piquait. C'est ce soleil que Satan fait adorer et qu'il présente à deux mains aux idolâtres. En allemand, le soleil se nomme *Sonne, sons nœud né*, cela se *sonnait. Eus nœud, eus neuf, une.* L'une ou l'autre. La première *lune* servit à l'union, *à lune y on. Ils chantent, à lune y sont*; ils chantent à l'unisson. *L'une*, se dit seulement de la femme et la première *lune* fut son sexe. L'ancêtre s'accouplant par derrière, c'est là que l'on voyait la lune. En allemand, la lune se dit : *Mond* ou *monde. Monde* vaut *monte*. Le monde montait sur la lune, dont les monts sont très élevés. *Me happe mon deul, me happe monde.* Il me prend le *Mond* ou la *lune*. Or, on voit que c'était du côté de la *mappe-monde*. A toute nouvelle lune, le soleil passait derrière. Ces premières lunes avaient des périodes qui donnèrent leur nom aux mois et aux lunaisons.

Quant aux étoiles, le mâle parfait en comptait trois. Comme les enfants provenaient de ces étoiles, on leur donna ce nom. *Eh! toi-le*, que fais-tu? Étoile, *que feu es-tu?*

Dans la Bible le père de famille est le soleil; la mère, la lune, et les enfants sont les étoiles. Cela ressort avec toute évidence d'un songe de Joseph qui a vu le soleil, la lune et onze étoiles se prosterner devant lui. Le père l'inculpe aussitôt de se mettre au-dessus de lui, de sa mère et de ses frères (*Gen.*, XXXVII).

L'animal qui portait le soleil recherchait la grande lumière, celle du soleil, qui en reçut son nom; mais la femelle, plus modeste, préférait courir la nuit, et elle donna son nom à la lune. On vit ainsi bientôt dans le ciel l'image d'une famille, d'une famille puissante répandant la lumière sur la terre. Dans l'*Apocalypse*, le soleil, la lune et les étoiles sont les luminaires qui éclairent, sur la terre, l'esprit des hommes. C'est l'esprit de science et de recherche de la vérité. Nous abaissons donc le soleil, la lune et les étoiles devant l'homme, pour le faire monter au plus haut des cieux.

Nous savons que le ciel, *au sis est le*, était le sexe féminin ainsi dénommé de l'eau qui en tombe. L'ancêtre mâle portait quelquefois sa brebis sur ses épaules, et par conséquent, il portait aussi le ciel. *A te lasse*, lui disait-elle, et il prit le nom d'Atlas. C'est ainsi qu'Atlas porte le ciel sur ses épaules. Les poètes et les philosophes ayant perdu la raison d'une expression assez générale, l'ont expliquée à leur façon ; mais l'esprit a bien mis le ciel sur l'épaule des hommes et même sur leur tête. Aujourd'hui l'Éternel-Dieu l'abaisse à terre, afin que l'homme puisse y monter.

Allons, Atlas ! ôte ton fardeau ; ainsi que Prométhée, sois délivré. Et vous, les Titans, accablés sous les montagnes, qui furent les fesses de vos enfants, secouez ce fardeau qui vous fut cher. Anges rebelles, liés avec des chaînes d'obscurité, venez à la lumière. Devenez tous des hommes de bonne volonté. Reconnaissez votre maître qui est le Père des hommes.

L'homme s'asseoit à la droite de Dieu dans les lieux célestes, au-dessus de toute principauté, de toute puissance, de toute dignité, de toute domination et de tout nom qui se peut nommer. Le Père de gloire a mis toutes choses sous ses pieds (Eph., I, 21).

Or, voici comment cela est accompli : c'est qu'il n'est nul puissant, roi, prêtre ou empereur, qui ne mette, en son esprit, sa dignité d'homme, bien au-dessus de toutes ses dignités temporelles et passagères. La dignité d'homme est éternelle ; l'homme se confond avec Dieu, car il est l'Homme-Dieu.

Il y aura bientôt dix-sept ans que nous avons été amené à rechercher la création de l'homme dans la lecture des mots. Nous avons mis plus de sept ans à trouver la grande Loi, qui est véritablement la clef certaine et infaillible du livre de vie ; pendant ce même temps nous trouvions les cinq idées primitives qui ont formé la langue : mais l'analyse des mots par la décomposition, ne satisfait l'esprit qu'autant qu'il en résulte une phrase claire et parlante. Ce n'est que lentement, et bien lentement, que nous avons pénétré de plus en plus dans ce livre mystérieux ; mais nous pensons avoir donné tant de moyens et d'exemples que la recherche d'un rapport d'idée unique pour un même son, dans des mots dissemblables, amènera tout esprit attentif au résultat désiré. Nous donnerons donc ici un petit problème et celui qui le résoudra convenablement, en éprouvera certainement une bien plus grande satisfaction, que si nous en donnions la solution. Le voici : Rechercher le rapport, ou la valeur commune, du son *règne* dans : le roi *règne* et l'*araignée*.

Toutes les sciences demandent une étude, souvent longue et difficile, avant que le novice soit initié. La science de Dieu ne demande aucune étude préliminaire. Une lecture attentive suffit pour comprendre presque tout ce que nous écrivons, dès la première fois. Beaucoup de points cependant, de passages, nécessiteront une grande attention. Nous-même, en nous relisant, ne retrouvons quelquefois que difficilement l'idée éblouissante qui nous a frappé tout à coup. Souvent le lecteur aura des aperçus que nous n'avons pas eus et des idées qui seront plus justes que les nôtres.

Les idées se présentent à nous en foule. Tous les esprits tendent les mains pour être inscrits ; mais quand nous en avons saisi un, il en vient vingt autres en même temps, et celui que nous voulions mettre au jour se transforme, et ne nous paraît plus aussi important. Le mot est un esprit vivant; il se cache ou se montre, mais sa nudité l'humilie et il tend le plus souvent à cacher son origine qu'à se montrer.

Les œuvres de Dieu sont si immenses qu'il nous est impossible de les mettre en un ordre convenable. Nous avons ouvert la mine inépuisable et en avons tiré des choses admirables et merveilleuses; mais aussi bien des matériaux qui ont besoin d'être purifiés. Notre œuvre ne fait que commencer. Dans les siècles futurs le livre de vie sera rendu si intelligible que la lecture s'en fera d'un bout à l'autre sans explication, tant la clarté des choses sera évidente par elle-même. Elle est cependant, dès à présent, bien plus que suffisante pour illuminer toute la terre, et mettre, hors de tout doute, la terrible Puissance du Créateur.

Nous avons démontré à l'homme sa création avec une évidence absolue, c'était notre mission. Elle est dès à présent remplie. L'Esprit et la Parole ont parlé et se sont fait connaître. C'est Dieu lui-même qui anime l'homme. Qui osera lutter contre lui?

LES PROPHÉTIES ACCOMPLIES

L'ouvrage que nous terminons par ces lignes est l'ouverture et partie du livre de vie du chapitre vingt de l'*Apocalypse*, versets douze et quinze. Il contient les premières feuilles de l'arbre de vie du jardin d'Éden dont écrivait Moïse, il y a trois mille cinq cents ans, et dont parle aussi Jean dans le dernier chapitre de sa sublime révélation, il y a plus de dix-huit cents ans. C'est la clef du livre scellé de sept sceaux que nul n'était digne d'ouvrir, sauf l'agneau qui a été immolé; même personne ne pouvait regarder ce livre, c'est-à-dire avoir une idée de sa formidable existence.

Ce livre fut aperçu, pour la première fois, en février 1883, alors qu'après avoir détruit le latin comme langue mère et l'avoir réduit à l'état d'argot; après avoir rendu les serments de Strasbourg, regardés comme écrits dans une langue romane qu'auraient parlée nos ancêtres, à la langue vulgaire italienne, telle qu'elle se parle toujours en Italie, nous nous trouvâmes en face de l'infini. Nous avions vaincu les monstres et dissipé les nuées qui nous cachaient notre origine.

Le Dieu de l'Évangile qui nous guidait à notre insu, nous fit alors ses révélations et nous écrivions dans notre Grammaire logique : « La Parole qui est Dieu a conservé dans ses plis l'histoire du genre humain, depuis le premier jour; et dans chaque idiome l'histoire de chaque peuple, avec une sûreté, une irréfutabilité qui confondront les simples et les savants. » Cela est dès à présent accompli.

A cette époque notre foi en l'Évangile était disparue, et dans un moment d'angoisse, nous avions prié Dieu, en disant : Seigneur, si tu as un moyen de te faire connaître, montre-le-moi.

Or, un soir de juin de cette même année 1883, au moment où, pensif, nous rentrions chez nous, nous sentîmes comme un homme invisible qui tombait du ciel et nous pénétrait tout entier. Aussitôt la voix de cet esprit nous dit : Je suis Jésus, tu juges les vivants et les morts.

L'esprit nous instruisit ensuite peu à peu et après plusieurs années seulement, nous pûmes comprendre notre mission entièrement et nous fîmes imprimer notre livre: «Le Mystère de Dieu », auquel nous avons une modification à faire, en ce qui concerne l'ouverture du septième sceau, après laquelle doit se faire un silence d'environ une demi-heure (*Apoc.*, VIII, 1).

Le septième sceau n'a réellement été ouvert que lorsque toute la terre a pu prendre connaissance du livre, c'est-à-dire, du jour où le Mystère de Dieu fut publié. Or, de même que nous l'avions seul écrit, nous dûmes le publier nous-même, car nous n'avions trouvé ni éditeur, ni imprimeur. Le front des hommes s'était couvert de pudeur. Seul alors et non sans de nombreux soucis, nous publiâmes cet ouvrage, à Paris, dans des conférences, à la salle des Capucines, le 1er août 1891 et le 7 du même mois au café Turc, boulevard du Temple ; conférences annoncées par l'affichage mural et ambulant, sur les boulevards et dans les rues avoisinantes. Un public peu nombreux vint nous entendre et nous ne pûmes continuer notre publication. Le livre était aussi publié dans les « Petites Affiches », le 9 août 1891. C'est donc du 1er août 1891 que le septième sceau a été ouvert et c'est de ce jour qu'il a été permis à tout homme de dévorer le petit livre dont il est parlé au chapitre dix : ce petit livre qui cause de l'amertume au ventre.

Aujourd'hui la demi-heure de silence est passée. Sa durée exacte était de sept ans et demi, ce qui a été démontré dans le Mystère de Dieu. Il y aura environ huit ans et demi que cette première publication aura été faite, quand paraîtra ce nouvel ouvrage infiniment plus parfait que le premier ; mais, en définitive, ne faisant que confirmer ce que nous avons déjà fait connaître et cela par les mêmes moyens.

Cette nouvelle publication sera le son de la septième trompette de l'*Apocalypse* et si les voix des hommes se taisent encore sur la terre, les grandes voix que Dieu a préparées dans le ciel se feront entendre, en disant : Les royaumes du monde sont soumis à notre Seigneur et à son Christ, et il régnera éternellement. Nous te rendons grâces, Seigneur Dieu tout-puissant, qui es, qui étais et qui seras, de ce que tu as fait éclater ta grande puissance et de ce que tu es entré dans ton règne (*Apoc.*, xi, 15, 17).

Ainsi le règne de Dieu, c'est le règne de la Parole. Celui qui juge les vivants et les morts, c'est l'homme (Actes, XVII, 31). C'est l'homme qui est le Fils de Dieu. C'est Lui qui a pris possession du royaume et ceux qui l'attendraient encore du ciel seront déçus. Dès à présent, il juge et gouverne la terre.

N'avons-nous pas vu dernièrement une réunion d'hommes autorisés, représentant toute la terre, s'assembler à La Haye pour y parler de la paix universelle? Ces hommes s'étaient réunis à l'appel d'un puissant empereur, car Dieu donne aujourd'hui des âmes d'homme, même aux empereurs. Satan eût bien voulu s'introduire parmi ces Fils de Dieu, mais l'envoyé du pape fut éloigné par ta puissance, ô Éternel-Dieu! La guerre est donc déclarée au méchant, que le Seigneur doit détruire par l'éclat de son avènement et par le souffle de sa bouche (II Thess., II, 8). On ne dira plus que les prophéties sont vaines ou obscures, car nous les montrons ou accomplies ou bien leur accomplissement est dès à présent certain et leur clarté est éblouissante.

La Parole de Dieu ne fait la guerre à nul homme. Nul homme ne doit la maudire, mais chacun peut glorifier le Dieu qui se fait connaître.

Quand l'agneau prend le livre scellé de sept sceaux, les anges, les animaux, les vieillards, toutes les créatures qui sont dans le ciel, sur la terre et sous la terre, et dans la mer et toutes les choses qui y sont également, disent à haute voix : L'agneau qui a été immolé est digne de recevoir la puissance, les richesses, la sagesse, la force, l'honneur, la gloire et la louange.

A celui qui est assis sur le trône et à l'agneau, soient louange, honneur, gloire et force aux siècles des siècles!

Ainsi il n'est rien qui proteste contre Dieu, quand il est connu. Tous le louent et l'exaltent, Lui, le Père, l'Esprit et la Parole, son Fils unique.

Maintenant donc que tu le connais, ô homme! Adore Dieu!

TABLE

PREMIÈRE PARTIE

	Pages.
L'Esprit créateur	3
La Parole	5
La grande Loi ou la clef de la Parole	7
Où a commencé la vie des ancêtres	9
Le premier ciel est retrouvé	12
Premiers exercices et moyens d'existence	14
La grenouille	18
La formation du sexe	21
Les cris de la grenouille	29
La venue du pouce	31
Le développement du cou et la venue du poil	34
La venue des dents	38
Formation du pied	41
La marche debout	44
L'oubli de la natation	47
Le témoignage du langage journalier	48
Les ancêtres : anges et démons	51
Les aïeux : le diable et le dieu	54
Le fils de Dieu	60
Les mères	61
Parallèle entre la reine-mère et la fille-mère	63
Le roi	67
La résurrection des morts	69
Les possédés du démon	76
La création d'après la géologie	80
La création suivant la Fable	82
La création d'après la Bible	87
La création selon la science actuelle	91
Caractère et identité de Satan, Saturne et le prêtre	95
Le prêtre et sa croix	101

TABLE DES MATIÈRES

	Pages.
Les enfants du diable	105
Le royaume de Dieu	109
L'homme éternel	111
Apothéose	114

DEUXIÈME PARTIE

Formation des mots	117
De l'unité des langues	131
De la terminaison *ment*	133
Pro = per ou par eau	136
Le rat et le serpent	139
Je suis. L'être	141
Ère, aire, air, erre	142
Aile, elle, èle. Le pécheur et le pêcheur	143
Barreau, barrage, baraque, barague	146
Fère, faire, fer	147
Le rire	148
Roite et roide	149
Hier, ière, arrière, derrière, dernière	150
Envers, en vers, le ver	151
Faim, fin, feint, feins	153
Pare, part, pars, par, parc	154
Oire et ire	155
La saloperie	158
Le dragon et le serpent	160
Le tonnerre	162
La mort, l'amore ou l'amour	163
La droite et la gauche	166
Portée des premiers mères	168
Négation et affirmation	170
Le singulier et le pluriel	171
Les noms de famille	172
Le cœur	173
Le sein, le saint	174
Le souverain. Le rain, la raine	176
L'homme, fils unique de Dieu	180
Formation de notre monde	183
Uranus ou le ciel	185
Saturne ou le temps	189
Géovah, Jupiter ou Giove	191
Moïse et Jésus	192
Une vierge sera enceinte	197

TABLE DES MATIÈRES

	Pages.
La rédemption	199
Ces trois-là sont un.	202
La destruction de la mort	209
La science humaine.	212
Dernières considérations.	213

TROISIÈME PARTIE

Adjonctions diverses	217
Les prophéties accomplies	246

DU MÊME AUTEUR
ET
A LA MÊME LIBRAIRIE

—

La Grammaire Logique. In-12. 178 pages. Classement des mots d'après des principes mathématiques. Le latin est artificiel. La parole remonte à l'origine du monde avant que l'homme fût créé. Prix 2.50

Le Mystère de Dieu. C'est en partie l'ébauche du présent ouvrage . . . . 5 »

Paris, imp. Camis et Cie. — Section orientale A. Burdin, jers.

www.ingramcontent.com/pod-product-compliance
Lightning Source LLC
Chambersburg PA
CBHW070650170426
43200CB00010B/2187